LEÇONS
DE CHRONOLOGIE
ET D'HISTOIRE

HISTOIRE ROMAINE

COURS D'ÉTUDES ÉLÉMENTAIRES

DE L'ABBÉ GAULTIER

Revu et augmenté par ses élèves

BLIGNIÈRES, DEMOYENCOURT, DUCROS (DE SIXT) ET LE CLERC AÎNÉ.

SECTION D'HISTOIRE.

1er vol. — HISTOIRE SAINTE, depuis la création du monde jusqu'à Jésus-Christ, et HISTOIRE ECCLÉSIASTIQUE jusqu'à la conversion de Clovis, en 496.

IIe vol. — HISTOIRE ANCIENNE, depuis les temps les plus reculés jusqu'à la domination romaine.

IIIe vol. — HISTOIRE ROMAINE, depuis la fondation de Rome jusqu'au partage de l'empire romain.

IVe vol. — HISTOIRE DU MOYEN AGE, de 395 à 1453.

Ve vol. — HISTOIRE MODERNE, Ire partie, depuis la prise de Constantinople, en 1453, jusqu'à la paix de Westphalie, en 1648.

VIe vol. — HISTOIRE MODERNE, IIe partie depuis la paix de Westphalie, en 1648, jusqu'à nos jours.

VIIe vol. — HISTOIRE DE FRANCE, jusqu'en 1873.

Chacun de ces 7 volumes in-18, cartonné. . . . 1 fr. 50

ÉLÉMENTS D'HISTOIRE DE FRANCE (extrait du tome VII de ce cours) . . . . 75 c.

MÉDAILLONS DES ROIS DE FRANCE, en étui. . . 2 fr. 50

TABLEAUX D'HISTOIRE UNIVERSELLE, par MM. Le Clerc aîné et Le Clerc jeune, élèves de l'abbé Gaultier. Première partie. — *Histoire ancienne.* — Atlas de 8 tableaux coloriés, in-folio. . . . . 7 fr. 50

JEU D'ÉTIQUETTES D'HISTOIRE ANCIENNE et JEU D'ÉTIQUETTES D'HISTOIRE SAINTE, pour servir au cours d'histoire, par MM. Le Clerc. In-4 oblong. Chaque jeu se vend séparément : en cahier, 2 fr. 25. — En étui. . . . . 3 fr.

PARIS, — IMP. JULES LE CLERE ET Cie, RUE CASSETTE, 29.

LEÇONS
DE CHRONOLOGIE
ET D'HISTOIRE
DE L'ABBÉ GAULTIER

Entièrement refondues et considérablement augmentées

PAR

DE BLIGNIÈRES, DEMOYENCOURT
DUCROS (DE SIXT) ET LE CLERC AÎNÉ

SES ÉLÈVES

TOME III

HISTOIRE ROMAINE

A PARIS
LIBRAIRIE RENOUARD
Henri LOONÈS Successeur
Éditeur-propriétaire des ouvrages de l'abbé Gaultier
6, rue de Tournon, 6

1875

Les dépôts ayant été effectués conformément à la loi, tout contrefacteur ou débitant de contrefaçons de cet ouvrage sera poursuivi avec rigueur.

Les exemplaires sont revêtus de la signature de l'Éditeur-Propriétaire.

AVANT-PROPOS.

Dire que dans ce volume nous avons suivi les erremens de l'abbé Gaultier nous paraît presque superflu; élèves, nous avons pour mission de propager la méthode du maître, et pour devoir de conserver, dans des travaux qui sont la continuation des siens, tout ce qui fait le caractère distinctif de son enseignement.

L'abrégé d'histoire ancienne qu'a laissé l'abbé Gaultier n'avait que 160 pages ; il s'est transformé en deux tomes de plus de 300 pages chacun. Le premier, consacré à l'histoire ancienne proprement dite, le deuxième à l'histoire romaine en particulier. Nous avons profité d'un plus grand espace pour traiter avec plus de développement un sujet si fécond, mais sans oublier toutefois que pour être utiles aux enfans nous devions toujours nous mettre à leur portée, que notre unique objet était de graver dans leur mémoire les principaux faits de l'histoire, et que notre travail devait se renfermer dans les bornes d'un ouvrage élémentaire et d'une étude facile. Il nous semble qu'il en est d'un livre d'histoire comme d'une carte géographique qui, suivant son échelle, admet plus ou moins de détails. Si l'échelle est petite, la carte pour n'être pas confuse, doit n'offrir que les contours, les grandes divisions et les points les plus importans.

Malgré les bornes étroites dans lesquelles nous devions nous resserrer, nous n'avons pas rejeté les détails qui pouvaient tempérer utilement la sècheresse presque inévitable d'un abrégé; nous nous sommes efforcés de bien faire connaître les grands événemens, d'en pénétrer les causes, d'en indiquer les résultats, de faire apprécier les hommes qui, à des titres divers, ont joué un grand rôle sur la scène du monde; et souvent nous avons rappelé ces paroles mémorables par lesquelles ils se sont révélés eux-mêmes, et que l'histoire a recueillies.

Si nous avons séparé de l'histoire ancienne proprement dite l'histoire romaine, nous avons eu soin de rappeler dans ce second volume, de siècle en siècle, les faits principaux racontés dans le premier, et à l'aide de ces synchronismes, il sera facile de faire le tableau de l'histoire générale.

Nous avons conservé la forme par demande et réponse qui plaît aux enfans, leur fait trouver leur tâche plus facile, et met bien en relief, comme on le ferait par une note marginale, ce qui fait l'objet d'un alinéa; mais nous avons évité les inconvéniens de ce mode de rédaction, et tel que nous l'avons employé, il ne nuit pas à la liaison des faits. Souvent les derniers mots d'une réponse amènent naturellement la question suivante. Les réponses ont toujours un sens complet, et, lues de suite les demandes étant supprimées, elles formeraient un discours suivi. Ces questions, nous les mettons chacune à sa place, au lieu de les réunir en un long questionnaire à la fin d'un chapitre. Il est bien entendu d'ailleurs que le maître n'est point astreint à se servir des questions du livre; il peut à son gré les varier, les augmenter, et même les supprimer, selon le degré d'intelligence et de mémoire de son élève.

Nous avons conservé l'usage des vers techniques, mais en nous imposant le travail ingrat d'en composer de nouveaux à rimes masculines et féminines. Ces vers ne sont et ne pouvaient être qu'une prose rimée, mais ils ont une puissance mnémonique incontestable. Qui les saurait parfaitement, aurait à toujours dans sa mémoire, comme des notes ou des jalons qui lui rappelleraient toute la suite de l'histoire romaine dans son ordre chronologique.

La chronologie a été l'objet d'une attention particulière, nous avions à justifier ce titre adopté par l'abbé Gaultier : *Leçons de chronologie et d'histoire.* Tout en partageant l'histoire romaine en périodes qui répondent aux grandes révolutions politiques et en paragraphes ou groupes de faits, nous avons maintenu la division siècle par siècle. De plus l'ouvrage est précédé d'un *Tableau chronologique* ou programme très détaillé de l'histoire romaine, qui, nous l'espérons, pourra être d'une grande utilité dans l'enseignement. Pour l'élève, c'est un moyen très commode de repasser tout ce qu'il a vu, c'est le résumé des leçons qu'il a apprises; et pour le maître, c'est l'argument des rédactions qu'il peut donner à faire, c'est un texte à suivre pour ses interrogations, un programme d'examen.

La géographie ne doit pas plus que la chronologie se séparer de l'histoire. Il faut connaître les lieux aussi bien que les temps où les faits se sont passés. Une table géographique que nous croyons exacte, termine ce livre. Tous les lieux, tous les peuples mentionnés s'y trouvent avec renvoi au numéro de la question où ils sont nommés. Mais ce n'est point assez : il faut pour rendre tout à fait profitable l'étude de l'histoire romaine, la faire précéder ou accompagner d'une description sommaire des contrées qui ont été le théâtre des événemens, et avoir constamment sous les yeux des cartes où l'on devra chercher tous les pays, toutes les villes, tous les peuples, etc., dont il sera successivement question (1).

Suivant encore en cela l'exemple de l'abbé Gaultier, nous avons accordé une petite place à l'histoire littéraire, et nous avons indiqué à la fin de chaque siècle les écrivains illustres qui l'ont honoré ; mais ce qui interrompt la suite de l'histoire politique est imprimé en caractère différent, et peut s'en détacher facilement.

L'histoire de l'Église appartient au premier volume de ce cours d'histoire. Nous n'avons pas pu cependant passer complétement sous silence cette immense révolution sociale et religieuse qui s'accomplissait, par la propagation de l'Évangile, pendant que la puissance romaine, parvenue à son apogée, mettait quatre siècles à décroître.

Si cet abrégé était substantiel sans cesser d'être élémentaire, complet quoique très court, concis sans sècheresse, nous aurions atteint notre but, mais tout notre mérite consisterait à nous être rappelé les leçons de notre illustre maître, L'ABBÉ GAULTIER.

---

(1) Voyez *Leçons comparées de géographie ancienne du moyen âge et des temps modernes et Atlas*, par M. Ducros (de Sixt), à la librairie Renouard, rue de Tournon, n° 6.

PROGRAMME

ET

SOMMAIRE EN VERS TECHNIQUES

DE L'HISTOIRE ROMAINE.

PROGRAMME
DE L'HISTOIRE ROMAINE.

NOTIONS PRÉLIMINAIRES. — Description de l'Italie ancienne. — Premiers habitans : Pélasges, Sicules, Ombriens, Étrusques; les Osques, au centre de l'Italie, partagés en deux branches, les Sabelliens et les Latins. Peuples sabelliens : Sabins, Samnites, Marses, etc. Printemps sacré. Picéniuns. Peuples latins : Rutules, Éques, Herniques, Volsques, etc.

1620 OEnotrus construit dans le Latium une colonie d'Arcadiens.
1330 Nouvelle colonie d'Arcadiens conduite par Évandre.
1307 Fondation de Tibur.
1250 Énée se réfugie dans le Latium.
1175 Son fils Ascagne y fonde Albe la Longue.
 804 Proca, douzième successeur d'Ascagne.

HUITIÈME SIÈCLE AVANT J.-C.

Numitor détrôné par Amulius, et rétabli par Romulus et Rémus. *Fondation de Rome par Romulus.* Mort de Rémus.
Romulus peuple sa ville. — Enlèvement des Sabines. Guerre des Sabins. Mort de Tarpéia.
Les Sabines désarment les combattans. Romulus et Tatius règnent ensemble. — *Quirites.* — Mort de Tatius.
Partage du peuple en tribus et en curies. — Partage des terres. — Etablissement du sénat. — Patriciens et plébéiens. — Patrons et cliens, leurs devoirs réciproques. — La légion. — Les *Célères*, origine des chevaliers. — Forme de gouvernement. Assemblée par curies, comices. Attributions du sénat. Pouvoir du roi. — Questeurs. — Licteurs. — Pouvoir paternel. — Augures et auspices. Prêtres.

716 Mort de Romulus. Interrègne.
714 *Numa Pompilius,* de Cures, roi pacifique et religieux
 Ses institutions : Flamines, Féciaux, Saliens, Vestales. — Temple à la Bonne-Foi. Temple de Janus. — Le dieu Terme. — Corps de métiers. — Honneurs rendus à l'agriculture. — Réforme du calendrier. — Restriction au pouvoir paternel. — Nymphe Egérie.

SOMMAIRE
DE L'HISTOIRE ROMAINE
EN VERS TECHNIQUES.

PREMIÈRE PÉRIODE.
LES ROIS.

(De 753 à 509, espace de 244 ans.)

§ I. — Romulus Ier roi (de 753 à 716).

Sept cent cinquante-trois voit régner ROMULUS.
Les Sabins sont vaincus, et leur roi Tatius,
De Rome avec les siens cimentant l'alliance.
Du premier roi romain partage la puissance.
Sénat et plébéiens, et patrons et cliens,
Chevaliers et questeurs paraissent en ce temps.

II. — Numa Pompilius, 2e roi (de 714 à 671).

NUMA, pour gouverner sa nouvelle patrie,
Prenait conseil, dit-on, de la nymphe Egérie,
Il honora Vesta, fit un temple à Janus.
Il réforma l'année.

SEPTIÈME SIÈCLE AVANT J.-C.

671 Mort de Numa. *Tullus Hostilius*, prince guerrier, lui succède.
Guerre entre les Romains et les Albains. Les Horaces et les Curiaces. Mort de Camille. Destruction d'Albe.

638 Mort de Tullus. *Ancus Martius* lui succède.
Guerre contre les Latins. Le droit fécial.
Agrandissement de Rome. Fondation d'Ostie.
Construction d'une prison.

614 Mort d'Ancus. *Tarquin l'Ancien* lui succède.
Origine de Tarquin, tuteur des fils d'Ancus.
Augmentation du sénat.
Guerres contre les Latins, les Sabins, les Étrusques.
Insignes de la royauté reçus des Étrusques.
Innovations introduites à Rome. Pompe du triomphe.

SIXIÈME SIÈCLE AVANT J.-C.

590 Les Gaulois, sous Bellovèse, s'établissent dans l'Italie septentrionale.
Construction du Cirque. Portiques du Forum. Fondemens du Capitole. Murs de pierre. Aqueducs et égouts.
578 Mort de Tarquin l'Ancien.
Servius Tullius lui succède. Son origine. Adresse de Tanaquil. Opposition du sénat.
Guerres contre les Étrusques.
Nouvelle division de Rome et du peuple romain. Dénombrement ou *cens*. Six classes et 193 centuries. Prolétaires. *Juniores* et *seniores*. — Lieu où se tenait l'assemblée par centuries. — Nouvelle manière de voter et ses conséquences. — Les charges proportionnées aux droits. — Nouvelle condition faite aux plébéiens. — Affranchissemens. — Monnaie. — Agrandissement de Rome, enceinte de Servius.
535 Rome, métropole du Latium; féries latines.
Eloge de Servius. — Caractère de ses filles.
534 Meurtre de Servius. Impiété de Tullie.
Tarquin le Superbe lui succède. Sa tyrannie. — Junius contrefait l'insensé.
Guerres contre les Volsques.
Siége de Gabies, ruse de Sextus.
Siége d'Ardée. Lucrèce se donne la mort. — Exil des Tarquins.
509 La royauté est abolie.
Monumens achevés ou élevés sous Tarquin : égouts, portiques, Capitole, détails sur ce temple. — Livres sibyllins.

SOMMAIRE DE L'HISTOIRE ROMAINE. XIII

§ III. — **Tullus Hostilius**, 3ᵉ roi (de 671 à 638).

Après lui vint TULLUS
Sous qui le jeune Horace illustra sa famille,
Mais souilla ses lauriers en immolant Camille.

§ IV. — **Ancus Martius**, 4ᵉ roi (de 638 à 614).

De Numa petit-fils, ANCUS bat les Latins,
Bâtit une prison, ouvre un port aux Romains.

§ V. — **Tarquin l'Ancien**, 5ᵉ roi (de 614 à 576).

TARQUIN, Grec d'origine, et tuteur infidèle,
Elu roi, donne à Rome une enceinte nouvelle,
Construit des aqueducs, augmente le sénat,
Aux pompes du triomphe ajoute de l'éclat;
Au peuple ouvre le cirque, et prince octogénaire,
Sous un fer assassin termine sa carrière.

§ VI. — **Servius Tullius**, 6ᵉ roi (de 578 à 534).

Successeur de Tarquin, SERVIUS TULLIUS
Fit aimer aux Romains son règne et ses vertus;
Politique, il changea le mode de suffrage,
Et voulut que le serf pût sortir d'esclavage.
Il fit battre monnaie, il établit le cens,
Et fût assassiné par l'un de ses enfans.

§ VII. — **Tarquin le Superbe**, 7ᵉ roi (de 534 à 509).

TARQUIN DEUX, par un crime est monté sur le trône;
Moins en roi qu'en tyran il porte la couronne;
Bâtit le Capitole, embellit la cité;
Se fait chasser de Rome et perd la royauté.

Création des consuls. Junius Brutus et Tarquinius Collatinus premiers consuls. — Le sénat est complété. — Conspiration en faveur de Tarquin. — Brutus condamne à mort ses deux fils. — Tarquinius Collatinus est remplacé par M. Valérius, que ses lois populaires font surnommer Publicola. — Détails sur ses lois. — Mort de Brutus et d'Aruns. — Honneurs rendus à Brutus.

508 Porsenna assiége Rome. — Courage de Horatius Coclès, de Mutius Scévola et de Clélie.

CINQUIÈME SIÈCLE AVANT J.-C.

497 Commencement de la lutte des plébéiens contre les patriciens. Priviléges et richesses de ceux-ci. Situation et pauvreté de ceux-là. — Dettes. Rigueur des créanciers.

Les Tarquins soulèvent contre les Romains trente villes latines. Le peuple refuse de s'enrôler.

Création d'un dictateur. Ses pouvoirs, son élection, son lieutenant, formule du décret que rendait le sénat. — Titus Lartius premier dictateur. — Trève avec les Latins. Aulus Posthumius dictateur.

495 *Bataille du lac de Régille.*
494 Mort du vieux Tarquin.

Le peuple se retire sur le mont Sacré. Apologue de Ménénius. *Création des tribuns* du peuple. Leurs attributions, extension de leur pouvoir, de leur nombre. Plébiscites. — Ediles, leurs fonctions.

492 *Licinius, premier tribun.*

Siége de Corioles. Coriolan, son caractère. Accusé par les tri-

DEUXIÈME PÉRIODE.

RÉPUBLIQUE,

(De 509 à 31, espace de 478 ans.)

PREMIÈRE PARTIE.

CONQUÊTES DANS L'ITALIE.

(De 509 à 264, espace de 245 ans).

§ I à III. — **Institution du consulat, de la dictature et du tribunat. — Coriolan, les Fabiens, Cincinnatus. — Décemvirat, tribuns militaires.**

>Vers cinq cent les consuls, des rois prenant la place,
>Proscrivent des Tarquins et le nom et la race.
>Brutus condamne à mort ses coupables enfans;
>Il combat les Tarquins, succombe; et triomphans
>Les Romains par un deuil honorent sa mémoire.
>Aux Tarquins Porsenna veut rendre la victoire;
>Il prend le Janicule; arrêté par Coclès,
>Il admire Scévole et demande la paix.
>A Porsenna Clélie est donnée en otage:
>Et Rome de sa fuite honora le courage.
>Dans le siècle cinquième ont paru dictateurs,
>Ediles et tribuns, décemvirs et censeurs.

>Coriolan se venge, aux Romains fait la guerre,
>Mais ne peut résister aux larmes de sa mère.

buns, se retire chez les Volsques, assiége Rome, est désarmé par sa mère.
- 486 Spurius Cassius propose une loi agraire; son supplice.
- Dévouement des trois cent six Fabiens.
- Beau caractère de Cincinnatus.
- 461 Loi Terentilla. Commissaires envoyés en Grèce.
- 451 *Création des décemvirs. Loi des Douze tables.*
- 449 Mort de Virginie. Abolition du décemvirat.
- 445 Le sénat consent aux mariages entre les deux ordres.
- 444 Création des tribuns militaires.
- 442 Création des censeurs. Leurs fonctions. Extension de leurs attributions.
- 405 Les troupes soldées aux frais du trésor.

QUATRIÈME SIÈCLE AVANT J.-C.

- 395 *Prise de Veies.* Générosité de Camille et soumission des Falisques. — Exil de Camille.
- 390 *Bataille d'Allia.* Prise de Rome par les Gaulois. Le Capitole sauvé par Manlius. Brennus exige de Rome une rançon.
- Camille bat les Gaulois et rebâtit Rome.
- Manlius Capitolinus est précipité du haut de la roche Tarpéienne.
- 376 Lois des tribuns Licinius Stolon et L. Sextius.
- 366 *L. Sextius, premier consul plébeien.*
- Création du préteur.
- 343 *Commencement de la lutte contre les Samnites;* elle dure 70 ans.
- 341 Guerre avec les Latins; sévérité de Manlius; dévouement de Décius.
- 339 Lois populaires de Publilius Philo.
- 338 Les Latins sont définitivement soumis.
- 337 Les plébéiens sont admis à la préture.
- 321 Les Romains passent sous le joug aux Fourches Caudines.
- 320 Prise de Lucérie par Papirus Cursor.
- 310 Fabius Rullianus bat les Étrusques.
- 308 Victoires multipliées de Papirius Cursor sur les Samnites.
- 304 Admission des plébéiens aux fonctions sacerdotales.

TROISIÈME SIÈCLE AVANT J.-C.

- 282 *Guerre contre Tarente.* Les Tarentins appellent à leur secours Pyrrhus roi d'Épire.
- 279 Bataille d'Héraclée. — Beau caractère de Fabricius — Cinéas offre la paix aux Romains. — Dévouement de Décius Mus. — Pyrrhus passe en Sicile. Ses succès dans cette île. —

**IV. — Prise de Véies. — Guerre contre les Gaulois.
— Le consulat partagé entre les deux ordres.**

    Camille a triomphé des Véiens, des Gaulois;
    Par lui Rome est bâtie une seconde fois.
    Malgré les grands s'accroit le pouvoir populaire.

§ V. — Guerre contre les Samnites et les Latins.

    Samnites et Romains se font longtemps la guerre.
    En trois cent trente-huit les Latins sont soumis.
    Dèce immole sa vie et Torquatus son fils.
    Non loin de Caudium vaincus par imprudence,
    Les Romains du Samnite éprouvent la vengeance.

§ VI. — Guerre contre Pyrrhus.

    En deux cent quatre-vingt le célèbre Pyrrhus
    Fait la guerre aux Romains, admire leurs vertus.
    Vaincu par Dentatus, il sort de l'Italie.
    Tarente et Samnium, Brutium, Lucanie
    Se rendent, imitant l'exemple des Latins;
    Et l'Italie entière est soumise aux Romains.

XVIII   PROGRAMME DE L'HISTOIRE ROMAINE.

Il revient en Italie.
276 Bataille de Bénévent. Ses suites.
Puissance, constitution, état intérieur de Carthage. État de la Sicile. Les Mamertins ont recours aux Romains.

Commencement de la *première guerre punique*. — Origine des combats de gladiateurs.
Appius Claudius aborde en Sicile. — Hiéron devient l'allié des Romains.
263 Agrigente tombe au pouvoir des Romains.
260 *Bataille navale de Myles* gagnée par Duillius. On en perpétue le souvenir.
Cornélius Scipion s'empare de la Corse et de la Sardaigne.
Calpurnius Flamma sauve l'armée romaine en Sicile.
256 *Bataille navale d'Ecnome.*—Les Romains débarquent en Afrique, prennent Clypéa.—Régulus prend Tunis, refuse la paix, est vaincu par Xantippe près de Tunis et fait prisonnier.
Flottes romaines détruites par la tempête. — Les Carthaginois reprennent Agrigente.
254 Bataille de Panorme. — Régulus envoyé à Rome.
250 Sa mort à Carthage. — Siége de Lilybée par les Romains. — Défaite de Claudius Pulcher devant Drépane. — Amilcar Barca ravage les côtes de l'Italie.
242 *Victoire de Lutatius aux îles Egates*. Fin de la première guerre punique. Conditions de la paix.
240 Première pièce de Livius Andronicus.
238 Guerre contre les Ligures. — Les Romains s'emparent de la Corse et de la Sardaigne. — Fin de la guerre des Carthaginois contre leurs soldats mercenaires révoltés. — Amilcar Barca passe en Espagne avec son fils Annibal.
234 Le temple de Janus est fermé pour la première fois depuis Numa.
229 Guerre d'Illyrie.—Les Romains envoient des ambassadeurs aux Athéniens et aux Corinthiens.
228 Mort d'Amilcar. Son gendre Asdrubal lui succède.
226 Asdrubal fait un traité avec les Romains, il fonde Carthagène.
224 Bataille de Télamone gagnée sur les Gaulois par Æmilius.
223 Les Romains passent le Pô.
221 Mort d'Asdrubal, il est remplacé par son neveu Annibal.
219 Æmilius Paulus chasse de l'Illyrie Démétrius de Pharos. — Annibal assiége et ruine Sagonte

DEUXIEME PARTIE.

CONQUÊTES HORS DE L'ITALIE.

(De 264 à 146, espace de 118 ans).

§ I. — Première guerre punique.

Deux cent soixante-quatre a vu Rome et Carthage
Commencer une lutte où brilla leur courage.

Trahi par le destin, fidèle à son serment,
Régulus a péri dans un affreux tourment.

§ II. — Guerres contre les Ligures, les Gaulois cisalpins, la Corse, la Sardaigne et l'Illyrie.

Les Gaulois cisalpins, la Corse et la Sardaigne
Aux Romains sont soumis; Teuta finit son règne.

218 Commencement de la *seconde guerre punique*. Annibal traverse la Gaule, franchit les Alpes et entre en Italie. — *Batailles du Tésin et de la Trébie.*

217 *Bataille du lac Trasimène.* Dictature de Fabius Maximus. — Ruse d'Annibal pour dégager son armée. — Présomption et repentir de Minutius. — Paul Emile et Térentius Varron consuls.

216 *Bataille de Cannes.* — Annibal hiverne à Capoue. — Nouveaux efforts et constance des Romains.

216 à 212. La lutte continue. Marcellus devant Nole. Tactique de Fabius.

Philippe, roi de Macédoine, fait alliance avec Annibal.

215 Mort de Hiéron.

214 *Première guerre de Macédoine.* Victoire de Lévinus près de l'embouchure de l'Aoüs. — Siége et prise de Syracuse par Marcellus. Machines d'Archimède.

212 Prise de Capoue. Confiance des Romains.

210 La Sicile réduite en province romaine.

Claudius Néron et Livius Salinator, quoique ennemis, agissent de concert.

207 Bataille sur les bords du Métaure, mort d'Asdrubal. — Annibal se maintient trois ans dans le Brutium.

213 à 206 En Espagne : Cnéus Scipion envoyé par son frère Cornélius Scipion contre Asdrubal, soumet le pays entre l'Ebre et les Pyrénées. Les deux frères se réunissent, leurs succès, leur mort en 212. Publius Scipion, fils de Cornélius, obtient le commandement en Espagne; il prend Carthagène, se fait aimer des Espagnols, passe d'Afrique en Espagne pour chercher des alliés aux Romains.

205 Philippe fait la paix avec les Romains.

Publius Scipion, consul, porte la guerre en Afrique. — Ses premiers succès. — Syphax prisonnier. — Massinissa et Sophonisbe. — Annibal, rappelé à Carthage, conseille la paix. — Trêve violée. — Entrevue de Scipion et d'Annibal.

202 *Bataille de Zama.* — Conditions imposées aux Carthaginois. — Scipion est nommé l'Africain, Syphax suit son char.

DEUXIÈME SIÈCLE AVANT J.-C

197 à 195 *Deuxième guerre de Macédoine.* — Bataille de Cynocéphales. — Conditions imposées par Flamininus à Philippe. — Politique des Romains envers les Grecs. — Loi Porcia. — Annibal se réfugie à la cour d'Antiochus. — Soulèvement des Espagnols, des Ligures, des Insubres et des Boïens. — Victoire d'Empories gagnée par Caton. — Soumission des Insubres.

192 *Guerre contre Antiochus* · la cause; alliés d'Antiochus, al-

§ III. — Deuxième guerre punique.

La prise de Sagonte a donné le signal
D'une nouvelle guerre où s'illustre Annibal;
Le Tésin, la Trébie et le lac Trasimène
L'ont vu vaincre trois fois la fortune romaine;
Vainqueur encore à Canne, il se livre au repos,
Et dans Capoue il perd le fruit de ses travaux.
Des murs Syracusains qu'Archimède protége,
Marcellus en trois ans achève enfin le siége.
Sans secours de Carthage, Annibal aux Romains
Abandonne Capoue, et lorsque les destins
Semblaient à ses desseins se montrer moins contraires
La mort frappe Asdrubal, et ruine ses affaires.
Les Scipions tous trois, par leurs exploits fameux,
Obtiennent en Espagne un renom glorieux.
A Rome élu consul, Publius en Afrique
Termine en deux cent un cette guerre punique,
Lutte sanglante et riche en grands événemens,
Qui faillit perdre Rome et dura dix-sept ans.

§ IV. — Deuxième guerre de Macédoine

Flamininus abat Philippe et sa puissance;
Et de Rome il voulait étendre l'influence,
Quand il semblait aux Grecs rendre leur liberté.
De Carthage Annibal est alors rejeté.

§ V. — Guerre contre Antiochus.

Lucius Scipion s'illustrant en Asie

liés des Romains. — Premiers succès et fautes d'Antiochus. Bataille des Thermopyles.

190 Les Romains entrent en Asie. *Bataille de Magnésie*, gagnée par Lucius Scipion. Honneurs décernés aux vainqueurs. Les richesses de l'Asie s'introduisent à Rome. Conditions de paix imposées à Antiochus.

189 Manlius Vulso défait les Galates, et Fulvius Nobilior les Étoliens.

191 Défaite des Boïens par Scipion Nasica.

187 Les Ligures vaincus par Æmilius et C. Flaminius. Voies romaines.

180 Soumission complète des Ligures. Un grand nombre sont transportés dans le Samnium.

Longue résistance des Espagnols ; ils paraissent soumis en 178.

186 Abolition des Bacchanales. — Premiers combats d'athlètes. — Haine de Caton l'Ancien contre les Scipions.

Les deux Pétilius accusent Scipion l'Africain de péculat. Comment il se justifie. Il se retire à Literne.

183 Mort de Scipion l'Africain, de Philopœmen et d'Annibal.

La même accusation de péculat est portée contre Scipion l'Asiatique. Sa condamnation.

184 Censure de Caton l'Ancien.—Éloge de Caton l'Ancien. ses services jusqu'à sa censure.

171 *Troisième guerre de Macédoine.* Cause; alliés des deux parties. La guerre traine en longueur.

168 *Bataille de Pydna*, gagnée par Paul Émile, surnommé le Macédonique. Fin du royaume de Macédoine. Sort de Persée et de ses enfans. — Les Romains prennent la Carie et la Lydie, défendent aux rois de venir à Rome, envoient des ambassadeurs en Syrie.

152 Andriscus se fait proclamer roi de Macédoine.

150 Fin de la ligue achéenne.

149 Prétexte, véritable cause et commencement de la *troisième guerre punique*. — Caton le Censeur et Scipion Nasica. — Conditions imposées aux Carthaginois. Ils prennent conseil de leur désespoir. — Lois Calpurnia et Gabinia.

146 *Prise et destruction de Carthage* par Scipion Emilien, qui fut surnommé le second Africain.—Mort de la femme d'Asdrubal. — Le territoire carthaginois réduit en province romaine.

Prise et destruction de Corinthe par Mummius. — La Grèce réduite en province romaine sous le nom d'Achaïe.

Guerre en Lusitanie contre Viriathe. Dispositions des Espagnols pour les Romains. Succès de Viriathe. Sa mort.

137 Défaite de Mancinus par les Numantins. Le sénat ne ratifie pas le traité.

SOMMAIRE DE L'HISTOIRE ROMAINE.   XXIII

Défit Antiochus aux champs de Magnésie.

Tandis qu'en Orient triomphent les Romains,
Scipion Nasica repousse les Boïens.
Longtemps combat l'Espagne avant d'être asservie.

Le vainqueur d'Annibal est en butte à l'envie:
On l'accuse, il redit ses exploits glorieux,
Puis monte au Capitole et rend grâces aux Dieux.

Ennemi de tout luxe, austère, incorruptible,
Caton l'Ancien se montre un censeur inflexible.

§ VI. — **Troisième et quatrième guerre de Macédoine.**

Paul Emile à Pydna de Persée est vainqueur.
Le sénat tout puissant des rois est la terreur.
L'imposteur Andriscus se dit fils de Persée.

§ VII. — **Troisième guerre punique.**

En cent quarante-six, Carthage est renversée.
Corinthe doit sa ruine au consul Mummius.

§ VIII. — **Guerre en Lusitanie contre Viriathe.**
Viriathe succombe et Numance n'est plus.

133 Prise et destruction de Numance par Scipion l'Africain. Soumission de l'Espagne.
Guerre contre les esclaves en Sicile.
132 Rupilius termine cette guerre. Mort d'Eunus.
Attale, roi de Pergame, laisse en mourant son royaume aux Romains.
Guerre contre Aristonic. Odieux moyen qu'emploie Aquilius.
129 Réduction du royaume de Pergame en province romaine.
Pays déjà réduits en provinces romaines. — Changement dans les mœurs des Romains. État de Rome.

Les Gracques. Leur mère Cornélie. Tibérius Gracchus embrasse la cause du peuple.
133 Il est nommé tribun. Loi agraire. Octavius. Mort de Tibérius Gracchus.
129 Mort de Scipion Emilien.
126 C. Gracchus va comme questeur en Sardaigne.
123 Il est nommé tribun. Quel est son but, moyens qu'il prend pour l'atteindre. Artifice du sénat. — C. Gracchus conduit une colonie à Carthage.
122 Echec de C. Gracchus à son retour. Son entreprise, sa mort. Succès du parti aristocratique.
126 à 117 Guerre dans la Gaule Transalpine. Fondation d'Aix. Réduction de la Gaule méridionale en province romaine. — Soumission des îles Baléares.
Guerre contre Jugurtha. Les fils de Massinissa. Crimes de Jugurtha. Il corrompt Calpurnius et Scaurus. Il est cité à Rome. Ce qu'il dit en sortant de Rome. — Métellus, vainqueur de Jugurtha, est supplanté par Marius. — Origine de Marius.
107 Marius est nommé consul. Il enrôle des prolétaires. Conséquences de cette innovation. — Fin de la guerre contre Jugurtha. — Origine de la haine de Marius et de Sylla. — Fin de Jugurtha.
Guerre contre les Cimbres et les Teutons. Origine de ces peuples, leurs premiers succès. Le peuple romain leur oppose enfin Marius, élevé quatre ans de suite au consulat.
102 Bataille d'Aix, où Marius extermine les Teutons.

§ IX. — Guerres contre les esclaves en Sicile et contre Aristonic.

Rupilius combat la révolte en Sicile;
L'esclave Eunus y montre un courage inutile.
Pour héritier Attale a le sénat romain.

TROISIÈME PARTIE.

TROUBLES CIVILS.

(De 146 à 31, espace de 115 ans).

§ I. — Les Gracques.

Les Gracques, petits-fils du premier Africain,
Se font chefs tous les deux du parti populaire,
Et chacun d'eux n'obtient qu'un succès éphémère.

Près d'Aix sous Sextius les Romains sont vainqueurs :
De deux villes en Gaule ils sont les fondateurs.

§ II. — Guerres contre Jugurtha et contre les Cimbres

Marius en cent six soumet la Numidie ;
Puis combat les Teutons et sauve sa patrie.

101 Bataille de Verceil, où il extermine les Cimbres.
104 à 101 Nouvelle révolte des esclaves en Sicile.
Auteurs célèbres du deuxième siècle avant J.-C. : Plaute, Térence, Ennius, Polybe.

PREMIER SIÈCLE AVANT J.-C.

100 *Sixième consulat de Marius.* Il se ligue avec Glaucia et Saturninus contre le parti du sénat.—Saturninus parvient par un crime au tribunat, il propose une loi agraire. — *Exil de Métellus.* — Marius est obligé de sévir contre Saturninus et ses complices ; il part pour l'Asie.
99 Métellus est rappelé.
96 Ptolémée Apion, roi de Cyrène, lègue ses États aux Romains.
91 Assassinat de Livius Drusus. — Commencement de la *guerre sociale.* Peuples qui entrent dans la ligue. Part que prennent à cette guerre, Marius, Sylla, Pompéius, Pompédius Silo. Issue de la guerre.
88 *Première guerre contre Mithridate.* Caractère de ce prince. Cause de la guerre. Sylla est chargé de la faire. Massacre des Romains en Asie. Succès d'Archélaüs.
88 à 85 *Rivalité de Marius et de Sylla* à l'occasion de la guerre contre Mithridate. — Mort du tribun Sulpicius.—Marius à Minturnes et à Carthage. — Le parti populaire abattu. — Cinna consul. — Sylla se rend en Grèce. — Cinna relève le parti populaire, rappelle Marius. Massacre à Rome. Mort de Marius.—Succès de Sylla, prise d'Athènes, batailles de Chéronée et d'Orchomène. — Cinna veut remplacer Sylla par Valérius Flaccus, qui est assassiné par Fimbria.
85 à 82 Sylla fait la paix avec Mithridate, réduit Fimbria à se tuer et revient en Italie. — Mort de Cinna. — Succès de Sylla. Bataille de Sacriport. Bataille de la porte Colline. Prise de Préneste. Sylla est maître de Rome. Usage qu'il fait de sa victoire. Proscriptions.
81 *Sylla se fait nommer dictateur perpétuel.* Réformes qu'il fait. Colonies. Les Cornéliens. — Le parti de Marius est anéanti en Sicile et en Afrique par Pompée, que Sylla salue du nom de Grand et laisse triompher.
79 Un accommodement termine la guerre que Muréna faisait à Mithridate. — Abdication de Sylla, qui meurt à Cumes deux ans après. Son épitaphe.
78 Vains efforts de Lépidus pour relever en Italie le parti de Marius.

Plaute, Ennius, Térence ont pour contemporain
L'ami de Scipion, Polybe, historien.

§ III. — Sixième consulat de Marius. Exil de Métellus.

Métellus, chef des grands, à Marius contraire,
Lui résiste et s'impose un exil volontaire.
Saturninus subit le sort qu'il méritait,
Et Rome, vers ce temps, de Cyrène héritait.

§ IV. — Guerre sociale. Première guerre contre Mithridate.

Quand l'Italie obtient le droit de bourgeoisie,
Mithridate-le-Grand fait la guerre en Asie.

§ V. — Rivalité de Marius et de Sylla.

Sont tour à tour proscrits Marius et Sylla;
De tous ses ennemis ce dernier triompha.

§ VI. — Dictature de Sylla. Deuxième guerre contre Mithridate.

Il se fit dictateur et lassé de vengeance,
Osa, couvert de sang abdiquer la puissance.

XXVIII   PROGRAMME DE L'HISTOIRE ROMAINE.

77 *Sertorius* le soutient avec succès en Espagne. Talens de Sertorius.
72 Il est assassiné par Perpenna. Celui-ci, vaincu par Pompée, veut inutilement racheter sa vie par une bassesse.
78 à 67 Guerre contre les pirates de Cilicie, terminée par Pompée.
73 à 71 Guerre de *Spartacus* ou des esclaves. Ce qu'était Spartacus, ses succès, sa fin.
70 *Crassus et Pompée consuls.* Ils cherchent à capter la faveur populaire. — Loi Cotta. — Procès de Verres.
68 La Crète est réduite en province romaine.
75 *Troisième guerre contre Mithridate.* Causes. Préparatifs de Mithridate. Échec de Cotta
73 Victoire de Lucullus sur les bords du Granique. Nouveau succès de Lucullus. Mithridate se retire en Arménie.
70 Lucullus défait Tigrane et prend sa capitale. — Conduite de Lucullus envers les peuples vaincus.
69 Lucullus défait Mithridate et Pompée près d'Artaxate. — Les soldats de Lucullus refusent de le suivre. Il repasse le Taurus. Remplacé par Pompée, il revient à Rome et consacre le reste de sa vie à l'étude et aux plaisirs.
66 à 62 Pompée défait Mithridate sur les bords de l'Euphrate, poursuit ses succès en Asie, et règle le sort des diverses contrées situées en-deçà de l'Euphrate.
63 Trahi par son fils Pharnace, Mithridate se donne la mort.
Conjuration de Catilina. Cicéron fit échouer la conspiration.
62 Catilina est vaincu et meurt à Pistoria.

60 Pompée de retour à Rome, se ligue avec Crassus et **César**, *premier triumvirat.*
Commencemens de Jules César : son ambition, premières charges qu'il remplit.
80 César obtient pour cinq ans le gouvernement de la Gaule Cisalpine.
Exil de Cicéron. Caton va réduire l'île de Chypre en province romaine. — Audace du tribun Clodius; il a pour adversaire Milon.
57 Rappel de Cicéron.
60 État de la Gaule. Principaux peuples. Les Suèves et les Helvétiens veulent s'établir dans la Gaule. Les Éduens et les Séquanes implorent le secours des Romains. Ces circonstances servent l'ambition de César. Quelle était sa politique.

§ VII. — Sertorius. Spartacus. Crassus et Pompée consuls. Verrès. Conquête de la Crète.

Sertorius périt sous un fer assassin,
Spartacus succomba les armes à la main.
Contre un préteur cruel, fameux par ses rapines,
L'éloquent Cicéron prononce ses Verrines,
Et des Siciliens il a vengé les droits.
Métellus aux Romains a soumis les Crétois.

§ VIII. — Troisième guerre contre Mithridate.

Mithridate combat Lucullus et Pompée,
Et, trahi par son fils, se perce d'une épée.

§ IX. — Conjuration de Catilina.

En l'an soixante-trois le consul Cicéron
Poursuit Catilina, confond sa faction,
Et par Rome est nommé père de la patrie.

§ X. — César. Premier triumvirat. Conquête des Gaules. Rivalité de César et de Pompée.

Rempli d'ambition, puissant par son génie,
César veut à tout prix tenir le premier rang.
En dix ans de la Gaule il fut le conquérant;

58 César bat les Helvétiens et les Suèves.
57 César défait les Belges et étend la domination romaine dans la Gaule.
56 César, Crassus et Pompée renouvellent leur triumvirat et se partagent l'empire. — Soulèvemens dans la Gaule.
55 Les Germains franchissent le Rhin, César les rejette sur l'autre rive du fleuve, traverse toute la Gaule, fait une descente en Bretagne.
54 Famine dans la Gaule. César disperse ses légions. Toute la Gaule est prête à se soulever. Une grande victoire de César la retient sous sa domination.
53 à 50 Divers soulèvemens. César défait Vercingétorix, prend Alésia, soumet l'Aquitaine; prise d'Arras. *La Gaule est conquise.*
55 Pompée et Crassus de nouveau consuls.
Troubles en Judée. Expédition de Gabinius. Expédition de Crassus contre les Parthes.
53 Bataille de Charres. Défaite et mort de Crassus. Habileté de son questeur Cassius. — Cicéron proconsul en Cilicie.
Pompée seul consul. — Mort de Clodius. Procès de Milon. — Cicéron proconsul en Cilicie.
Rivalité de César et de Pompée. En quoi la cause de l'un différait de celle de l'autre. — On refuse à César le consulat.
49 César passe le Rubicon. Conséquences. - Pompée se dirige vers l'Epire. — César soumet l'Italie, défait en Espagne Afranius et Pétreius, revient en Italie, passe en Grèce. Le reste de ses troupes n'arrivant pas assez vite, il veut les aller chercher. Son échec à Dyrrachium.
48 *Bataille de Pharsale.* Fuite et mort de Pompée. — Diverses résolutions que prennent ses partisans. — État de l'Égypte. Guerre d'Alexandrie. Incendie de la bibliothèque des Ptolémées. Danger que court César. Il donne à Cléopâtre la couronne d'Egypte.
47. *César, absent de Rome, est nommé dictateur.* Il bat Pharnace et revient à Rome.
46 César passe en Afrique. Bataille de Thapsus. Mort de Métellus Scipion, de Juba, de Pétreius et de Caton d'Utique.
Honneurs décernés à César après la soumission de l'Afrique. Usage qu'il fait du pouvoir absolu. Réforme du calendrier. — Guerre d'Espagne contre les fils de Pompée.
45 *Bataille de Munda.* Mort de Cn. Pompée. — Nouveaux honneurs accordés à César. Projet qu'il forme. Antoine lui offre le diadème. Conspiration de Brutus.
44 César est assassiné. Mesures que prend le sénat. Conduite d'Antoine. Il se forme deux partis. Arrivée du jeune Octave à Rome

Crassus mort, à Pompée il déclare la guerre
Et vainqueur à Pharsale est maître de la terre
Juba meurt en Afrique ainsi que Scipion.
Avec la liberté voulut périr Caton.

§ XI. — Dictature de César.

César partout triomphe; il réforme l'année,
Et défait à Munda les deux fils de Pompée

L'ingrat Brutus l'immole au milieu du séna*

PROGRAMME DE L'HISTOIRE ROMAINE.

43 Guerre de Modène. Antoine, déclaré ennemi de l'État, est vaincu à Modène. Mort des consuls Hirtius et Pansa.
Second triumvirat entre Octave, Antoine et Lépide. Ils se partagent les provinces. Proscriptions. Mort de Cicéron. — Forces qui restaient au parti républicain.

42 *Bataille de Philippes*. Brutus et Cassius se donnent la mort. — Antoine passe en Asie, et de là en Égypte où Cléopâtre le retient.

41 Conspiration de Fulvie et de L. Antonius. Réconciliation des triumvirs. Mariage d'Antoine avec Octavie.

40 Nouveau partage des provinces entre les triumvirs.

39 Ventidius, lieutenant d'Antoine, défait Pacorus, roi des Parthes. Antoine veut combattre lui-même les Parthes. — Il soutient Hérode et le fait nommer roi de Judée. — Octave répudie Scribonia, se brouille avec Sextus Pompée.

36 Bataille navale sur les côtes de Sicile où Sextus Pompée est vaincu par Agrippa. — Fin de Sextus Pompée. — Expédition malheureuse d'Antoine contre les Parthes. — Sa passion pour Cléopâtre. — Lépide est dépouillé du pouvoir.

32 Antoine répudie Octavie. La guerre est déclarée entre lui et Octave.

31 *Bataille d'Actium*. — Fin d'Antoine, de Cléopâtre et du royaume d'Égypte.

29 Octave ferme le temple de Janus.

27 Les provinces impériales et les provinces sénatoriales. Adroite politique d'Octave. Il prend le nom d'*Auguste*. Il répare les maux de la guerre et fait fleurir les arts et la paix.

24 a 8 Au dehors : il soumet les Cantabres et les Astures. — Candace, reine d'Éthiopie, pose les armes. — Les Parthes renvoient les étendards pris sur Crassus. — Les Indiens envoient une ambassade. — Les Rhètes sont vaincus par Drusus et Tibère. — Drusus s'avance dans la Germanie jusqu'à l'Elbe et jusqu'au Weser, et remporte de nombreuses victoires. —

12 Mort d'Agrippa. — 9 Mort de Drusus

8 Auguste ferme le temple de Janus.
Le siècle d'Auguste est l'un des quatre grands siècles de la littérature. Prosateurs latins : Salluste, Cicéron, Tite Live, César, Cornélius Népos, Trogue Pompée, Vitruve, Térentius Varron. — Historien grec : Denys d'Halicarnasse. — Poëtes latins : Lucrèce, Catulle, Properce, Tibulle, Virgile, Ho-

§ XII. — Second triumvirat.

Rome gémit bientôt sous le triumvirat.
De Cicéron, Antoine a demandé la tête.
Vers ce temps, de Brutus la mort suit la défaite.
De Cléopâtre Antoine est follement épris.
Octave donne aux siens les terres des proscrits.
Vainqueur l'an trente-et-un sur les côtes d'Epire,
Près d'Actium, du monde il a conquis l'empire.
L'an trente il ferme enfin le temple de Janus.

TROISIÈME PÉRIODE.
L'EMPIRE

(De 31 ans avant J.-C à 395 ans après. Espace de 426 ans).

PREMIÈRE PARTIE.
PRINCIPAT.

(De 31 ans avant J.-C. à 192 après. Espace de 223 ans).

§ I. — Auguste.

AUGUSTE a sous ses lois tous les peuples connus,
Fait oublier Octave, et profond politique,
Déguise habilement son pouvoir monarchique.

Dans son siècle ont brillé Salluste et Cicéron,
Tite Live et Népos et Vitruve et Varron,
Denys d'Halicarnasse et Lucrèce et Catulle,
Virgile, Horace, Ovide et Properce et Tibulle.

XXXIV PROGRAMME DE L'HISTOIRE ROMAINE.

race et Ovide. — Mécène, protecteur des hommes de lettres.
1 Naissance de Jésus-Christ.

PREMIER SIÈCLE APRÈS J.-C.

9 Défaite de Varus dans la forêt de Teutoberg.
Caractère de Livie. But de son ambition. — Chagrins domestiques d'Auguste. — Sa clémence envers Cinna. — Auguste adopte Tibère. — Loi Papia Poppæa.

14 Mort d'Auguste. — Jugement sur les moyens qu'il employa pour parvenir au pouvoir et sur l'usage qu'il en fit. — Quelques paroles remarquables de lui. — Tableau des membres dont se composa sa famille.
Tibère lui succède. — Sa dissimulation. — Le sénat complice de sa tyrannie. — Les accusations de lèse-majesté. — Délations.

19 Il fait périr Germanicus. — Ses autres victimes.

27 Il se retire à Caprée.

31 Mort de Séjan. — Redoublement de cruauté.

33 Mort de Jésus-Christ.

37 Tibère meurt à Misène. *Caligula* empereur. Ses vices, sa folie, son vœu atroce.

41 Mort de Caligula. *Claude* empereur. Comment il parvient à l'empire. Son caractère, Messaline. Agrippine, seconde femme de Claude, veut faire régner Néron.

54 Mort de Claude. Accroissement, sous son règne, de l'empire romain.
Néron empereur. Après un heureux début, Néron jette le masque. Son goût pour les spectacles. Victimes de sa cruauté. — Incendie de Rome.

67 Martyre de saint Pierre et de saint Paul.

68 Mort de Néron. *Galba* proclamé empereur en Espagne par les légions. — Mort de Néron. — Galba assassiné par les prétoriens dans le Champ de mars. — *Othon* est reconnu empereur par le sénat et *Vitellius* par les légions de Germanie. — Bataille de Bédriac. — Cruauté, gloutonnerie et mort de Vitellius.

69 *Vespasien* empereur. Il laisse en Judée son fils Titus pour continuer le siège de Jérusalem.

70 Prise et destruction de Jérusalem. — Les Bataves se soulèvent sous la conduite de Civilis.
Sage administration de Vespasien. — Le Colysée.
Histoire d'Eponine et de Sabinus.

78 Agricola poursuit la conquête de la Bretagne.

79 Mort de Vespasien. *Titus* empereur. Son caractère. — Première éruption du Vésuve.

L'an neuf, en Germanie, a succombé Varus.
A la fleur de son âge a péri Marcellus.
Auguste, envers Cinna, fait preuve de clémence;
L'an quatorze, à son gendre il lègue sa puissance.

§ II. — Tibère.

L'astucieux TIBÈRE est prodigue de sang;
Il immole Agrippa, Germanicus, Séjan.

§ III. — Caligula.

CALIGULA dans Rome a, malgré sa démence,
Gardé pendant quatre ans la suprême puissance.

§ IV. — Claude.

CLAUDE, à son propre fils, a préféré Néron.
En l'an cinquante-quatre il meurt par le poison.

§ V. — Néron.

NÉRON, cruel tyran, par le meurtre d'un frère
Se prépare à celui d'Agrippine sa mère.

§ VI. — Galba, Othon, Vitellius.

GALBA précède OTHON que suit VITELLIUS.

§ VII. — Les Flaviens : Vespasien, Titus, Domitien.

Après VESPASIEN on voit régner TITUS,
Dont le peuple bénit le pouvoir tutélaire,

81 *Domitien*, son frère, empereur. Sa tyrannie, sa cruauté; son mépris pour le sénat.
85 Agricola est rappelé de Bretagne.
90 Domitien achète la paix des Daces.
96 Mort de Domitien. *Nerva* empereur. Il adopte Trajan
98 Mort de Nerva. *Trajan* empereur. Sagesse de son gouvernement. Son éloge comme homme d'état. Règle de conduit qu'il s'était tracée.
Poètes dans le premier siècle après J.-C. : Phèdre, Lucain, Silius Italicus, Valérius Flaccus, Stace, Perse et Juvénal.
Historien illustre : Tacite. Autres prosateurs : Velléius Paterculus, Valère Maxime, Quinte-Curce, Pline l'Ancien, Quintilien, Celse, Sénèque. Auteurs grecs : le géographe Strabon et l'historien Josèphe.

DEUXIÈME SIÈCLE APRÈS J.-C.

106 Exploits de Trajan. — La Dacie réduite en province romaine. — Erection de la colonne Trajane.
113 Mort de Pline le jeune, panégyriste de Trajan.
114 Expédition de Trajan en Orient; il bat les Parthes.
117 Mort de Trajan. Plutarque quitte alors l'Italie.
Adrien empereur. Sa politique diffère de celle de Trajan. Ce qu'il fait pour assurer la prospérité de l'empire. Ses voyages. ses fondations.
121 Construction en Bretagne de la grande muraille appelée mur d'Adrien.
131 Publication de l'Édit perpétuel.
132 Révolte des Juifs. Ælia Capitolina, la nouvelle Jérusalem, interdite aux Juifs. Leur dispersion définitive.
138 Adrien adopte Antonin, et meurt. — *Antonin* empereur. Il adopte Marc Aurèle. — Noble caractère d'Antonin; prospérité de l'empire pendant 23 ans. — Antonin fait cesser la persécution contre les chrétiens.
61 *Marc Aurèle* empereur. Il s'associe son gendre L. Vérus.
165 Expédition de L. Vérus contre les Parthes.
Parallèle entre Marc Aurèle et L. Vérus; ce dernier meurt en 174.
167 à 180 Guerres perpétuelles contre les Marcomans et autres peuples du nord. — Légion Mélitène; pluie miraculeuse. — Marc Aurèle prend des barbares à sa solde.
Éloge de Marc Aurèle. — Reproche qu'on lui fait. — Il est le dernier des bons princes que l'adoption a donnés à l'empire.
180 *Commode* empereur. Monstre de cruauté et de débauche. Sa passion pour les jeux de l'amphithéâtre.
192 Il est assassiné par Marcia de concert avec Lætus.

Et que n'imita point DOMITIEN son frère.

§ VIII. — Nerva, Trajan, Adrien.

NERVA laisse à TRAJAN le pouvoir souverain.
A leurs écrits Lucain, Pline, Quintilien,
Sénèque, Juvénal, Phèdre doivent leur gloire.
Tacite des tyrans a flétri la mémoire.

Partout vainqueur, Trajan du Parthe est redouté,
Et meurt l'an cent dix-sept des Romains regretté.
Il protégea Plutarque et fut loué par Pline.
Son pupille ADRIEN doit le sceptre à Plotine.

§ IX. — Antonin, Marc Aurèle, Commode.

En cent trente-huit règne ANTONIN le pieux,
Et sous lui vingt-trois ans les Romains sont heureux.
Il eut pour successeur ce sage MARC AURÈLE,
Que la philosophie a choisi pour modèle.

Dans le sang des Romains COMMODE s'est baigné.

Pertinax, après un règne de trois mois, est massacré par les Prétoriens.

Didius Julianus achète l'empire. Septime Sévère, Niger, Albinus sont proclamés empereurs par leurs armées. — *Septime Sévère* s'empare de Rome le premier. — Didius est tué après un règne de deux mois.

194 Bataille d'Issus, mort de Niger. — Destruction de Byzance.
197 Bataille entre Lyon et Trévoux, mort d'Albinus.

Hommes célèbres du second siècle : parmi les Latins, Pline le jeune, Suétone, Florus. Parmi les Grecs : Plutarque, Epictète, Arrien, Pausanias, Lucien, Galien, Ptolémée.

Progrès qu'avait déjà faits la religion chrétienne.

TROISIÈME SIÈCLE APRÈS J.-C.

208 Expédition de Sévère dans la Bretagne. — Mur de Sévère.
211 Mort de Septime Sévère. — *Caracalla*, son fils et son successeur, tue son frère Géta. Jugement sur Caracalla. — D'où lui venait ce nom. — Ses cruautés. Meurtre de Papinien. — Moyens par lesquels Caracalla se procurait de l'argent.
217 Caracalla est assassiné à l'instigation de Macrin.
Macrin s'associe son fils Diadumène.
218 Ils sont tués par les soldats. *Héliogabale* commence à régner. Il se livre à tous les genres de désordres et de folies.
222 Sa mort digne de sa vie.
Alexandre Sévère élu par les prétoriens. Contraste avec son prédécesseur. Ses sages mesures. Sa rigueur envers les vendeurs de fumée.
Fin de la dynastie des Arsacides. Commencement de celle des Sassanides.
234 Les soldats massacrent Alexandre Sévère et proclament à sa place *Maximin*. Quel était ce Maximin.
237 Le vieux *Gordien* proclamé empereur malgré lui. Il s'associe son fils.
238 Tous deux périssent au bout de six semaines.
Le sénat proclame augustes *Pupiénus* et *Balbin*, et nomme césar le *jeune Gordien*, troisième du nom.

DEUXIÈME PARTIE.
DESPOTISME MILITAIRE.

(De 192 à 284 après J.-C. Espace de 92 ans).

§ I. — Pertinax, Didius Julianus, Septime Sévère.

PERTINAX, DIDIUS, peu de temps ont régné.
Le pouvoir est conquis par SEPTIME SÉVÈRE,
Prince dur et cruel, mais vaillant militaire.

Au second siècle, on voit Épictète, Arrien,
Suétone et Florus, Plutarque et Galien.

La foi que Jésus-Christ vint apporter au monde
S'accroît sous les bourreaux, et le sang la féconde.

§ II. — Caracalla, Macrin, Héliogabale

L'an deux cent onze a vu régner CARACALLA;
Son frère le gênait, bientôt il l'immola.
Après lui vient MACRIN, puis HÉLIOGABALE,
Et Rome dégradée eut son Sardanapale.

§ III. — Alexandre Sévère, les deux Gordiens, Philippe Décius.

ALEXANDRE SÉVÈRE, ainsi que MAXIMIN;
GORDIEN et ses fils; PUPIÉNUS, BALBIN,

Les soldats massacrent Maximin, Pupiénus et Balbin. Le jeune Gordien reste seul empereur. Il gouverne avec la sagesse d'un vieillard. Il défait Sapor.
244 *Philippe*, préfet du prétoire, le fait assassiner; s'empare de l'autorité et la partage avec son fils.
249 Massacre des deux Philippe. *Décius* empereur.
250 Septième persécution. — Progrès des Goths.
251 Décius périt en les combattant. — *Gallus* proclamé empereur, achète la paix des Goths.
253 Gallus est massacré avec son fils Volusien; *Emilien*, son successeur, est à son tour massacré au bout de trois mois — *Valérien* empereur, s'associe son fils *Gallien*.
255 Commencement de la huitième persécution.
259 Défaite de Valérien par Sapor. — Lâcheté de Gallien.
Incursions des Barbares. — Anarchie militaire, trente tyrans.
263 Odenat, prince de Palmyre, prend la dignité royale, défait Sapor, est nommé césar, périt victime d'une conspiration. — Sa femme Zénobie lui succède.
268 Gallien est massacré par ses officiers. *Claude II* lui succède. — Défaite et mort d'Auréolus.
269 Bataille de Nissa. Défaite des Goths.
270 Mort de Claude II. *Aurélien* lui succède.
Exploits d'Aurélien en Occident.
272 Commencement de la neuvième persécution. — Guerre contre Zénobie, prise de Palmyre, supplice de Longin.
275 Mort d'Aurélien. — Ses largesses au peuple. — Interrègne de six mois.
Élection de *Tacite*. Mot célèbre de cet empereur.
276 Mort de Tacite. *Florien* son frère, règne deux mois. *Probus* empereur. Son caractère. — Ce qu'il fait pour relever l'empire, comment il occupe les soldats.
282 Il est massacré par eux. Le préfet du prétoire *Carus* est proclamé auguste, il nomme césars ses deux fils *Carin* et *Numérien*. En quoi différaient ces deux frères. — Mort de Carus et de Numérien.

284 *Dioclétien* est élu par l'armée de Chalcédoine.
285 Mort de Carin. — Fin du despotisme militaire, période des partages de l'empire, nouvelle forme que prend le pouvoir.

PHILIPPE, ont subi tous une mort violente.
Les Goths passent l'Ister en l'an deux cent cinquante.

§ IV. — Gallus, Valérien, Gallien, Claude II.

A DÈCE ont succédé GALLUS, VALÉRIEN,
Que suit son fils, l'ingrat et lâche GALLIEN.

CLAUDE DEUX, un moment, a relevé l'empire.

§ V. — Aurélien.

Le brave AURÉLIEN a renversé Palmyre.

§ VI. — Tacite, Florien, Probus, Carus, Carin, Numérien.

Rome sans empereur était depuis six mois,
Lorsqu'enfin le sénat de TACITE a fait choix.
PROBUS par ses vertus de son nom était digne.
C'est lui qui dans la Gaule a transplanté la vigne.
Par CARUS et ses fils, entre eux si différens,
L'empire est gouverné pendant très peu de temps.

TROISIÈME PARTIE.

EMPIRE MONARCHIQUE.

(De 284 à 395 après J.-C. Espace de 111 ans).

§ I. — Dioclétien, Maximien, Constance Chlore, Galère.

De DIOCLÉTIEN l'inquiète prudence

Dioclétien s'associe comme auguste-*Maximien Hercule;* les deux augustes choisissent pour césars Galère et Constance Chlore. Caractère féroce de Galère.

292 Partage de l'empire entre les deux augustes et les deux césars. Ils défendent avec succès les frontières de l'empire.

297 Galère vainqueur de Narsès étend les limites de l'empire jusqu'au Tigre. — Dernier triomphe que vit Rome.

Progrès déjà faits par la religion chrétienne.

État des lettres. Ulpien, jurisconsulte. Dion Cassius, Diogène Laërce, Élien et Longin, auteurs grecs. Tertullien, Clément d'Alexandrie, Origène, apologistes de la religion chrétienne.

QUATRIÈME SIÈCLE APRÈS J.-C.

303 Galère pousse Dioclétien à persécuter les chrétiens. Dixième persécution, elle dure dix ans et fut la plus cruelle.

305 Forcés par Galère, Dioclétien et Maximien abdiquent l'empire. *Galère* et *Constance Chlore* les remplacent comme augustes. Galère nomme césars ses neveux Severe et Maximin

306 Mort de Constance Chlore à Eboracum (York). Son fils *Constantin* y est proclamé auguste. — Vertus et belle réponse de Constance Chlore. — Maxence fils de Maximien Hercule, se fait proclamer auguste à Rome, il s'associe son père, qui sort de sa retraite.

307 Maximien Hercule fait mettre à mort Sévère. Galère nomme à sa place comme auguste Licinius.

309 Perfidie de Maximien Hercule. Constantin lui ôte la vie.

311 Mort affreuse de Galère. Son repentir.

312 *Bataille de Rome*, apparition miraculeuse du *labarum*, défaite et mort de Maxence. — *Conversion de Constantin.*

313 Défaite et mort de Maximin. Licinius et Constantin restent seuls empereurs.

323 Rupture entre les deux empereurs. Bataille d'Andrinople. — Mort de Licinius, Constantin reste seul maître de l'empire. Zèle de Constantin pour le christianisme. Réformes.

325 *Premier concile œcuménique tenu à Nicée.*

326 Constantin fait périr son fils Crispus. Supplice de Fausta.

329 *Constantin transporte le siège de l'empire à Byzance,* qui prend son nom. — Motifs qui lui font abandonner Rome.— Conséquences. — Changement dans la forme de gouvernement. Préfectures, diocèses, noblesse personnelle, impôts.

337 Mort de Constantin. Son éloge. Ce qui ternit sa gloire.

Les trois fils de Constantin. *Constantin II, Constant* et *Constance* se partagent l'empire.— Massacre.

340 Constantin II, mécontent de son lot, attaque Constant et périt. Constant est maître de tout l'Occident.

Associe au pouvoir MAXIMIEN, CONSTANCE,
GALÈRE, qui, vainqueur du roi persan Narsès,
Veut en vain de l'Eglise arrêter les progrès.

II. — Constantin.

L'an trois cent douze meurt l'usurpateur MAXENCE,
CONSTANTIN garde seul la suprême puissance,
Se fait le défenseur de la religion;
Il rebâtit Byzance et lui donne son nom.

§ III. — Successeurs de Constantin jusqu'à Théodose.

Ses trois fils portent mal le fardeau de l'Empire.

- 350 Constant est tué par Magnence qui prend la pourpre. Constance fait la guerre à Magnence.
- 351 Magnence vaincu près de Lyon se tue.
- 355 Gallus est mis à mort par ordre de Constance.
- 355 Julien est nommé césar; ses succès sur les Germains.
- 360 *Julien* est proclamé auguste par ses soldats à Lutèce.
- 361 Guerre de Julien et de Constance. Mort de Constance. Julien seul maître de l'empire. Il apostasie.
- 362 Il compose contre les habitans d'Antioche son *Misopogon*.
  Qualités et défauts de Julien. — Il essaie vainement de faire rebâtir le temple de Jérusalem.
- 363 Guerre contre Sapor II, roi de Perse, cruel ennemi des chrétiens. Mort de Julien.
  Jovien empereur. Il protége les chrétiens. Paix honteuse avec les Perses.
- 364 Mort de Jovien. *Valentinien* empereur. Il s'adjoint son frère *Valens*, lui donne l'Orient et garde pour lui l'Occident.
- 366 Valens défait et tue Procope.
- 368 à 375 Valentinien lutte continuellement contre les Germains. — Sa mort. *Gratien* lui succède en Occident.
  Caractère du règne de Valens.
- 376 *Entrée des Huns en Europe.* Les Goths se partagent en Ostrogoths et en Visigoths. Ceux-ci s'établissent dans la Thrace.
  Cruauté et superstition de Valens.
- 378 Mort de Valens. Gratien est maître de tout l'empire.
- 379 Gratien nomme *Théodose* empereur d'Orient.
- 382 Gratien est abandonné de ses troupes et tué près de Lyon.
  Valentinien II, son frère, est proclamé empereur, il a la préfecture d'Italie. Maxime a celle des Gaules.
- 387 Maxime pénètre en Italie, il est vaincu par Théodose et mis à mort. Valentinien II reste seul maître de l'Occident.
- 390 Saint Ambroise interdit l'entrée de l'église à Théodose.
- 392 Valentinien II est assassiné par Arbogaste, qui proclame empereur Eugène. — Le sénateur Symmaque.
- 394 Défaite d'Eugène près d'Aquilée. Théodose seul empereur.
- 395. Mort de Théodose le Grand. — Eclat de son règne. — Son décret sur le pardon des injures. — Partage définitif de l'empire romain en empire d'Orient et en empire d'Occident.
  État des lettres pendant le IVe siècle. Ammien Marcellin, Ausone, Macrobe, saint Ambroise, saint Basile, saint Grégoire de Nazianze, saint Jean Chrysostôme, saint Hilaire de Poitiers, saint Jérôme, Lactance, Eusèbe.

Contre la foi du Christ c'est en vain que conspire
JULIEN l'Apostat, sectateur des faux dieux.

En Perse JOVIEN signe un traité honteux.

A VALENTINIEN, vertueux mais colère,
L'Occident obéit, lorsque VALENS son frère,
Fanatique arien, gouverne l'Orient,

Les Huns passent le Don.

§ IV. — Théodose le Grand.

THÉODOSE LE GRAND
De deux usurpateurs sait abaisser l'audace,
Soumet au joug les Goths établis dans la Thrace,
Et seize ans de l'empire arrêtant le déclin,
Fait d'un dernier éclat briller le nom romain.

CHRONOLOGIE

Les historiens latins ont compté les années à partir de la fondation de Rome. L'ère chrétienne servira de base à notre chronologie ; nous rapporterons toutes les dates aux années avant ou après J.-C.

Un exemple suffira pour montrer comment on peut trouver à quelle année de la fondation de Rome, répond telle année avant J.-C., et à quelle année avant J.-C. répond telle année de la fondation de Rome.

Carthage a été détruite 146 ans avant J.-C. Si l'on veut savoir à quelle année de la fondation de Rome se rapporte cette date, il faut déduire ce chiffre de celui de la fondation de Rome, plus 1, c'est-à-dire soustraire 146 de 754 ; on verra que Carthage fut détruite l'an de Rome 608. Pour savoir à quelle année avant J.-C. se rapporte l'an de Rome 608, il faut retrancher 608 de 754 : on a 146.

LEÇONS
DE CHRONOLOGIE
ET D'HISTOIRE.

HISTOIRE ROMAINE
DEPUIS LA FONDATION DE ROME JUSQU'A LA DIVISION DE L'EMPIRE ROMAIN.

LEÇON PRÉLIMINAIRE.

1. *Quels anciens peuples habitèrent l'Italie?* Parmi les peuples de races diverses qui furent les premiers habitants de l'Italie ancienne, on remarque d'abord les **Pélasges** et les **Sicules** qui furent expulsés de la péninsule; puis les **Ligures**, les **Ombriens**, les **Etrusques** et les **Osques** qui s'y maintinrent.

2. *Quel fut le sort des Pélasges et des Sicules?* Les **Pélasges,** peuple paisible et industrieux, disparurent de l'Italie, en y laissant çà et là pour trace de leur passage ces **murs cyclopéens** formés de blocs énormes posés sans ciment, qui ont résisté au temps comme aux hommes. Les **Sicules** furent repoussés jusque dans la grande île qui de leur nom s'est ap-

pelée **Sicile**. Ceux des Pélasges et des Sicules qui, se résignant plutôt à une domination étrangère qu'à l'exil, restèrent en Italie, y perdirent leurs mœurs, leur langue, leur liberté, et y formèrent une classe inférieure composée d'esclaves et d'artisans.

3. *D'où venaient les Ligures et où s'établirent-ils ?* Les **Ligures** venaient d'Espagne, ils appartenaient à la race ibérienne. Ils se répandirent sur le littoral de la Méditerranée jusqu'à l'Arno. C'étaient des montagnards sobres, actifs, d'un infatigable courage, n'ayant que de pauvres villages, et divisés en autant de tribus qu'ils avaient de vallées.

4. *A quelle race appartenaient les Ombriens, quel était leur état politique et où se fixèrent-ils ?* Les **Ombriens** appartenaient à la race celtique ou gauloise. A la façon des Celtes, ils étaient divisés en de nombreuses peuplades indépendantes ; ils habitaient dans des villages ouverts, au milieu des plaines, dédaignant d'abriter leur courage derrière de hautes murailles. Après avoir occupé diverses parties de l'Italie, ils ne se maintinrent qu'à l'est de l'Apennin dans le pays qu'ils appelèrent **Ombrie**.

5. *Où les Etrusques s'établirent-ils ?* Les **Etrusques**, sur l'origine desquels les savants ne sont pas d'accord, s'établirent entre le Tibre et l'Arno dans la province qui de leur nom s'appela **Etrurie** (Toscane). Ils y formèrent une confédération de douze cités gouvernées chacune par un chef appelé **lucumon**

6. *A quel degré de civilisation étaient parvenus*

les Etrusques? Tandis que les autres peuples italiens vivaient épars dans des bourgades, les Etrusques avaient des villes murées. **Agriculteurs** habiles, ils ouvraient des canaux, desséchaient des marais ; **marchands,** ils creusaient des ports et s'enrichissaient par le commerce maritime ; **artistes** et ouvriers industrieux, ils pétrissaient la terre en vases élégants, sculptaient d'innombrables bas-reliefs, ciselaient des armes précieuses ; **lettrés,** ils écrivaient, à la façon des Orientaux, de droite à gauche, dans une langue totalement perdue comme la langue carthaginoise ; ils passaient pour fort habiles dans la vaine **science augurale,** qui consistait à lire dans les entrailles des animaux, dans les éclats de la foudre et dans le vol et le chant des oiseaux.

7. *Qui étaient les Osques et comment se partageaient-ils ?* Les **Osques** (1) étaient la véritable race italienne ; ils occupaient l'Italie centrale et se partageaient en deux branches : les **Sabelliens,** nation de pâtres, ayant pour demeures les sommets de l'Apennin et les côtes de l'Adriatique ; les **Latins,** robuste population de laboureurs, habitant la plaine située entre le Tibre et le Liris et appelée **Latium.**

8. *Quels sont les divers peuples qui appartenaient à la race sabellienne ?* A la race des Sabelliens appartenaient les **Sabins,** remarquables par leurs mœurs graves, leur vie frugale et laborieuse ; les **Marses** et

---

(1) Appelés aussi Opiques, Ausones, Aurunces.

les **Samnites**, d'un indomptable courage ; les **Lucaniens**, les plus barbares de tous, etc.

9. *Expliquez l'origine des Picénins, et ce qu'on entendait par un printemps sacré.* Lorsque dans les Apennins la famine était menaçante ou la guerre malheureuse, on vouait aux dieux, par un **printemps sacré**, le bétail qui devait naître en mars et en avril, et quelquefois même les enfants ; mais le bétail seul était immolé ; les enfants étaient élevés jusqu'à l'adolescence, et alors conduits, la tête voilée, hors du territoire pour qu'ils eussent à se chercher d'autres demeures. Ce fut ainsi que de jeunes **Sabins**, voués dans un printemps sacré, et protégés par les dieux, furent conduits, disait-on, par un pivert (**picus**) dans le pays qui s'appela **Picenum**.

10. *Quels peuples particuliers étaient compris sous la dénomination de peuples latins ?* On comprenait sous la dénomination de peuples latins, d'abord les **Latins** proprement dits ou **Aborigènes**, puis les **Rutules**, les **Eques**, petit peuple de pâtres et de chasseurs, pillards insatiables, les **Herniques**, les **Volsques**, peuple belliqueux, etc.

11. *Quelles sont les colonies pélasgiques qui vinrent, antérieurement à la guerre de Troie, s'établir en Italie ?* Suivant d'anciennes traditions trois colonies des **Pélasges de la Grèce** vinrent, en des temps très-reculés, s'établir en Italie : la première, sous la conduite d'**Œnotrus**, Arcadien, de qui l'Italie fut primitivement appelée **Œnotrie ;** la seconde, sous

la conduite d'**Evandre**, aussi Arcadien, qui bâtit la petite ville de **Pallantée**, dans le Latium, près du Tibre et sur la colline que depuis on appela le mont **Palatin**; la troisième, sous la conduite de **Tiburtus**, Argien, qui fonda, encore dans le Latium, la ville nommée de son nom **Tibur** (aujourd'hui Tivoli).

12. *Quelle colonie troyenne le Latium reçut-il après la ruine de Troie?* Quand Troie eut été détruite par les Grecs (l'an **1270** ou **1184** avant J.-C.), **Enée**, à la tête d'une colonie de **Troyens**, vint chercher dans le Latium une nouvelle patrie. Après avoir vaincu et tué son rival **Turnus**, roi des Rutules, il épousa **Lavinie**, fille de Latinus, roi du Latium, et fonda **Lavinium**. Son fils **Ascagne** bâtit **Albe-la-Longue**.

13. *Quelle postérité laissa Proca, 12ᵉ successeur d'Ascagne?* **Proca**, 12ᵉ successeur d'Ascagne, laissa deux fils : **Numitor** qui lui succéda, et Amulius. De **Rhéa-Sylvia**, fille de Numitor, naquirent deux jumeaux.

14. *Quel fut le sort de ces deux enfants?* Numitor ayant été chassé du trône par Amulius, celui-ci voulut priver son frère de postérité et fit exposer ses neveux sur le Tibre. Le courant du fleuve porta leur berceau au pied du mont **Palatin**, dans les lieux mêmes où cinq siècles et demi plus tôt avait paru la colonie d'Evandre, mais ces lieux étaient alors déserts. Suivant une tradition fabuleuse une **louve** vint allaiter les deux enfants. **Faustulus**, pâtre du voisi-

nage, les recueillit et les confia à sa femme. Ils furent nommés **Romulus** et **Rémus.**

15. *Comment furent-ils reconnus par Numitor ?* Elevés sur le Palatin comme les enfants de Faustulus, ils avaient grandi en force et en courage. Un jour ils se prirent de querelle avec les bergers de Numitor, dont les troupeaux paissaient sur une colline voisine appelée le mont **Aventin.** Surpris dans une embuscade, Rémus fut conduit à Albe, devant le roi Amulius, et Amulius le livra à Numitor. **Les traits de Rémus** rappelèrent à Numitor ceux de sa fille, l'**âge** du jeune prisonnier s'accordait avec l'**époque** où les deux enfants avaient été exposés; Numitor se demandait s'il n'avait pas devant lui un des fils de sa fille, quand parut tout à coup Romulus qui, ayant armé des bergers, avait marché sur Albe pour délivrer son frère. Numitor reconnut alors dans les deux jeunes gens ses petits-fils.

16. *Que firent ensuite Romulus et Rémus ?* Aidés par leurs compagnons, Romulus et Rémus tuèrent **Amulius** et firent rentrer Albe sous la domination de **Numitor.** Puis ils formèrent le projet de bâtir une **ville** aux lieux mêmes où ils avaient été élevés.

17. *Comment Romulus donna-t-il son nom à la nouvelle ville ?* Les deux frères, égaux en force et en autorité, après s'être disputé l'honneur de donner un nom à la nouvelle ville, convinrent de s'en rapporter aux dieux, en consultant le vol des oiseaux, ce qui s'appelait **prendre un auspice.** Rémus, sur

l'Aventin, vit le premier **six vautours**, mais Romulus, sur le Palatin, en vit **douze**. Les dieux avaient prononcé en sa faveur, et de son nom la ville dut s'appeler **Rome**; il la consacra au **dieu de la guerre** dont il voulait qu'on le crût issu.

18. *Comment Romulus en marqua-t-il l'enceinte?* Selon les rites étrusques, Romulus attela à une **charrue** un taureau et une génisse sans tache, et avec un soc d'airain il traça autour du mont Palatin un sillon qui représenta le circuit des murs. l'**enceinte sacrée**: ainsi fut fondée Rome, le 21 avril, **753** ans av. J.-C.

19. *Comment périt Rémus?* Romulus faisait creuser le **fossé** qui devait entourer les murs de sa nouvelle ville; Rémus, par dérision, le franchit d'un saut; Romulus le tua en s'écriant : Ainsi périsse quiconque franchira mes remparts.

20. *Quel spectacle offrait le monde au moment où Rome fut bâtie?* Lorsque Rome fut fondée, la division régnait entre Juda et Israël; la monarchie des Assyriens, fondée par Nemrod, finissait en la personne de Sardanapale, après avoir subsisté 1344 ans; les Spartiates se formaient aux lois de Lycurgue; les Athéniens, en proie aux dissensions civiles, restreignaient l'archontat à dix années; l'Italie était occupée par des peuples de races diverses dont les plus puissants étaient les Etrusques, les Sabelliens et les Latins; de nombreuses colonies grecques allaient bientôt s'établir dans la Sicile et dans l'Italie méridionale qui fut appelée *Grande Grèce*.

21. *Combien de siècles l'histoire romaine embrasse-t-elle?* L'histoire romaine, depuis la fondation de Rome jusqu'à la division de l'empire, embrasse onze siècles et demi, pendant lesquels on voit les Romains remplacer la monarchie par la république, faire la conquête de l'Italie, vaincre Carthage, dominer dans le monde connu des an-

ciens, puis perdre leur liberté avec les mœurs auxquelles ils durent leurs victoires et revenir (30 ans av. J.-C.), sous Octave, neveu de César, au gouvernement monarchique.

22. *En combien de périodes peut-on diviser l'histoire romaine?* On peut diviser l'histoire romaine en trois périodes principales, savoir :

1re période : LES ROIS, depuis la fondation de Rome en 753 jusqu'à la chute de Tarquin le Superbe en 509 (espace de 244 ans);

2e période : LA RÉPUBLIQUE, depuis la chute de la royauté jusqu'à l'empire en 31 (478 ans); période subdivisée en trois parties, savoir : 1re partie, la conquête de toute l'Italie; 2e partie, les conquêtes hors de l'Italie, et les guerres puniques; 3e partie, les troubles civils.

3e période : L'EMPIRE, depuis la chute de la république jusqu'à la mort de l'empereur Théodose en 395 après J.-C. (426 ans), période divisée en trois parties : le principat, le despotisme militaire, l'empire monarchique.

23. *Quels sont les deux empires qui commencèrent et finirent, pendant que les Romains faisaient la conquête de l'Italie?* Pendant que les Romains se préparaient par la conquête de l'Italie à celle du monde, on vit s'élever et disparaître deux grands empires : l'empire des Perses, fondé par Cyrus (536 ans avant J.-C.) et détruit par Alexandre le Grand deux siècles après, et celui des Macédoniens, fondé par ce même Alexandre, et partagé après sa mort entre les principaux chefs de son armée.

24. *Quelles étaient les bornes, et quelle fut la durée de l'empire romain?* L'empire romain avait pour bornes le Rhin et le Danube au nord; l'Euphrate et le Tigre à l'orient; les sables de l'Afrique au midi, et l'océan Atlantique à l'occident. Après une durée de quatre siècles, cette monarchie, la plus vaste qui ait jamais existé, se démembra; de tous côtés elle fut envahie par les barbares et de ses débris se sont formés la plupart des Etats modernes.

PREMIÈRE PÉRIODE.

LES ROIS.

(753-509, espace de 244 ans.)

Huitième siècle avant J.-C. — 753 à 700.

§ I. — Romulus, 1ᵉʳ roi (de 753 à 716).

Sept cent cinquante-trois voit régner Romulus.
Les Sabins sont vaincus, et leur roi Tatius,
De Rome avec les siens cimentant l'alliance,
Du premier roi romain partagé la puissance.
Sénat et plébéiens, et patrons et clients,
Chevaliers et questeurs paraissent en ce temps.

25. *Comment Romulus peupla-t-il Rome?* Romulus, pour peupler sa nouvelle ville, y ouvrit un asile où vinrent se réfugier des hommes de toutes races, **Sabins, Etrusques, Latins**, la plupart **pâtres** ou **bandits**, esclaves ou fugitifs, mais tous courageux et déterminés, et de ce mélange se forma le peuple-roi.

26. *Comment Romulus s'y prit-il pour donner des femmes aux Romains?* La ville naissante manquait de femmes. Romulus envoya aux **Sabins** et aux peuples voisins de Rome des députés pour leur proposer de contracter des mariages avec les Romains, et de faire alliance avec lui ; mais ces députés n'ayant éprouvé que des refus, accompagnés même de railleries, Romulus résolut de recourir à la ruse. Il attira dans Rome, à l'occasion d'une fête, les habitants des villes voisines, et en particulier les Sabins ; puis à un signal convenu, les Romains enlevèrent de force les jeunes filles, qu'ils épousèrent.

27. *Quelles furent les premières hostilités qui suivirent cette violence ?* Les peuples voisins voulurent se venger. Les habitants d'une bourgade nommée **Cénine** marchèrent les premiers contre Rome, sous la conduite de leur roi **Acron**. Romulus alla à leur rencontre, les vainquit, tua Acron de sa propre main, rasa Cénine et en emmena les habitants à Rome.

28. *Comment Romulus célébra-t-il sa victoire ?* Il rentra en triomphe à Rome, portant les dépouilles du roi Acron, qu'on appela **dépouilles opimes**, et le nom est resté pour désigner les dépouilles remportées par un général d'armée qui avait tué de sa main le général ennemi.

29. *Quelle fut la suite des hostilités que causa l'enlèvement des Sabines ?* Les habitants de deux autres bourgades voisines prirent les armes, furent vaincus, et aussi emmenés à Rome. Enfin les Sabins, sous la conduite de leur roi **Tatius**, se mirent en campagne et ils vinrent assiéger la citadelle.

30. *Comment tomba-t-elle en leur pouvoir ?* **Tarpéia**, fille du gouverneur Tarpéius, la leur livra à condition que les Sabins lui donneraient ce qu'ils portaient à leur bras gauche (leur usage était d'y porter des bracelets précieux).

31. *Comment fut récompensée Tarpéia ?* **Tatius** fit jeter sur elle et les bracelets qu'elle attendait, et

les boucliers que ses soldats portaient aussi à leur bras gauche; la malheureuse Tarpéia expira sous le poids, et laissa au lieu où elle avait expié sa trahison le nom de **roche Tarpéienne.** Ce fut du haut de cette roche que, dans la suite, on précipita les citoyens condamnés pour crime d'Etat.

32. *Comment se termina la guerre des Romains avec les Sabins?* Au moment où ces deux peuples se livraient un combat acharné dans le lieu qui devint plus tard le **forum**, la place publique, les **Sabines**, ayant à leur tête **Hersilie**, fille de Tatius, devenue l'épouse de Romulus, se jetèrent au milieu des combattants et les désarmèrent. Les deux rois convinrent de régner ensemble, leurs peuples furent réunis, et de la ville sabine de **Cures**, patrie de Tatius, les Romains prirent le nom de **Quirites**. La mort de Tatius laissa, quelque temps après, Romulus seul chef des deux peuples.

33. *Comment Romulus divisa-t-il le peuple romain?* Romulus partagea le peuple romain en **trois tribus** et chaque tribu en **dix curies.** Chaque curie avait à sa tête un prêtre nommé **curion** qui présidait aux sacrifices,

34. *Comment partagea-t-il les terres?* Romulus partagea les terres en **trois parties** inégales. La première fut destinée au service de la religion et à la construction des temples; la seconde, aux revenus du roi et aux dépenses de l'Etat; la troisième, la plus considérable, fut partagée en **trente lots**, nombre

égal à celui des curies, et chaque citoyen eut **deux jugera** (un peu plus de 50 ares). Le **jugerum** était l'étendue de terrain qu'une paire de bœufs pouvait labourer en un jour.

35. *Comment Romulus établit-il le conseil commun de la cité ?* Romulus se fit présenter trois hommes par chaque tribu et autant par chaque curie; à ces 99 personnes il en ajouta 1 de son choix : c'est ainsi que fut constitué le conseil commun de la cité, le **sénat;** il donna aux 100 sénateurs le titre de **pères;** leur nombre fut doublé après la réunion des Sabins avec les Romains.

36. *Comment, par suite de l'établissement du sénat, le peuple fut-il divisé en deux classes ?* Les descendants des sénateurs formèrent la classe des **patriciens,** la noblesse héréditaire, à qui furent réservés les soins de la religion et du gouvernement; le reste du peuple forma la classe des **plébéiens** qui avait en partage le travail des champs, les métiers et le petit commerce.

37. *Quel lien Romulus établit-il entre les patriciens et les plébéiens ?* Pour attacher les deux ordres l'un à l'autre par un échange de services et de protection, Romulus obligea les chefs des familles patriciennes à servir de **patrons** aux plébéiens, et ceux-ci eurent une liberté entière dans le choix de leurs protecteurs. Les protégés s'appelaient **clients.**

38. *Quels étaient les devoirs réciproques des patrons et des clients ?* Le patron veillait aux intérêts de son client, suivait ses procès, et en toute occasion l'aidait de son crédit. Le client, de son côté, si le patron n'était pas riche, contribuait à la dot de ses filles, au payement de ses dettes, et de sa rançon s'il était prisonnier de guerre. Il était également défendu aux patrons et aux clients de se présenter en justice pour servir de témoin l'un contre l'autre, et c'eût été un crime pour un client de soutenir un parti contraire à son patron. Le patron, tous ceux qui lui appartenaient par les liens du sang, et tous ses clients, formaient une famille politique (**gens**) qui se désignait par le nom de son chef.

39. *Comment Romulus organisa-t-il l'armée ?* Romulus choisit dans chaque tribu 1,000 hommes pour combattre à pied et 100 cavaliers : ce corps composé ainsi de 3,000 fantassins et de 300 cavaliers reçut le nom de **légion.** Ces cavaliers formèrent la garde du roi.

40. *Quel nom donna-t-on à ces cavaliers ?* On les nomma **célères,** soit du nom de leur chef, appelé **Céler,** soit à cause de leur **célérité** à exécuter les ordres qu'ils recevaient. Telle fut l'origine de l'ordre des chevaliers, intermédiaire entre les patriciens et les plébéiens. L'Etat leur fournissait le cheval, d'où ils furent appelés **chevaliers** : ils étaient distingués par un anneau d'or.

41. *Quelle forme de gouvernement établit Romulus ?* Le gouvernement qu'établit Romulus n'était ni purement monarchique, ni entièrement républicain :

les pouvoirs étaient partagés entre le **peuple** assemblé par curies, le **sénat** et le **roi**.

42. *Quelles étaient les attributions de l'assemblée du peuple par curies ?* L'assemblée **du peuple par curies,** composée d'abord seulement des patriciens et de leurs clients, adoptait les lois, nommait aux charges publiques ou religieuses, recevait les appels, décidait de la paix ou de la guerre. Chaque curie allait aux voix séparément et à son tour. La réunion du peuple assemblé pour prendre une délibération s'appelait les comices. Une sorte de cérémonie religieuse précédait la tenue de ces comices : on consultait les **augures.**

43. *Quelles étaient les attributions du sénat ?* Le sénat était le conseil du roi, et délibérait sur toutes les affaires. En l'absence du roi, un sénateur choisi par lui gouvernait la ville. Par la suite, quand Rome n'eut plus de rois, l'autorité du sénat devint très-grande. Rien ne pouvait être proposé à l'assemblée du peuple avant d'avoir été d'abord discuté et approuvé par le sénat. Les décrets du sénat s'appelaient **sénatus-consultes.**

44. *En quoi consistait le pouvoir du roi ?* Le roi, élu sur la proposition du sénat par l'assemblée des 30 curies, était le **généralissime**, le **grand-prêtre** et le **juge suprême**; il convoquait le sénat et l'assemblée par curies, il nommait les sénateurs, il administrait les finances par le moyen de deux **questeurs.** Durant la guerre et hors des murs, son autorité était

absolue. Comme les lucumons étrusques, il était escorté de **licteurs.**

45. *Qui étaient les licteurs ?* Les **licteurs**, au nombre de **douze**, étaient une garde spéciale qui précédait Romulus toutes les fois qu'il marchait en public. Les licteurs portaient sur l'épaule un **faisceau** formé de baguettes liées par une courroie, et du milieu desquelles sortait une hache. Ces faisceaux étaient un **symbole de la souveraineté**, et désignaient le droit de punition et de mort. Les licteurs étaient chargés d'écarter la foule, de remarquer si l'on rendait aux magistrats les marques du respect qui leur était dû, d'exécuter les sentences des magistrats. Avec la **courroie** du faisceau ils attachaient le criminel au poteau, avec les **baguettes** ils le fustigeaient, avec la **hache** ils le décapitaient.

46. *Comment Romulus régla-t-il l'autorité paternelle ?* Romulus donna aux **pères de famille** un empire absolu sur leurs enfants : ils pouvaient les exposer, les vendre, faire périr ceux qui naissaient difformes ; ils pouvaient de leur autorité privée les condamner à la prison, au fouet, à la mort. Dans la suite les pères purent libérer leurs fils de l'autorité paternelle en les vendant, **par trois fois**, comme esclaves, à un homme de confiance qui les affranchissait.

47. *En quoi consistait la principale croyance religieuse dans ces temps grossiers ?* Les Romains croyaient pouvoir connaître par certains présages la volonté des dieux et les destinées des hommes. Les

pronostics que leurs prêtres, nommés **augures**, tiraient du vol ou du chant des oiseaux, s'appelaient **augures** (1) ou **auspices** (2). Des devins sacrificateurs nommés **aruspices** (3) cherchaient encore des présages dans les mouvements de la victime avant le sacrifice et dans l'état de ses entrailles après l'immolation.

48. *Comment Romulus se fit-il, de ces superstitions, un moyen de gouvernement ?* **Romulus** voulut être le **premier augure** de Rome, de peur qu'un autre, à la faveur de ces superstitions, ne s'emparât de la confiance de la multitude ; et il défendit, par une loi expresse, qu'on fît aucune élection et qu'on entreprît aucune guerre avant qu'on eût consulté préalablement les **auspices**.

49. *Quelles qualités devaient avoir les prêtres pour être élus ?* Les prêtres, pour être élus, devaient être âgés au moins de 50 ans ; ils devaient être instruits des lois et coutumes du pays, et ils étaient obligés d'écrire les principaux événements qui arrivaient dans l'État : ainsi ils furent les premiers historiens et les premiers jurisconsultes.

50. *Les prêtres formaient-ils à Rome un ordre particulier ?* Les citoyens investis de fonctions sacerdotales formèrent bien, comme prêtres, des collèges particuliers ; mais ils ne composaient pas un ordre à part, et ils restaient, comme sénateurs ou magis-

---

(1) De *avis*, oiseau, et de *garritus*, chant. — (2) De *avis* et de *aspicio*, je regarde. — (3) De *ara*, autel, et de *aspicio*.

trats, membres actifs de la société. Les chefs de chaque maison, prêtres de la famille, rendaient un culte domestique aux **lares** et aux **pénates**, tandis que les **curions**, au nom des curies, comme le roi au nom de l'Etat, accomplissaient les sacrifices publics.

51. *Quelle fut la fin de Romulus ?* Un jour, l'an **716** avant J.-C., Romulus passait la revue de ses troupes, un orage dispersa le peuple ; quand le peuple revint, le roi avait disparu. Un sénateur nommé **Proculus** attesta qu'il l'avait vu monter au ciel au milieu de la foudre et des éclairs. Il avait régné 37 ans.

52. *Quelle fut la vraie cause de la mort de Romulus ?* Romulus, oubliant qu'il n'était qu'un chef de guerre, avait voulu attirer à lui seul toute l'autorité : le sénat en fut offensé, et se défit d'un prince qui devenait trop absolu ; mais pour détourner les soupçons du peuple, il lui dressa des autels après sa mort, et fit un dieu, sous le nom de **Quirinus**, de celui qu'il n'avait pas pu souffrir pour souverain.

53. *Qu'arriva-t-il après la mort de Romulus ?* Après la mort de Romulus, il y eut un **interrègne** de deux ans, pendant lesquels le sénat conserva l'autorité ; mais le peuple demandant un roi, il fut convenu, pour accorder les Romains et les Sabins, que les premiers éliraient le roi, mais qu'ils le prendraient parmi les Sabins. Le choix tomba sur **Numa Pompilius**, gendre de Tatius.

§ II. — Numa Pompilius, 2ᵉ roi (de 714 à 671).

> Numa, pour gouverner sa nouvelle patrie,
> Prenait conseil, dit-on, de la nymphe Égérie.
> Il honora Vesta, fit un temple à Janus ;
> Il réforma l'année.

54. *Qui était Numa Pompilius, successeur de Romulus ?* Numa Pompilius était un citoyen de **Cures**, ville des Sabins, distingué par sa justice, sa sagesse et son respect pour les dieux.

55. *Quelle règle de conduite Numa se traça-t-il en acceptant la couronne ?* Numa, en montant sur le trône, se proposa de consolider par la **paix** l'existence de Rome, et d'adoucir par la **religion** les mœurs barbares de ses habitants.

56. *Quelles institutions religieuses Numa donna-t-il aux Romains ?* Numa institua : 1° trois **Flamines**, ou prêtres de Jupiter, de Mars et de Quirinus, qui portaient sur la tête une espèce de voile couleur de feu ; 2° vingt **Féciaux**, prêtres ou hérauts, chargés d'annoncer la paix, la guerre et les trêves ; 3° douze prêtres de Mars, appelés **Saliens**, élus parmi les Sabins, qui, dans les processions, avaient coutume de porter, en dansant, de petits boucliers dont l'un était, dit-on, tombé du ciel, et que l'on regardait comme gage de la prospérité de Rome ; 4° les **Vestales**, et c'est la plus célèbre de toutes ses institutions religieuses.

57. *Qui étaient les Vestales ?* Les **Vestales**, d'abord au nombre de quatre, puis de six, étaient des prêtresses vouées au culte de **Vesta**; elles étaient chargées de garder le **Palladium** ou statue de Minerve, et d'entretenir perpétuellement le **feu sacré** sur l'autel. Elles faisaient vœu de **chasteté**.

58. *Comment et à quel âge les Vestales étaient-elles admises au sacerdoce?* Les Vestales n'étaient reçues dans le sacerdoce que depuis l'âge de 6 ans jusqu'à 10, et ne devaient avoir aucune difformité; elles passaient 10 années à s'instruire de leurs fonctions, 10 à les exercer, et autant à les enseigner. Ce temps expiré, elles pouvaient renoncer au sacerdoce et se marier.

59. *Quels priviléges accordait-on aux Vestales?* Elles avaient droit de **tester** sans l'assistance d'un curateur, ce qui n'était pas permis aux femmes, toujours en tutelle chez les Romains. Elles ne prêtaient point de **serment**; la justice devait les croire sur leur simple parole. Elles marchaient précédées d'un **licteur**; le trésor public payait leur entretien. Une **place d'honneur** leur était assignée dans les spectacles; et si elles rencontraient un **criminel** qu'on menât au supplice, on lui laissait la vie, pourvu qu'elles assurassent que cette rencontre était fortuite.

60. *Quelle punition infligeait-on à une Vestale qui manquait à son devoir?* Lorsqu'une Vestale laissait éteindre le feu sacré, on lui infligeait la punition des esclaves : couverte d'un simple voile, **elle était battue de verges** par le grand pontife; si elle manquait au vœu de chasteté, **on l'enterrait toute vive**,

61. *Que fit Numa pour mettre la bonne foi en honneur?* Numa fut le premier, dit-on, qui éleva un temple à la **Bonne-Foi**; il lui décerna un autel public, et annonça que le serment le plus sacré serait de jurer sur sa foi; il voulait que ce qui serait promis sans témoins fût aussi inviolable que ce qui était juré avec toutes les formalités usitées dans les contrats.

62. *Quel autre temple fameux bâtit encore Numa?* Il bâtit **le temple de Janus**, qui devait être ouvert pendant la guerre et fermé pendant la paix. On ne l'ouvrit point pendant tout son règne, qui fut de 43 ans; mais il ne fut fermé que deux fois depuis, à la fin de la première guerre punique et après la bataille d'Actium.

63. *Que fit Numa pour rendre sacré le droit de propriété?* Il institua une fête des plus solennelles en l'honneur du **dieu Terme**, afin d'inspirer à chacun le respect de la propriété d'autrui, en en consacrant les limites par la religion.

64. *Que fit Numa pour prévenir les querelles que faisait naître parmi les habitants de Rome la différence de leur origine?* La ville était partagée en deux nations, les Romains et les Sabins, ce qui faisait naître souvent des querelles : pour y mettre fin, Numa répartit le peuple en **corps de métiers**, auxquels il accorda des priviléges particuliers; par ce moyen, il s'établit entre les hommes d'une même profession une société d'intérêts qui leur fit oublier la différence de leur origine.

65. *Comment Numa honora-t-il l'agriculture?* Il partagea son petit Etat en plusieurs parties qu'il appela **bourgs**, établissant sur chacun d'eux un **inspecteur** qui lui rendait compte des travaux de chaque cultivateur; l'activité recevait des encouragements, et la paresse des réprimandes, quelquefois même on lui infligeait des amendes.

66. *Quelle réforme Numa fit-il au calendrier?* L'année sous Romulus n'avait que dix mois et commençait au mois de mars. Les mois de septembre, octobre, novembre et décembre se trouvaient ainsi être les 7e, 8e, 9e et 10e mois de l'année. Numa y ajouta **janvier** et **février**, et régla l'année d'après le cours de la lune. Il établit la distinction des **jours fastes** et des **jours néfastes.** Dans les jours néfastes, les juges ne pouvaient donner audience et le peuple ne pouvait point s'assembler.

67. *Quelle restriction Numa apporta-t-il au pouvoir paternel?* Il abolit le droit qu'avait le père de vendre ses enfants, dans le cas où ceux-ci étaient mariés, afin que la femme qui avait épousé un homme libre ne fût pas obligée de passer sa vie avec un esclave.

68. *Que fit Numa pour donner plus de crédit à ses lois?* Numa, pour donner plus d'autorité à ses lois, feignit d'avoir des entretiens secrets avec la nymphe **Egérie**, et de n'agir en tout que par ses conseils. Il se retirait souvent sans témoins dans un bois sacré, comme pour conférer avec la déesse.

SYNCHRONISMES. VIII⁰ SIÈCLE. — 747. *Ère de Nabonassar.* — 743. *Première guerre de Messénie.* — 735. *Fondation de Syracuse.* — 733. *Déjocès fonde Ecbatane.* — 720. *Fondation de Sybaris.* — 718. *Fin du royaume d'Israël.* — 713. *Séthos, prêtre de Vulcain, règne en Égypte.* — 710. *Fondation de Crotone.* — 708. *Gygès règne en Lydie.* — 707. *Ezéchias est délivré de Sennachérib. Fondation de Tarente* (1).

Septième siècle avant J.-C. — 701 à 600.

69. *A quel âge Numa mourut-il ?* Numa mourut, en **671**, à l'âge de 83 ans, et fut enterré sur le mont **Janicule**. Il avait régné 43 ans.

§ III. — Tullus Hostilius, 3ᵉ roi (de 671 à 638).

Après Numa, Tullus,
Sous qui le jeune Horace illustra sa famille,
Mais souilla ses lauriers en immolant Camille.

70. *Qui succéda à Numa ?* Le successeur du roi pacifique Numa fut un prince guerrier, **Tullus Hostilius**, sous lequel les Romains se formèrent à la discipline militaire.

71. *Comment se termina, sous Tullus, la guerre qui s'était élevée entre les Romains et les Albains ?* Des pillages mutuels ayant amené la guerre entre

---

(1) Pour plus de détails et pour une étude approfondie de l'Histoire comparée, voir les *Tableaux chronologiques et synchroniques d'histoire universelle*, par MM. Le Clerc, chez Vᵉ J. Renouard.

les Romains et les Albains, les chefs des deux peuples, Tullus et Mettius Fuffetius, convinrent de regarder comme décisif le résultat d'un combat particulier entre six guerriers choisis dans les deux camps. Les Romains remirent leurs destinées à trois frères nommés les **Horaces**, et les Albains à trois frères nommés les **Curiaces.** Il fut convenu de part et d'autre que celui des deux peuples en faveur duquel la victoire prononcerait, exercerait sur l'autre un empire doux et modéré.

72. *Lequel des deux partis eut l'avantage?* Deux des Horaces tombèrent percés de coups, mais le troisième tua les trois Curiaces déjà blessés : ainsi les Romains furent déclarés vainqueurs.

73. *Comment Horace, vainqueur, ternit-il l'éclat de sa victoire?* Comme il revenait en triomphe, accompagné du peuple, et portant sur ses épaules les dépouilles des Curiaces vaincus, il rencontra sa sœur **Camille,** promise en mariage à l'un des Curiaces, et ne pouvant souffrir les reproches qu'elle lui faisait d'avoir tué son fiancé, il la perça de son épée.

74. *Quelles furent les conséquences de ce crime?* Horace, malgré sa victoire, fut condamné à mort par les juges appelés **duumvirs,** mais il en appela au peuple, qui, en récompense du service qu'il venait de rendre aux Romains, et touché des larmes du vieil Horace son père, le renvoya absous.

75. *Que fit le père d'Horace, après cette faveur du peuple?* Il offrit des sacrifices aux dieux, et après

avoir fait voiler la tête de son fils, il le fit passer, en forme d'expiation, sous une poutre transversale dressée à cet effet, et qui fut appelée le **soliveau de la sœur.**

76. *Quelle circonstance amena la destruction d'Albe ?* **Mettius-Fuffetius** subissait avec peine la domination des Romains : il souleva secrètement contre eux les **Fidénates** et les **Véiens,** leur promettant de se joindre à eux pendant le combat. Tullus, de son côté, comptait sur son concours ; Mettius, trompant les deux partis, attendit à l'écart, avec ses troupes, l'issue de la bataille. Tullus fut vainqueur ; mais pour punir Mettius de sa trahison, il le fit écarteler, détruisit **Albe** et en transféra à Rome les habitants.

77. *Comment mourut Tullus Hostilius?* Tullus Hostilius, atteint de la peste qui alors affligeait Rome, fut brûlé, dit-on, par la foudre qui consuma son palais en **638.** Il avait régné 33 ans.

---

§ IV. — **Ancus Marcius**, 4ᵉ **roi** (de **638** à **614**).

De Numa petit-fils, Ancus bat les Latins,
Bâtit une prison, ouvre un port aux Romains.

78. *Qui succéda à Tullus Hostilius ?* Le successeur de Tullus fut **Ancus Marcius,** petit-fils de Numa, et remarquable, comme son aïeul, par son amour pour la justice et la religion.

79. *Quelle guerre Ancus Marcius eut-il à soutenir?* Ancus, malgré son amour pour la paix, eut à soutenir une guerre contre les **Latins** qui, jaloux de l'accroissement de Rome, avaient profité de la mort de Tullus pour faire des incursions sur le territoire romain.

80. *De quelle formalité Ancus fit-il précéder les hostilités?* Avant de commencer la guerre contre les Latins, Ancus leur envoya un **fécial** pour demander satisfaction; mais cet envoyé n'ayant reçu d'eux que des réponses hautaines, leur déclara la guerre.

81. *Quelle était la forme de la déclaration de guerre?* Le Fécial disait : « Ecoute, Jupiter, et toi, Junon. Ecoute, Quirinus ; écoutez, dieux du ciel, de la terre et des enfers. Je vous atteste que ce peuple (et il le nommait) a injustement outragé le peuple romain. Aussi le peuple romain et moi, du consentement du sénat, lui déclarons-nous la guerre. » Puis il lançait un javelot sur les frontières des ennemis, et la guerre était ainsi déclarée. Cet usage fut appelé **droit fécial**, et se continua dans la suite.

82. *Quelle fut l'issue de la guerre contre les Latins?* Ancus marcha contre les Latins, les défit dans plusieurs combats, leur prit plusieurs villes, et en fit passer les habitants à Rome, leur permettant de s'établir sur le mont **Aventin.** La politique des rois de Rome était de faire passer les vaincus dans leur ville pour augmenter le nombre de leurs sujets.

83 *Comment Ancus Marcius agrandit-il la ville?*

Ancus renferma dans l'enceinte des murs de Rome, non-seulement le mont **Aventin**, mais encore le mont **Janicule**, qui était au delà du Tibre, et il joignit les deux rives du fleuve par un pont de bois.

84. *Quelle ville Ancus fonda-t-il?* Ancus fonda à l'embouchure du Tibre la ville d'**Ostie**, qui servit longtemps de port à Rome, mais que peu à peu les atterrissements du fleuve ont éloignée de la mer.

85. *Que fit Ancus pour intimider les malfaiteurs dont le nombre s'accroissait avec la population?* Il fit construire une **prison** au milieu de Rome, et de manière qu'elle fût aperçue de toutes les parties de la place publique, afin d'imprimer une terreur salutaire à la licence que font naître et que favorisent les grandes villes.

86. *Quand Ancus mourut-il, et combien de temps régna-t-il?* Ancus Marcius, après un règne de 24 ans, mourut en **614**, laissant la tutelle de ses deux fils à Tarquin.

---

§ V. — Tarquin l'Ancien, 5ᵉ roi (de **614** à **576**)

Tarquin, Grec d'origine, et tuteur infidèle,
Élu roi, donne à Rome une enceinte nouvelle,
Construit des aqueducs, augmente le sénat ;
Aux pompes du triomphe ajoute de l'éclat ;
Au peuple ouvre le cirque, et, prince octogénaire
Sous un fer assassin termine sa carrière.

87. *Qui était Tarquin?* **Tarquin** dit l'**Ancien** était Grec d'origine, d'une des plus illustres familles de

Corinthe; né à **Tarquinies**, dans le pays des Etrusques, où son père s'était retiré, il était venu, sous le règne d'Ancus, s'établir à Rome, s'était fait passer pour un lucumon et avait pris le nom de Tarquin, du lieu de sa naissance.

88. *Comment devint-il le successeur d'Ancus?* Tarquin parvint à gagner la confiance du roi Ancus, qui lui confia en mourant la **tutelle** de ses deux enfants; mais il avait aussi su se concilier la faveur populaire: il en profita pour écarter adroitement ses deux pupilles, et se faire nommer successeur d'Ancus.

89. *Comment s'accrut alors le nombre des sénateurs?* Tarquin, pour continuer à se rendre agréable au peuple, éleva au rang de patriciens et de sénateurs cent des plébéiens les plus distingués. Le nombre des sénateurs fut ainsi porté à **trois cents**, et y resta fixé pendant plusieurs siècles.

90. *Quelles guerres Tarquin l'Ancien eut-il à soutenir?* Tarquin l'Ancien vit successivement, et à plusieurs reprises, les **Latins**, les **Sabins**, et les **Etrusques**, prendre les armes contre lui. Au lieu de se réunir contre un ennemi commun, ces peuples se laissèrent accabler l'un après l'autre; et ces guerres, heureuses pour Rome, lui valurent un nouvel accroissement de territoire.

SYNCHRONISMES. VIIe SIÈCLE. — 694. *Mort d'Isaïe.* — 682. *Deuxième guerre de Messénie.* — 680. *Prise de Babylone par Asar-Haddon.* — 656. *Psammeticus ouvre l'Egypte aux Grecs.* — 655. *Cyaxare, roi des Mèdes, chasse les Scythes.* — 631. *Fondation de Cyrène en Afrique.* — 625. *Prise de Ninive et fondation du second empire assyrien.* — 624. *Législation de Dracon.* — 617. *Néchao, roi d'Égypte.* — 605. *Prise de Jérusalem par Nabuchodonosor et première transmigration des Juifs à Babylone.* — 601. *Eclipse prédite par Thalès.* — 600. *Fondation de Marseille.*

Sixième siècle avant J.-C. — 601 à 500.

91. *Quels insignes les Etrusques envoyèrent-ils à Tarquin?* Les Etrusques, soit en signe de soumission, soit seulement comme présents, envoyèrent à Tarquin les marques de souveraineté qui chez eux distinguaient les rois, savoir : la **couronne** d'or, le **sceptre** surmonté d'un aigle, la **robe de pourpre**, semblable à celle des rois asiatiques de Perse et de Lydie.

92. *Quelles innovations signalèrent le règne de Tarquin?* C'est sous le règne de Tarquin l'Ancien que se déploya un luxe inconnu aux Romains des premiers temps, et que s'introduisirent à Rome les arts et les costumes étrusques : la **chaise curule**, pliant d'ivoire ou plaqué en ivoire, les manteaux de guerre, la tunique à palme, les colliers, et la **robe prétexte** dont les bords étaient ornés de pourpre et que portèrent les sénateurs, les magistrats et les jeunes patriciens pour se distinguer du reste du peuple.

93. *Quel éclat Tarquin l'Ancien ajouta-t-il à la cérémonie du triomphe?* Précédemment le vainqueur marchait à pied, précédé des dépouilles prises sur l'ennemi ; Tarquin fut le premier qui introduisit l'usage de monter, pour la cérémonie du triomphe, dans un **char** attelé de quatre chevaux blancs, et de porter une robe semée de fleurs d'or.

94. *Quelle grande immigration de Gaulois eut lieu en Italie pendant que Tarquin l'Ancien régnait à Rome?* Vers l'an **590** des bandes nombreuses de Gaulois franchirent les Alpes et vinrent s'établir sous la conduite de **Bellovèse** dans l'Italie septentrionale ; cette immigration continua pendant 67 ans, et le nord de l'Italie prit le nom de **Gaule cisalpine**

95. *Quels embellissements Tarquin l'Ancien fit-il à Rome?* Il construisit un **cirque** entre le mont Aventin et le mont Palatin, pour les spectacles et les jeux apportés de l'Etrurie. Ce cirque était divisé en trente parties, de manière que chaque curie eût sa place. Tarquin dessécha le Forum, l'entoura de portiques, et prépara l'emplacement où fut le **Capitole.**

96. *Quels ouvrages d'utilité publique fit-il encore exécuter?* Il entoura Rome d'une nouvelle enceinte en pierres, et commença à construire des **égouts** qui se ramifiaient sous toute l'étendue de la ville.

97. *Quand et comment mourut Tarquin l'Ancien?* Les deux fils d'Ancus, irrités non-seulement de s'être vus exclure du trône par leur tuteur, mais aussi de ce qu'il se préparait un successeur dans la personne de son gendre, **Servius Tullius**, apostèrent deux pâtres qui se prirent de querelle dans le voisinage

de la demeure royale. Le roi les fit appeler ; l'un prenant la parole attira l'attention du prince, l'autre saisit ce moment pour lui fendre la tête d'un coup de hache, l'an **578**. Il laissa deux petits-fils en bas âge : **Lucius Tarquin** et **Aruns Tarquin**.

---

§ VI. — Servius Tullius, 6ᵉ roi (de 578 à 534).

> Successeur de Tarquin, Servius Tullius
> Fit aimer aux Romains son règne et ses vertus.
> Politique, il changea le mode de suffrage,
> Et voulut que le serf pût sortir d'esclavage.
> Il fit battre monnaie, il établit le cens
> Et fut assassiné par l'un de ses enfants.

98. *Quel fut le successeur de Tarquin l'Ancien ?* Le successeur de Tarquin l'Ancien fut Servius Tullius, né dans la maison de Tarquin l'Ancien, d'une mère noble, qui, après la ruine des villes latines, était devenue esclave de Tarquin. Il fut appelé **Tullius**, du nom de son père, et **Servius**, pour marquer l'état de servitude dans lequel il naissait. Tarquin l'avait fait élever avec beaucoup de soin, et ayant reconnu en lui un rare mérite lui avait donné sa fille en mariage.

99. *Comment la transition d'un règne à l'autre se fit-elle ?* **Tanaquil**, femme de Tarquin l'Ancien, cacha au peuple la mort de son époux : elle annonça que le roi avait reçu, à la vérité, une blessure grave, mais non mortelle ; qu'il ne tarderait probablement pas à se montrer au peuple, et que, en attendant, il ordonnait d'obéir à son gendre, qu'il chargeait de remplir provisoirement toutes les fonctions de la royauté. **Servius** ayant gouverné pendant quelques jours au nom du roi et voyant son autorité affermie, annonça enfin la mort du roi Tarquin, et continua de régner, ne prenant toutefois que le titre de **tuteur** des petits-fils de Tarquin.

100. *Comment Servius Tullius se fit-il conférer le titre de roi?* Les sénateurs voulaient s'opposer à l'usurpation de Servius Tullius; mais celui-ci, déjà aimé de la multitude, convoqua le peuple dans le Forum sans consulter le sénat, pourvut à la sûreté des deux petits-fils de Tarquin, qu'il plaça sous la protection du peuple romain, et se fit proclamer roi.

101. *Quelle longue guerre eut à soutenir Servius Tullius?* Servius fit pendant 20 ans la guerre aux **Etrusques**, les battit fréquemment, et les contraignit, en **551**, à faire alliance avec lui ; il rentra trois fois dans Rome en triomphe.

102. *Quelle nouvelle division Servius fit-il du territoire et du peuple romain?* Les conquêtes successives des rois ayant augmenté le territoire de Rome et le nombre de ses habitants, Servius partagea la ville en **4 quartiers**, et le peuple en **19 tribus**, dont 4 urbaines, la Suburrane, l'Esquiline, la Colline, la Palatine, qui correspondaient aux 4 quartiers. Les 15 autres furent les tribus rustiques. Puis il ordonna un dénombrement.

103. *Comment se fit ce dénombrement?* Chaque

citoyen fut obligé, sous les peines les plus sévères, de déclarer son nom, son âge, sa profession, sa fortune, le nombre de ses enfants et de ses esclaves. Ce dénombrement ou **cens** devait se renouveler tous les 5 ans (1).

104. *Combien compta-t-on de citoyens romains ?* Il se trouva dans Rome et aux environs, sans compter les esclaves, plus de 80,000 citoyens en état de porter les armes (en les comptant depuis l'âge de 17 ans).

105. *Comment Servius les divisa-t-il ?* Servius Tullius les répartit en **6 classes** d'après leur fortune : chacune de ces classes était divisée en un nombre différent de centuries.

106. *Quel était le nombre total de ces centuries ?* Les 6 classes formaient en tout **193 centuries**, la première à elle seule en contenait 98 ; les quatre classes suivantes en contenaient ensemble 94. Enfin la sixième classe n'avait qu'une centurie.

107. *De qui se composait la sixième classe ?* Elle renfermait les plus pauvres citoyens. On les appelait **prolétaires** (2), comme n'étant utiles à la patrie que par les enfants qu'ils lui donnaient ; ils étaient exempts d'impôts et dispensés d'aller à la guerre.

---

(1) Le dénombrement était suivi d'un sacrifice expiatoire, et le nom de *lustrum, lustre*, a signifié tout à la fois et cette solennité religieuse qui se célébrait tous les cinq ans, et l'intervalle de 5 ans qui séparait une solennité de l'autre, et le dénombrement lui-même qui se faisait à la fin de chacun de ces intervalles.

(2) Du mot latin *proles*, lignée, enfants.

108. *Quelle distinction faisait-on entre les membres des cinq premières classes?* Dans chacune des cinq premières classes on distinguait les plus jeunes, les **juniores,** de 17 à 45 ans, qui composaient l'armée active, et les plus âgés, les **seniores,** qui gardaient la ville. Ceux-ci, quoique naturellement moins nombreux, formaient autant de centuries que les juniores.

109. *Quels nouveaux comices Servius institua-t-il après avoir établi les classes subdivisées en centuries?* Servius institua les **comices par centuries,** et ce mode d'assembler le peuple devint le plus important. Dans ces comices, on décidait de la paix ou de la guerre, on élisait les grands magistrats, on votait les lois. Comme l'organisation des centuries était toute militaire, c'était en armes, hors de la ville, dans le **Champ-de-Mars,** qu'elles se réunissaient, non pas à l'appel des licteurs, comme les comices par curies, mais au son des trompettes.

110. *Quelle manière de voter Servius établit-il et quelle en fut la conséquence?* Servius décréta que ce serait par centurie que se compteraient les suffrages et que chaque centurie aurait une voix ; la **première classe,** composée de 98 centuries votait d'abord, elle avait **98 voix** sur 193, c'est-à-dire la majorité. Servius, comme Solon, donna donc toute l'autorité aux plus riches, qui étaient les moins nombreux : il remplaça l'aristocratie de naissance par une aristocratie de richesse. Les plébéiens, reconnus citoyens libres de Rome, pouvaient, en s'enrichissant, monter de classe en classe et prendre une plus grande part aux affaires de l'Etat.

111. *Comment Servius proportionna-t-il les charges des riches à leurs droits ?* **Les plus riches** eurent **la plus lourde part de l'impôt.** La première classe payait une somme égale à celle que payaient ensemble les quatre classes suivantes, et ceux qui la composaient devaient se pourvoir d'un équipement militaire plus complet et plus cher ; ils étaient assujettis à un service plus fréquent et plus pénible.

112. *Que Servius fit-il en faveur des esclaves ?* Servius se rappelait qu'il était né dans la servitude ; pour exciter les esclaves à mériter la liberté et les maîtres à la leur donner, il rendit une loi sur les **affranchissements.** Les affranchis furent admis au nombre des citoyens romains.

113. *Comment un esclave pouvait-il devenir affranchi ?* Un esclave devenait affranchi de trois manières : ou lorsque son maître le faisait inscrire sur le registre du cens, ou bien lorsqu'il lui donnait la liberté par une volonté testamentaire, ou bien (et c'était la forme la plus ordinaire) lorsque l'ayant amené devant un magistrat, il disait : « Je désire que cet homme soit libre selon la coutume des Romains. » Le magistrat frappait d'une **baguette** (appelée **vindicta**) la tête de l'esclave ; le maître lui donnait un **petit soufflet** sur la joue et lui faisait signe de la main qu'il était libre d'aller où bon lui semblerait.

114. *En quoi consistait la monnaie des Romains,*

et quel changement Servius Tullius y apporta-t-il? La monnaie des Romains consistait en fragments informes de cuivre ou de plomb, mais d'un poids déterminé. Servius Tullius y fit graver l'image d'une brebis (**pecus**), d'où est venu à la monnaie le nom de **pecunia**, mot latin qui a formé en français le mot **pécuniaire**.

115. *Comment Servius Tullius agrandit-il la ville de Rome?* Servius Tullius enferma dans la ville par un mur les monts Viminal, Esquilin et Quirinal (1). Cette **enceinte de Servius-Tullius** est devenue célèbre, et a compris toute l'étendue qu'eut Rome pendant des siècles : quelques traces en existent encore.

116. *Quel moyen Servius employa-t-il pour faire de Rome la métropole du Latium?* Servius, voulant faire de Rome le centre et la métropole du Latium, persuada aux peuples latins de s'unir à elle par une sorte de lien religieux, et ils bâtirent à frais communs avec les Romains, sur l'Aventin, un **temple de Diane** où tous les ans les députés des villes alliées se réunissaient pour célébrer les **féries latines.**

117. *Quels époux Servius donna-t-il à ses deux filles?* Les deux filles de Servius épousèrent les deux petits-fils de Tarquin l'Ancien, **Lucius** et **Aruns**; mais la perverse et ambitieuse Tullie' était mariée à

---

(1) Les collines comprises dans l'enceinte de Rome étaient les monts Palatin, Capitolin, Cœlius, Aventin, Viminal, Esquilin et Quirinal, sur la rive gauche du Tibre, et le mont Janicule sur la rive droite. Les sept collines de la rive gauche firent appeler Rome *la ville aux sept collines.*

Aruns le plus doux des deux frères, et sa sœur à l'orgueilleux et cruel Lucius. Les méchants s'entendirent, Tullie se débarrassa par le poison de son mari et de sa sœur pour épouser Lucius.

118. *Comment mourut Servius?* Lucius Tarquin, excité par sa femme, convoqua le sénat et réclama la couronne de son aïeul. Informé de ce qui se passait, Servius se rendit au sénat, mais Tarquin le précipita du haut des degrés en pierre, et le fit tuer par ses affidés. Tullie accourant pour saluer roi son époux, fit rouler son char sur le corps sanglant de son père. La rue en garda le nom de **voie du crime.** Ainsi périt, après un règne de 44 ans, ce bon roi et ce profond politique, au moment où, dit-on, il songeait à abdiquer la royauté et à faire de Rome une république. Le peuple romain conserva longtemps une grande vénération pour sa mémoire.

---

§ VII. — Tarquin le Superbe, 7ᵉ roi
(de 534 à 509)

Tarquin deux par un crime est monté sur le trône;
Moins en roi qu'en tyran il porte la couronne;
Bâtit le Capitole, embellit la cité;
Se fait chasser de Rome et perd la royauté.

119. *Quel fut le successeur de Servius Tullius?* Le successeur de Servius Tullius fut **Tarquin**, son gendre et son meurtrier, que son orgueil, ses cruautés et sa tyrannie ont fait surnommer **le Superbe.**

120. *Comment gouverna-t-il?* Il s'empara de la royauté comme d'un patrimoine, s'entoura de soldats mercenaires, ne se montra que rarement en public, défendit toute espèce d'assemblée, se débarrassa par la mort ou par l'exil de tous les sénateurs qui lui paraissaient suspects ou qui possédaient une grande fortune et confisqua leurs biens ; il suspendit les lois de Servius, et rétablit l'égalité des taxes sans tenir compte de l'inégalité des fortunes, ce qui opprima tout à fait les plébéiens.

121. *Que fit Lucius Junius, surnommé Brutus, pour se soustraire à la cruauté du roi?* Lucius Junius, fils de la sœur de Tarquin le Superbe, craignant de subir le sort de son père et de son frère, que le roi avait fait périr, après les avoir dépouillés de leurs biens, contrefit l'insensé ; ce qui lui fit donner le surnom de **Brutus**, et le mit à l'abri des soupçons du roi.

122. *Quels sont les faits extérieurs du règne de Tarquin?* Tarquin, qui régnait en tyran, fut hors de Rome un guerrier actif et habile. Devenu le **chef de la Confédération des villes du Latium**, il fit la guerre aux Volsques, qui avaient refusé son alliance. Il assiégea la ville volsque de **Gabies** et celle d'**Ardée**, capitale des Rutules.

123. *Quelle ruse employa Sextus, fils de Tarquin le Superbe, pour s'emparer de Gabies?* **Sextus**, irrité de ce que la ville de Gabies résistait aux armes de Tarquin, se retira **chez les Gabiens**, feignant de vouloir se soustraire à la dureté de son père ; les

Gabiens l'accueillirent avec bonté, et lui confièrent même le commandement de la ville ; Sextus alors, trahissant à la fois et la confiance des Gabiens et les droits de l'hospitalité, envoya secrètement à son père un des siens pour lui demander ce qu'il convenait de faire. Tarquin le Superbe, sans donner aucune réponse à l'envoyé, se contenta d'abattre en sa présence, dans son jardin, les **têtes des pavots** les plus élevés. L'envoyé, ennuyé d'attendre, s'en retourna près de Sextus, et lui raconta ce que le roi venait de faire. Sextus comprit ce que son père désirait, il fit mourir les premiers citoyens de la ville et livra Gabies aux Romains.

124. Quel crime Sextus commit-il pendant le siége d'Ardée? Pendant que Tarquin le Superbe assiégeait Ardée, Sextus se rendit à **Collatie** et y outragea **Lucrèce**, femme de Tarquin Collatin, son parent.

125. Quelles furent les suites de ce crime? Lucrèce envoya prier son père Lucrétius et son mari Collatin, qui étaient au siége d'Ardée, de venir la trouver en toute hâte, accompagnés chacun d'un ami fidèle ; ils accoururent avec Valérius et Brutus ; Lucrèce leur raconta alors l'outrage dont elle venait d'être la victime, leur déclara qu'elle ne pouvait survivre à son déshonneur, et, tirant un **poignard** qu'elle tenait caché sous sa robe, elle se donna la mort.

126. Que fit Brutus à la vue de ce triste spectacle? Brutus, reprenant son énergie et la force de caractère qu'il avait dissimulée, se saisit du poignard ensanglanté, jura de poursuivre la vengeance de Lucrèce sur Tarquin, sur sa femme, sur toute sa race, et de ne souffrir que personne régnât désormais sur les Romains. Il fit porter le corps de Lucrèce sur la place de Collatie, appela aux armes toute la jeunesse, marcha vers Rome, harangua le peuple, lui rappela les crimes de Tarquin et de sa femme, et fit prononcer le **bannissement** du roi et de toute sa famille.

127. *Comment finit le règne de Tarquin?* Tarquin le Superbe, informé de ce qui se passait, accourut à Rome, mais il trouva les **portes** de la ville fermées, et reçut la notification de son bannissement perpétuel (**509**). Il occupait le trône depuis 24 ans. En lui finit la royauté à Rome.

128. *Quels grands travaux publics Tarquin le Superbe avait-il fait exécuter à Rome?* Tarquin le Superbe avait fait achever les égouts commencés par son aïeul. Pour l'exécution de ces travaux, il fit venir des ouvriers étrusques, et de plus il imposa de rudes corvées au peuple romain; ce fut un des griefs que Brutus allégua contre lui. Le plus considérable de ces égouts était la **cloaca maxima**, traversant le Forum et débouchant dans le Tibre. Bâtie en grosses pierres de taille superposées sans ciment, la cloaque, après plus de vingt-trois siècles, subsiste en partie et sert encore.

129. *Quel temple célèbre Tarquin le Superbe fit-il construire?* Tarquin le Superbe, reprenant le projet de Tarquin l'Ancien, éleva le **Capitole** sur le mont Tarpéien, appelé dès lors Capitolin. Le Capitole, tout

à la fois forteresse et temple, était un vaste édifice de 70 mètres de long sur une largeur à peu près égale; sa façade, tournée vers le midi et vers la grande place de Rome, avait trois rangs de colonnes et les faces latérales en avaient deux. Un péristyle l'entourait, on y montait par un escalier de 100 marches d'une extrême largeur. Cet édifice, consacré à Jupiter, à Minerve et à Junon, était la réunion sous un même toit de trois temples, dont celui de Jupiter (1) occupait le milieu et dominait les deux autres.

130. *D'où vient qu'on a donné à ce temple le nom de Capitole?* Ce temple fut appelé **Capitole**, parce qu'en en creusant les fondements, on trouva, dit-on, une tête d'homme (**caput**, tête) dans le même état que si elle venait d'être coupée; signe, dirent les augures, que ce temple serait la tête du monde.

131. *D'où venaient ces livres sibyllins que Tarquin le Superbe fit, dit-on, déposer dans le Capitole?* Pendant qu'on bâtissait le Capitole, une femme, que l'on croit être la **sibylle de Cumes** en Italie, vint proposer au roi de lui vendre neuf volumes d'**oracles sibyllins**. Le roi lui refuse le prix élevé qu'elle demande; celle-ci brûle trois de ces volumes, et revient proposer au roi les six autres au même prix que les neuf; repoussée avec mépris, elle en jette

---

(1) Sur l'emplacement du temple de Jupiter Capitolin est aujourd'hui l'église d'*Ara cœli*, une des plus anciennes de la Rome chrétienne.

trois autres au feu, et revient proposer les trois derniers toujours pour le même prix, déclarant au roi que, s'il les refuse, ils subiront le même sort que les six premiers. Tarquin, surpris de sa persévérance, achète ces trois volumes, après avoir consulté les augures, et les fait enfermer dans un coffre de pierre et placer sous la voûte du Capitole.

132. *Quel usage fit-on de ces livres sibyllins, et par qui furent-ils gardés?* On ne consultait ces livres que dans les périls extrêmes, dans les occasions de la plus haute importance et par l'ordre du sénat. Le dépôt en fut confié à deux patriciens, et en outre à deux officiers publics chargés d'y veiller. Dans la suite, quinze patriciens des plus distingués furent préposés à la garde de ce dépôt.

133. *Combien de temps a duré cette première époque de l'histoire romaine et par combien de rois Rome a-t-elle été gouvernée?* Cette première époque de l'histoire romaine a duré 244 ans pendant lesquels Rome a été gouvernée par **sept rois,** savoir : Romulus, Numa Pompilius, Tullus Hostilius, Ancus Marcius, Tarquin l'Ancien, Servius Tullius et Tarquin le Superbe.

DEUXIÈME PÉRIODE.

RÉPUBLIQUE.

(509-31, espace de 478 ans.)

PREMIÈRE PARTIE.

CONQUÊTES DANS L'ITALIE.

(509-264, espace de 245 ans.)

§ 1. — Institution du consulat, de la dictature et du tribunat.

Vers cinq cent les consuls, des rois prenant la place,
Proscrivent des Tarquins et le nom et la race ;
Brutus condamne à mort ses coupables enfants ;
Il combat les Tarquins, succombe ; et triomphants
Les Romains par un deuil honorent sa mémoire.
Aux Tarquins Porsenna veut rendre la victoire :
Il prend le Janicule ; arrêté par Coclès,
Il admire Scévole et demande la paix.
A Porsenna Clélie est donnée en otage,
Et Rome de sa fuite honora le courage.

134. *Quelle forme de gouvernement établit-on dans Rome après l'abolition de la royauté?* Après que la royauté eut été abolie, les lois de Servius furent remises en vigueur, et l'on substitua au roi deux magistrats annuels élus par le peuple assemblé par centuries, mais choisis seulement parmi les patriciens.

Ils prirent le nom de **consuls**. Les deux premiers furent **L. Junius Brutus** (1), fondateur de la liberté, et **Tarquin Collatin**, époux de Lucrèce.

135. *Comment le sénat fut-il complété?* Pour remplir les vides que la cruauté de Tarquin avait faits dans le sénat, Brutus y admit les hommes les plus distingués de l'ordre équestre. Ces nouveaux sénateurs furent appelés **conscrits**, c'est-à-dire inscrits avec les anciens sénateurs, qui seuls s'appelaient proprement **pères**. On a d'abord dit : **les pères et les conscrits,** puis on a appelé **pères conscrits** tous les sénateurs indistinctement.

136. *Quel triste exemple de fermeté le consul Brutus donna-t-il?* Les députés que Tarquin avait envoyés à Rome pour réclamer ses biens formèrent, en sa faveur, une conspiration dans laquelle se laissèrent entraîner **les fils mêmes de Brutus et les neveux de Collatin.** Voulant intimider les partisans de Tarquin le Superbe, et donner lui-même l'exemple de la fermeté aux magistrats, Brutus se dépouilla des sentiments de père et eut l'affreux courage de **condamner à mort** ses deux fils et d'**assister** à leur sup-

---

(1) *L.* c'est-à-dire *Lucius*. Le prénom indiquait l'individu, on n'en écrivait que l'initiale ; le nom, ordinairement terminé en *ius*, indiquait la famille ; le surnom (*cognomen*), donné d'abord pour quelque cause particulière à l'individu, passait à ses descendants et désignait les branches collatérales d'une même famille. Dans *Lucius Junius Brutus, Lucius* est le prénom ; *Junius,* le nom ; *Brutus,* le surnom.

plice. Le sénat abandonna au peuple le pillage des biens de Tarquin.

137. *Quel nouveau consul fut substitué à Tarquin Collatin?* Tarquin Collatin, loin d'imiter Brutus, son collègue, avait essayé, mais en vain, de sauver ses neveux. Il parut agir avec trop de faiblesse contre les Tarquins, ses parents; il devint suspect, fut déposé du consulat, fut même banni, et on lui substitua **Valérius**, qui avait aidé Brutus à chasser les rois.

138. *Quel vain recours à la force fit alors Tarquin et comment périt Brutus?* Tarquin entreprit alors de rentrer à Rome de vive force; les consuls allèrent à sa rencontre. **Aruns**, fils de Tarquin, et **Brutus** s'étant reconnus de loin, coururent l'un sur l'autre et se percèrent mutuellement de leurs lances. Tarquin toutefois fut mis en fuite.

139. *Quels honneurs funèbres rendit-on à Brutus?* Le corps de Brutus fut porté avec honneur par les plus distingués d'entre les chevaliers; le sénat sortit de la ville et alla au-devant de lui dans tout l'appareil du triomphe; le consul Valérius, du haut de la tribune, prononça son oraison funèbre, la première dont il soit parlé dans l'histoire de Rome, et les dames romaines portèrent son deuil pendant un an.

140. *Que fit Valérius pour plaire au peuple?* Valérius ne s'était pas hâté de donner un successeur à Brutus, et il se faisait bâtir une maison sur une éminence : c'en fut assez pour qu'on le soupçonnât

d'aspirer à la royauté; il fit aussitôt démolir sa maison et se donna un collègue; de plus il décida que dans la ville les **haches** seraient **retirées** des faisceaux des licteurs, et qu'en signe de respect les **faisceaux** seraient **baissés** devant le peuple dans les assemblées : ce qui fut très-agréable à la multitude et valut à Valérius son surnom de **Publicola** (ami du peuple).

141. *Quelles lois Valérius rendit-il et quel fut son désintéressement?* Valérius publia une loi qui menaçait de la peine de mort quiconque tenterait d'usurper le pouvoir souverain, il fit donner à tout citoyen le **droit d'appel au peuple** pour tout jugement; il fit ordonner que le trésor public serait déposé dans le temple de Saturne et confié à la garde de deux **questeurs.** Après avoir été quatre fois consul il mourut si pauvre, que ses funérailles durent être faites aux dépens de la république.

142. *Quel nouvel ennemi vint bientôt attaquer les Romains?* **Porsenna**, roi de Clusium, en Étrurie, sous le prétexte de rétablir Tarquin, fit la guerre aux Romains, les battit sur les bords du Tibre, prit le Janicule et fut sur le point d'entrer dans Rome.

143. *Comment en fut-il empêché?* Un Romain appelé **Horatius** et surnommé **Coclès** (le Borgne), parce qu'il avait perdu un œil dans un combat, se mit en tête du **pont** de bois, appelé **Sublicius**, qu'avait fait construire Ancus Marcius et par lequel les ennemis allaient pénétrer dans la ville, et soutint leur choc héroïquement pendant qu'on coupait le

pont derrière lui ; après la rupture de ce pont, il se jeta tout armé dans le Tibre et revint à Rome.

144. *Comment Porsenna fut-il amené à traiter de la paix ?* Porsenna bloquait la ville pour la prendre par la famine, lorsqu'un jeune Romain, nommé **Mucius Scévola**, dans l'exaltation condamnable de son patriotisme, se rendit au camp du roi avec l'intention de le tuer ; mais par méprise il ne tua que son secrétaire ; il fut aussitôt arrêté, et afin de montrer son mépris pour la mort, il mit sur un **brasier** ardent la main qui avait manqué le coup, s'écriant : **Je suis Romain, je sais souffrir ;** sa constance fit une telle impression sur le roi, que celui-ci traita de la paix et reçut des otages, au nombre desquels fut une jeune fille **Clélie**.

145. *Que fit cette jeune fille romaine ?* Elle trompa la vigilance des gardes, **traversa le Tibre à la nage** au milieu des traits qu'on lui lançait de toutes parts, et revint à Rome. Les Romains la renvoyèrent à Porsenna, mais il la leur rendit en lui faisant présent d'un cheval richement équipé. Le sénat, pour honorer son courage, lui fit ériger, au haut de la voie Sacrée, **une statue équestre.**

SYNCHRONISMES. VIe SIÈCLE. — 593. *Solon, législateur.* — 590. *Sigovèse, frère de Bellovèse, conduit des bandes de Gaulois en Germanie.* — 587. *Fin du royaume de Juda.* — 562. *Daniel.* — 561. *Pisistrate s'empare du pouvoir à Athènes.* — 550. *Pythagore réforme Crotone.* — 547. *Bataille de Thymbrée.* — 536. *Fondation de l'empire des Perses par Cyrus. Fin de la captivité des Juifs.* — 525. *Cambyse soumet l'Égypte.* — 522. *Darius, roi de Perse.* — 516. *Esdras achève le temple de Jérusalem.* — 510. *Hippias banni d'Athènes.* — 504. *Révolte de l'Ionie. Commencement des guerres médiques.*

Cinquième siècle avant J.-C. — 501-400.

Dans le siècle cinquième ont paru dictateurs,
Ediles et tribuns, décemvirs et censeurs.
Coriolan se venge, aux Romains fait la guerre,
Mais ne peut résister aux larmes de sa mère.

146. *Quel fut l'état de Rome pendant la première moitié du Ve siècle avant Jésus-Christ?* Rome victorieuse au dehors, mais sans prendre d'accroissement, fut en proie à des discordes civiles, qui naquirent de la **lutte perpétuelle des plébéiens contre les patriciens.**

147. *Résumez les avantages dont jouissaient les patriciens et qui excitaient la jalousie des plébéiens.* Les patriciens **gouvernaient** l'État, parce qu'ils composaient le sénat; avaient toute l'influence dans les assemblées par centuries, parce qu'ils avaient la richesse; dominaient par la religion, parce que, seuls, ils étaient prêtres et augures. Ils ne se mariaient qu'entre eux; seuls ils avaient le **droit d'images,** c'est-à-dire le droit de conserver les images de tous leurs ancêtres et de les porter processionnellement aux funérailles de chaque membre de la famille. Ils remplissaient **toutes les charges,** et comme ils fournissaient à l'armée tous ses chefs, ils avaient la plus grande part dans le butin.

148. *Comment s'accroissait surtout la richesse des patriciens?* Le sénat seul disposait des **terres conquises sur l'ennemi;** il en faisait deux parts, l'une était rendue aux anciens habitants ou assignée à des citoyens romains, l'autre, et sans doute la plus considérable, était vendue ou affermée au profit de l'État. Si ces terres étaient vendues, les patriciens trouvaient toujours le moyen de se les faire adjuger; si elles restaient dans le domaine public, c'est à eux qu'elles étaient affermées, et cessant bientôt de payer eur redevance, ils devenaient de fermiers propriétaires.

149. *Quelle était au contraire la situation des plébéiens ?* Les plébéiens étaient généralement pauvres, ce qui s'explique aisément, quand on considère qu'il n'y avait chez les Romains que deux professions honorables qui les fissent subsister, l'agriculture et la guerre ; ils vivaient donc ou de la récolte de leurs champs en temps de paix, ou du butin pris sur l'ennemi en temps de guerre. Toute autre profession était abandonnée aux esclaves ou aux étrangers. Or, comme en temps de guerre tout Romain était soldat, il arrivait que son champ n'était pas cultivé pendant son absence, ou que la récolte ayant manqué dans les années stériles, il tombait dans la misère en rentrant dans ses foyers, si la guerre avait été infructueuse ou si l'ennemi avait pillé son patrimoine.

150. *Que faisaient alors les plébéiens pour subvenir à leurs besoins ?* Les plébéiens, dans cet état de dénûment, faisaient des emprunts aux patriciens; mais ceux-ci ne leur donnaient d'argent qu'à de **grosses usures;** encore fallait-il que l'emprunteur engageât son petit héritage, et les lois de ce temps permettaient au **créancier**, faute de paiement, d'arrêter son **débiteur** et de le retenir comme esclave. Souvent même on exigeait le principal et les intérêts à coups de fouet et à force de tourments.

151. *A quels moyens les plébéiens eurent-ils recours pour sortir de cet état d'oppression ?* Accablés de dettes, dépouillés de leur faible patrimoine et ne sachant plus comment éviter les mauvais traitements, ils s'adressèrent à leurs patrons, leur représentant qu'après avoir combattu pour la défense de la liberté, ils se trouvaient exposés à devenir les esclaves de leurs concitoyens ; des plaintes ils passèrent aux menaces.

152. *Les Tarquins profitèrent-ils de cette lutte entre les patriciens et les plébéiens ?* Le vieux **Tarquin** crut que ces dissensions intestines lui offraient une occasion favorable ; il mit dans ses intérêts et il souleva contre les Romains la puissante confédération des **trente villes latines**.

153. *Que firent les consuls dans cette conjoncture ?* Les consuls **T. Lartius** et **Q. Clélius** appelèrent le peuple aux armes ; mais les plus pauvres, et surtout ceux qui étaient chargés de dettes, **refusèrent de s'enrôler** et menacèrent d'abandonner la ville si, par un sénatus-consulte, on n'abolissait toutes les dettes.

154. *Que fit le sénat en présence du danger qui menaçait la république ?* Le sénat s'assembla aussitôt, et après une longue délibération, il proposa de créer un **magistrat suprême** également au-dessus du

sénat et de l'assemblée du peuple, avec une autorité absolue.

155. *Quel nom donna-t-on à ce magistrat, et quelles étaient ses attributions?* Ce magistrat fut appelé **dictateur**; ses fonctions ne pouvaient durer plus de **six mois**; il avait droit de vie et de mort sur tous les citoyens, de quelque rang qu'ils fussent, et sa décision était sans appel; les fonctions des autres magistrats cessaient ou lui étaient subordonnées; il prenait le nom de **maître du peuple**, il se donnait, pour commander la cavalerie sous ses ordres, un lieutenant qu'on appelait le **maître de la cavalerie**.

156. *De qui le dictateur tenait-il ses pouvoirs?* Le sénat seul décidait du moment où il convenait de nommer un dictateur, et il faisait connaître sa décision par un décret; l'élection de ce magistrat se faisait toujours par **l'un des consuls**; elle n'avait lieu que dans les grands périls.

157. *Les consuls n'exerçaient-ils pas quelquefois eux-mêmes l'autorité dictatoriale?* Quelquefois le sénat, sans recourir à la nomination d'un dictateur, donnait aux consuls dans un moment de crise un pouvoir illimité. La formule du décret que le sénat rendait alors était: **Videant consules ne quid detrimenti capiat respublica.** « Que les consuls veillent à ce que la république n'éprouve aucun dommage. »

158. *Quel fut le premier dictateur, et que fit-il?* Le premier dictateur fut **Titus Lartius**, homme connu pour allier la fermeté à la modération. Il chercha d'abord à imprimer au peuple la crainte et le respect ; pour lui donner une juste idée de l'importance de sa charge, il fit rejoindre aux faisceaux les haches que Valérius Publicola en avait détachées, et fit marcher devant lui **24 licteurs;** puis il fit lui-même le dénombrement du peuple, et après s'être choisi un maître de la cavalerie, il fit une trêve d'un an avec les Latins, et avant que le temps de sa magistrature fût expiré, il se démit de son pouvoir, qu'il avait exercé sans commettre aucun acte de rigueur envers ses concitoyens.

159. *Comment finit la guerre avec les Latins?* A l'expiration de la trêve, on crut à Rome un dictateur nécessaire, et on investit de cette charge **Aulus Posthumius.** Les deux armées se rencontrèrent près du **lac de Régille (485).** Posthumius remporta une victoire décisive : les deux fils et le gendre de Tarquin perdirent la vie dans le combat. Les Latins demandèrent la paix, et **le vieux Tarquin** se retira à **Cumes,** où il mourut l'année suivante.

160. *A qui dut-on principalement la victoire de Régille?* La victoire de Régille fut particulièrement attribuée au dictateur Aulus Posthumius qui s'y distingua de manière à mériter le surnom de **Regillensis,** et après lui à la valeur de **Caius Marcius** appelé depuis **Coriolan.**

161. *Quand et comment furent établis les tribuns du peuple?* Le peuple, irrité contre les patriciens qui continuaient à traiter leurs débiteurs avec une ri-

gueur excessive, se retira sur le **mont Sacré**, et ne rentra dans Rome qu'après avoir obtenu du sénat l'institution de deux magistrats annuels, appelés **tribuns** du peuple, exclusivement choisis par les plébéiens et chargés de le défendre contre les grands. **Sicinius**, qui avait énergiquement soutenu la cause du peuple, fut le premier revêtu de cet emploi, en **492**.

162. *Comment le sénat s'y était-il pris pour ramener le peuple dans Rome?* Le sénat avait nommé pour traiter avec les mécontents dix commissaires parmi lesquels était **Ménénius Agrippa**, homme parlant bien, cher au peuple, d'origine plébéienne, et un de ces sénateurs qu'avait faits Brutus après l'expulsion des rois. Deux des commissaires avaient déjà harangué le peuple, mais sans effet; Ménénius, plus adroit, parvint à le ramener par l'ingénieux **apologue des Membres et de l'Estomac** (1).

163. *Quelles étaient les attributions des tribuns du peuple?* La puissance des tribuns du peuple était renfermée dans l'enceinte de la ville et à un mille aux environs. Dans l'origine, leurs fonctions se bornaient à l'examen des décrets du sénat auxquels le mot de **veto** (j'empêche), écrit par eux, tenait lieu d'opposition. Mais cette opposition pour produire son effet devait être **unanime** Ils ne pouvaient s'éloigner de la ville pendant un jour entier, et la **porte**

---

(1) Lisez, dans La Fontaine, la fable : *les Membres et l'Estomac.*

de leur **maison** ne pouvait jamais être fermée même pendant la nuit. Leur personne était inviolable, et par une loi dite **sacrée**, il fut permis à tout le monde de tuer, sans formalité, quiconque aurait maltraité ou fait maltraiter un de ces magistrats.

164. *Les tribuns du peuple restèrent-ils toujours dans les premières limites de leur puissance?* Dans la suite ils étendirent immensément leurs attributions, attaquèrent le sénat, convoquèrent à volonté les assemblées par tribus, y firent rendre des lois dites **plébiscites**, et excitèrent de perpétuelles séditions. De deux, leur nombre fut porté à cinq, puis à dix.

165. *Quels magistrats adjoignit-on aux tribuns du peuple et quelles étaient leurs fonctions?* Aux tribuns du peuple on adjoignit deux magistrats annuels et plébéiens nommés **édiles**; ils étaient chargés d'aider les tribuns dans leurs fonctions et de prendre soin des bâtiments publics, des temples, des bains, des aqueducs, des approvisionnements.

---

§ II. — **Coriolan.** — **Les Fabiens.** — **Cincinnatus.**

166. *Quand leurs troubles intérieurs furent calmés, quelle première guerre les Romains entreprirent-ils?* Après que les troubles de l'intérieur eurent cessé, les Romains vinrent mettre le siège devant **Corioles**, une des places les plus importantes des Volsques.

Caïus Marcius, que nous avons déjà vu se distinguer à la bataille de Régille, prit Corioles par une action d'éclat et mérita ainsi le surnom de **Coriolan**.

167. *Quelle récompense Coriolan reçut-il pour cette victoire?* En récompense de cette victoire, le consul Posthumius le couronna de sa main; lui donna un cheval de bataille richement harnaché; lui permit de prendre dix prisonniers à son choix et une part considérable du butin; mais de tous ces présents, Coriolan n'accepta que le cheval, et un prisonnier qui avait été son ami.

168. *Quels étaient les défauts et les qualités de Coriolan?* Coriolan était fier, dur, emporté et d'un entêtement que rien ne pouvait vaincre; il était vindicatif, mais il avait un respect exemplaire et un ardent amour pour sa mère.

169. *Quel fut le premier patricien contre qui les tribuns du peuple firent usage de leur autorité?* Caïus Marcius Coriolan fut le premier patricien contre qui les tribuns firent usage de leur autorité. Les tribuns l'accusèrent d'aspirer à la tyrannie et le firent condamner à un bannissement perpétuel.

170. *Comment se vengea Coriolan?* Coriolan se retira chez les **Volsques**, infatigables ennemis des Romains, et vint assiéger sa patrie. Toutes les tentatives du sénat pour le désarmer furent inutiles. Il ne céda qu'aux supplications de sa mère **Véturie**, et Rome fut sauvée. Les Volsques, trompés dans la confiance qu'ils avaient accordée à Coriolan, le firent, dit-on, périr comme traître.

171. *Que fit le consul Spurius Cassius pour gagner la faveur du peuple?* Afin de gagner la faveur populaire, **Spurius Cassius**, consul pour la troisième fois, proposa (**486**) de distribuer au peuple les terres conquises dont les patriciens étaient en possession. La proposition de cette **loi agraire**, souvent renouvelée par les tribuns, devint un germe fécond de discordes.

172. *Comment la noblesse se vengea-t-elle de Spurius Cassius?* Froissée dans ses plus chers intérêts par la proposition de Spurius Cassius, la noblesse l'accusa d'aspirer à la royauté : le peuple indigné ne voulut rien écouter pour sa justification et le fit précipiter du haut de la **roche Tarpéienne**, quoiqu'il eût été trois fois consul et honoré deux fois du triomphe.

173. *Quel fut le généreux dévouement de la famille Fabia?* **Trois cent six Fabiens**, suivis de leurs quatre mille clients, se chargèrent à eux seuls de préserver Rome des incursions des **Véiens**. Ils tinrent deux ans l'ennemi en échec ; mais, surpris, en **477**, au milieu de la confiance du succès, ils périrent tous jusqu'au dernier. (Il ne resta de cette famille de héros qu'un enfant de douze ans, qui perpétua la race des Fabiens, et l'on verra, 260 ans après, un Fabius **Cunctator** arrêter le cours des succès d'Annibal.)

174. *Comment cette triste nouvelle fut-elle reçue à Rome?* Quand cette triste nouvelle parvint à Rome, la désolation fut grande : le jour où cette illustre famille avait péri fut mis au nombre des jours néfastes, et la porte de Rome par où les Fabiens étaient sortis fut appelée **Porte scélérate.**

175. *Comment s'illustra L. Quinctius Cincinnatus?* L. Quinctius, surnommé **Cincinnatus** (dont les cheveux sont naturellement bouclés), vivait à la campagne, cultivant modestement son champ et jouissant de la plus haute estime. Il fut tiré plusieurs fois de la charrue pour être **consul** et **dictateur ;** il triompha tantôt des Eques, tantôt des Volsques, rétablit toujours la paix dans Rome et revint constamment à ses **travaux champêtres.**

§ III. — Décemvirat. — Tribuns militaires.

176. *Que firent les Romains, voulant avoir une législation écrite?* Les consuls et les juges patriciens avaient jusqu'alors rendu la justice, non d'après des lois écrites et connues de tous, mais en suivant d'anciennes et obscures coutumes qu'ils interprétaient à leur gré. Le tribun **Terentillus, en 461,** proposa une loi pour réclamer une législation écrite. Le sénat finit par y consentir, et envoya trois commissaires en Grèce pour recueillir les meilleures lois de ce pays et en particulier celles de **Solon.**

177. *Que fit-on à Rome au retour des commissaires?* Au retour des commissaires, le gouvernement ordinaire de la république fut suspendu, aucune des anciennes charges ne fut remplie, on ne nomma pas même de tribuns du peuple, et dix magistrats nouveaux, tous patriciens, sous le titre de **décemvirs**, investis pour un an d'une puissance dictatoriale, furent chargés **(451)** de rédiger un code de lois, et de mettre en harmonie avec les mœurs des Romains les lois apportées de la Grèce.

178. *Quel usage les décemvirs firent-ils de leur autorité?* Les décemvirs usèrent d'abord de leur autorité avec modération ; ils rédigèrent leurs lois sous dix titres, les soumirent au peuple, et les firent graver sur **dix tables d'airain**. Afin de compléter ces lois on élut encore pour l'année suivante des décemvirs, tous nouveaux, à l'exception d'**Appius Claudius**; ils ajoutèrent deux tables aux précédentes, ce qui fit appeler leur code la **Loi des Douze Tables**; mais pendant cette seconde année les décemvirs exercèrent une odieuse tyrannie, et voulurent se perpétuer d'eux-mêmes dans leur pouvoir.

179. *A quelle occasion le décemvirat fut-il aboli?* L'abolition du décemvirat, déjà odieux au sénat et au peuple, fut hâtée par la fin tragique d'une jeune fille, nommée **Virginie**, que son père Virginius immola, pour la soustraire aux poursuites du décemvir **Appius Claudius**. Cette fin tragique souleva Rome contre les tyrans : ils furent chassés, et les consuls rétablis **(449)**.

180. *A quelle occasion fut établi le tribunat militaire?* Les tribuns du peuple continuaient toujours

leur lutte contre l'aristocratie. En **445** ils demandèrent une loi qui permettrait le mariage entre les deux ordres et l'admission des plébéiens au consulat. Sur le premier point le sénat céda, et quant au second il usa d'habileté. Il substitua **(444)** aux consuls des **tribuns militaires** qui pouvaient être pris indifféremment dans les deux ordres, et qui étaient investis de la plupart des fonctions attribuées jusqu'alors aux consuls. Satisfait de cette concession, le peuple pendant plusieurs années ne nomma que des patriciens à cette charge.

181. Quel était le nombre des tribuns militaires et quelle fut la durée de cette institution ? Le nombre des tribuns militaires qui était d'abord de trois fut porté à six. Cette nouvelle forme de gouvernement fut souvent interrompue par des retours momentanés au consulat, jusqu'à l'an **366,** où le consulat fut rétabli pour toujours et partagé enfin entre les deux ordres.

182. Quelle nouvelle charge fut créée deux ans après l'établissement du tribunat militaire ? En **442,** on créa la **censure,** qui était comme un démembrement du consulat. Les censeurs au nombre de deux, choisis à l'origine parmi les patriciens seulement, nommés d'abord pour **5** ans, puis pour **18** mois, héritèrent du droit des consuls de faire le cens ou dénombrement du peuple et de répartir les citoyens en classes, suivant leur fortune. Ils furent aussi chargés de surveiller les mœurs, d'infliger des notes de flétrissure aux chevaliers et aux sénateurs, et même d'exclure ces derniers des assemblées du sénat.

183. *A quelle époque les troupes romaines commencèrent-elles à être soldées, et quel avantage Rome y trouva-t-elle ?* Les troupes romaines commencèrent à recevoir une **solde**, aux frais du trésor public, quelque temps avant le siége de Véies (**405**), la ville la plus importante de l'Étrurie. Cette manière d'entretenir les troupes permit à Rome de former de plus vastes projets de conquête.

184. *Quelle était auparavant la durée des guerres chez les Romains ?* La guerre jusqu'à ce temps ne consistait, pour ainsi dire, qu'en **excursions**. Un seul mois, quelquefois même un petit nombre de jours les voyait commencer et finir ; presque toujours une seule action décidait du sort de la campagne, parce que le soldat, obligé de pourvoir lui-même à ses besoins, ne pouvait subsister longtemps loin de ses foyers.

SYNCHRONISMES. Ve SIÈCLE. — 490. *Bataille de Marathon, Miltiade.*—485. *Xerxès, roi de Perse. Thémistocle et Aristide. Gélon s'empare de Syracuse.*— 480. *Défense des Thermopyles. Incendie d'Athènes. Bataille de Salamine.* — 479. *Bataille de Platée.* — 472. *Artaxerxès Longue-Main, roi de Perse.*—470. *Victoire de Cimon, près de l'Eurymédon.* —465. *Commencements de Périclès.*—464. *Troisième guerre de Messénie.*—454 *Néhémie relève le temple de Jerusalem.*— 450. *Paix de Cimon.* — 431. *Commencement de la guerre du Péloponèse.* — 430. *Peste à Athènes. Hippocrate.* — 415. *Expédition des Athéniens en Sicile.* — 405. *Denys, tyran de Syracuse.* — 404. *Prise d'Athènes, fin de la guerre du Péloponèse. Artaxerxès Mnémon, roi de Perse.* — 401. *Bataille de Cunaxa.* — 400. *Retraite des dix mille. Mort de Socrate.*

Quatrième siècle avant J.-C. — 401 à 300.

§ IV.—Prise de Véies.— Guerre contre les Gaulois. Le consulat partagé entre les deux ordres.

Camille a triomphé des Véiens, des Gaulois;
Par lui Rome est bâtie une seconde fois.
Malgré les grands s'accroît le pouvoir populaire.

185. *Par qui la ville de Véies fut-elle prise?* La ville de **Véies** fut prise, l'an **395** avant J.-C., par **Camille**, après un siége de dix ans.

186. *Quelle fut au siége d'une autre ville la noble conduite de Camille?* Pendant que Camille assiégeait la ville de **Faléries**, capitale du pays des Falisques, un **maître d'école** lui amena et offrit de lui livrer, comme otages, les enfants des principaux des Falisques; mais Camille, indigné de cette perfidie, arma de verges les enfants et les chargea de reconduire le traître dans la ville en le fustigeant. Vaincus par cette générosité, les Falisques se soumirent aux Romains.

187. *Comment Camille éprouva-t-il l'ingratitude de ses concitoyens?* Cet illustre citoyen fut injustement accusé d'avoir détourné à son profit une partie du butin de Véies et condamné à une amende. Il s'exila à **Ardée**. Moins généreux qu'Aristide, il avait, en sortant de Rome, prié les dieux du Capitole de faire bientôt repentir ses concitoyens de son exil.

188. *Quel désastre suivit de près l'exil de Camille?* Peu de temps après, Rome faillit être détruite par

les **Gaulois**, qui en 390 firent une irruption en Etrurie sous la conduite de **Brennus**, et marchèrent ensuite contre Rome. Brennus défit les Romains sur les bords de l'**Allia**, et entra dans Rome, qu'il incendia. Quatre-vingts sénateurs se laissèrent égorger immobiles sur leurs **chaises curules**. La jeunesse romaine se réfugia au Capitole.

189. *Quel incident empêcha les Gaulois de surprendre le Capitole ?* Les Gaulois avaient déjà gravi la roche Tarpéienne et étaient parvenus au pied de la muraille, sans être aperçus, lorsque le cri des **oies**, que l'on conservait pour les sacrifier à Junon, réveilla **Manlius**. Seul il fit d'abord face aux ennemis. La garnison accourut et les Gaulois furent repoussés. La courageuse défense du Capitole valut à Manlius le surnom de **Capitolinus**.

190. *Quelle humiliation subirent alors les Romains ?* Pressée par la famine, la garnison du Capitole fut contrainte à capituler. Brennus exigea pour la rançon de Rome **mille livres d'or**. Pour les peser les Gaulois apportèrent de faux poids, et comme les Romains se récriaient : « **Malheur aux vaincus**, » dit Brennus, et il mit encore son épée dans la balance.

191. *Quels services Camille rendit-il alors aux Romains ?* Dans leur détresse les Romains fugitifs de Rome avaient eu recours à **Camille** et l'avaient nommé **dictateur**. Il se mit à leur tête, survint à l'improviste, rompit le traité fait avec Brennus, battit et chassa les Gaulois, reprit les débris de Rome, dé

tourna les Romains d'aller s'établir à Véies, les détermina à rebâtir Rome et mérita ainsi d'en être appelé **le second fondateur.**

192. *Comment finit Manlius Capitolinus?* Soupçonné d'aspirer à la souveraineté, Manlius fut condamné à mort et précipité du haut de cette même **roche Tarpéienne**, qu'il avait défendue sept ans auparavant contre les Gaulois.

193. *Quels troubles agitèrent Rome après la retraite des Gaulois?* La paix intérieure fut constamment troublée par des débats à l'occasion des dettes, et par la lutte perpétuelle des plébéiens contre les patriciens. En **376**, les tribuns Licinius Stolon et L. Sextius demandèrent : 1° que les **dettes** fussent **diminuées;** 2° que le **consulat** fût **partagé** entre les patriciens et les plébéiens ; 3° qu'aucun Romain ne pût posséder au delà de **500 arpents** ou plutôt **jugera** (126 hectares 42 ares). Le sénat fut à la fin obligé d'accepter les trois propositions des tribuns, et Sextius en **366** fut le premier consul plébéien.

194. *Quelle compensation le sénat chercha-t-il aux concessions qu'il avait été forcé de faire?* Le sénat obtint que le droit de rendre justice, qui avait été jusqu'alors une attribution consulaire, fût désormais dévolu à un magistrat patricien nommé **préteur.** La préture, comme la censure, fut un démembrement du consulat.

§ V. — Guerre contre les Samnites et les Latins.

Samnites et Romains se font longtemps la guerre.
En trois cent trente-huit les Latins sont soumis.
Déce immole sa vie et Torquatus son fils.
Non loin de Caudium vaincus par imprudence,
Les Romains du Samnite éprouvent la vengeance.

195. *De toutes les guerres que les Romains eurent à soutenir en Italie, quelle fut la plus acharnée et la plus importante par ses résultats?* De toutes les guerres que firent les Romains pour la conquête de l'Italie, la plus terrible fut celle qu'ils eurent à soutenir, de **343** à **270**, contre les **Samnites**, soit seuls, soit unis à divers autres peuples. La soumission des Samnites, après une lutte de **70** ans, rendit les Romains paisibles possesseurs du centre et du midi de l'Italie.

196. *Quelle fut la cause de la première guerre contre les Samnites, et comment finit-elle?* Les habitants de **Capoue**, attaqués par les Samnites et trop lâches pour se défendre, donnèrent leur ville aux Romains qui exigèrent, sans l'obtenir, que les Samnites respectassent une possession devenue romaine. Après deux campagnes, les Samnites, vaincus, demandèrent la paix.

197. *Quelle nouvelle guerre eurent à soutenir les Romains après avoir fait la paix avec les Samnites?* Les **Latins** demandèrent à jouir des mêmes priviléges que les citoyens romains. Indignés de cette prétention, les Romains prirent les armes et chargèrent Manlius Torquatus et Décius Mus de la conduite de la guerre.

198. *Quel triste exemple de sévérité donna Manlius pour maintenir la discipline militaire?* Pour maintenir la discipline militaire, **Manlius punit de mort son fils**, qui, malgré la défense qu'avaient faite les consuls de combattre sans leur ordre, avait tué un ennemi dans un combat singulier.

199. *Que fit Décius pour assurer la victoire aux siens l'an* **338**? A la vue des soldats qui fuyaient, **Décius**, vêtu de sa robe brodée de pourpre, et la tête couverte d'un voile, se dévoua aux **dieux Mânes**, et s'élançant au fort de la mêlée, il tomba percé de coups. Les anciens croyaient que le chef qui s'immolait ainsi donnait la victoire à son parti. Les Romains reprirent courage et furent vainqueurs. A partir de cette époque les Latins furent définitivement soumis. Le fils et le petit-fils de Décius imitèrent dans la suite son dévouement.

200. *Quelle humiliation reçut la république romaine l'an* **321**? La guerre ayant été reprise contre les Samnites, l'armée romaine envoyée contre eux s'engagea imprudemment dans le défilé des **Fourches Caudines**, près de Bénévent. Cernée de toute part, elle fut forcée de se rendre à discrétion. **Pontius Hérennius**, général des Samnites, la désarma et la fit passer sous le joug.

201. *Par quels succès les Romains effacèrent-ils la honte des Fourches Caudines?* **Papirius Cursor** s'empara, en **320**, de **Lucérie** où 7,000 Samnites s'é-

taient renfermés, et les fit à leur tour passer sous le joug. **Fabius Rullianus** vainquit les Étrusques et d'autres peuples du centre de l'Italie qui avaient embrassé le parti des Samnites. Ceux-ci, profitant de la diversion des Étrusques, avaient remporté quelques avantages; mais ils éprouvèrent en **308** des défaites multipliées, et parurent soumis; ils ne le furent définitivement qu'en **270**.

202. *Quel accroissement la puissance populaire avait-elle pris à la fin du* IVe *siècle?* Le dictateur plébéien, **Publilius Philo**, fit passer, en **339**, trois lois qui prescrivaient : 1° la soumission des patriciens aux plébiscites; 2° la ratification à l'avance par les curies et le sénat de toute loi présentée à l'acceptation des comices par centuries; 3° le choix parmi les plébéiens de l'un des deux censeurs. Les plébéiens étaient admis enfin au consulat, à la dictature, à la censure; ils le furent en **337** à la préture, et en **301** aux fonctions sacerdotales. Ainsi l'**égalité politique des deux ordres était consommée.**

SYNCHRONISMES. IVe SIÈCLE.— 397. *Succès d'Agésilas en Asie.* — 388. *Traité d'Antalcidas.* — 379. *Pélopidas affranchit Thèbes.* — 371. *Bataille de Leuctres.* — 368. *Denys le-Jeune.*— 363. *Mort d'Epaminondas.* — 360. *Avénement de Philippe au trône de Macédoine.* — 356. *Guerre sociale. Naissance d'Alexandre.* —355. *Guerre sacrée.*— 345. *Timoléon chasse Denys.*— 344. *Rivalité de Phocion et de Démosthène.*—338. *Bataille de Chéronée.* — 336. *Avénement d'Alexandre-le-Grand et de Darius Codoman.* — 333. *Bataille d'Issus.* — 332. *Jaddus reçoit Alexandre à Jérusalem.*—331. *Bataille d'Arbelles.*— 330. *Fin de l'empire des Perses.*— 323. *Mort d'Alexandre.* — 321. *Première ligue des successeurs d'Alexandre.* — 318. *Deuxième ligue.* — 317. *Agathocle en Sicile.* —315. *Troisième ligue.* — 311. *Ere des Séleucides.* — 301. *Bataille d'Issus. Quatre royaumes : Egypte, Thrace, Syrie et Macédoine.*

4.

Troisième siècle avant J.-C. — 301 à 200.

§ VI. — Guerre contre Pyrrhus.

En deux cent quatre-vingt, le célèbre Pyrrhus
Fait la guerre aux Romains, admire leurs vertus.
Vaincu par Dentatus, il sort de l'Italie ;
Tarente et Samnium, Brutium, Lucanie,
Se rendent, imitant l'exemple des Latins,
Et l'Italie entière est soumise aux Romains.

203. *Pourquoi les Romains, en 282, firent-ils la guerre à Tarente?* Les Romains firent la guerre à **Tarente,** ville d'origine grecque, célèbre par son commerce, ses richesses et la dissolution des mœurs de ses habitants, parce que les Tarentins, après avoir en pleine paix insulté leur flotte, avaient **outragé les ambassadeurs** qui étaient venus demander une réparation de cette violation du droit des gens.

204. *Qui les Tarentins appelèrent-ils à leur secours?* Les Tarentins appelèrent à leur secours **Pyrrhus,** roi d'Épire, qui passait pour l'héritier des talents militaires d'Alexandre le Grand.

205. *Quel fut le début de l'expédition de Pyrrhus en Italie?* Pyrrhus remporta à **Héraclée,** en **279,** sur le consul **Lévinus,** une victoire qu'il dut en grande partie à la terreur qu'inspirèrent ses **éléphants;** mais il perdit presque autant d'hommes que les Romains. « Encore une pareille victoire, dit-il, et je retourne sans armée en Épire. » Il observa que

les morts laissés par les Romains sur le champ de bataille avaient reçu toutes leurs blessures par devant, et levant les mains au ciel, il s'écria : « Avec de pareils hommes j'aurais bientôt conquis le monde. » Il s'approcha de Rome en toute hâte, mais il la trouva si bien gardée, qu'il se contenta de faire du butin à l'entour, et il se retira dans la Campanie.

206. *Quel Romain fit alors admirer à Pyrrhus sa grandeur d'âme?* Le vertueux **Fabricius** envoyé vers Pyrrhus pour traiter du rachat des prisonniers, ne se laissa ébranler ni par les offres ni par les menaces du roi d'Épire, et quelque temps après il l'avertit du danger qu'il courait d'être empoisonné par son propre **médecin**.

207. *Que fit Pyrrhus craignant déjà l'issue de la guerre qu'il faisait aux Romains?* Pyrrhus, craignant l'issue de la guerre qu'il faisait aux Romains, envoya à Rome son ministre **Cinéas**, dont l'éloquence lui avait gagné plus de villes que la force des armes. Il le chargea d'offrir la paix aux Romains, sans y mettre d'autre condition que la liberté des villes de la Grande-Grèce. Le sénat, entraîné par **Appius Claudius l'aveugle**, déclara qu'il ne traiterait de la paix que quand Pyrrhus aurait évacué l'Italie.

208. *Quelle idée de Rome Cinéas donna-t-il à Pyrrhus?* Cinéas, de retour vers Pyrrhus, lui peignit Rome comme un **temple**, et le sénat comme une **assemblée de rois**.

209. *Que fit Pyrrhus après que ses propositions eurent été rejetées ?* Pyrrhus, voyant que ses propositions étaient rejetées, livra, près d'**Asculum** dans l'Apulie, une seconde bataille qui ne fut pas décisive, et dans laquelle **Décius Mus** se dévoua, à l'exemple de son père et de son aïeul. Pyrrhus passa ensuite en **Sicile**, à la demande des Syracusains, pour les défendre contre les Carthaginois, qui, depuis la mort d'Agathocle, faisaient de grands efforts pour subjuguer toute l'île.

210. *Quels furent les succès de l'expédition de Pyrrhus en Sicile ?* Pyrrhus vainquit les **Carthaginois**, délivra les Siciliens du brigandage des **Mamertins**, soldats mercenaires qu'Agathocle avait pris à sa solde, et les renferma dans Messine. Les Mamertins étaient ainsi nommés parce qu'ils étaient pour la plupart natifs de Mamertium, ville du Brutium.

211. *Quel échec Pyrrhus essuya-t-il à son retour en Italie, et quelles en furent les conséquences pour les Romains ?* Il fut vaincu près de **Bénévent** par le consul **Curius Dentatus**, l'an **276**, et fut obligé de quitter l'Italie. Par suite de sa défaite, le Samnium, la Lucanie, le Brutium, Tarente, Crotone, toute la Grande-Grèce, se soumirent aux Romains, qui dès lors demeurèrent maîtres de **toute l'Italie**, à l'exception de quelques cantons habités par des Gaulois.

DEUXIÈME PARTIE.

CONQUÊTES HORS DE L'ITALIE.

(264-146, espace de 118 ans.)

§ I. — Première guerre punique.

Deux cent soixante-quatre a vu Rome et Carthag
Commencer une lutte où brilla leur courage.
Trahi par le destin, fidèle à son serment,
Régulus va périr dans un affreux tourment.

212. *Quelle était la puissance de Carthage, au moment où commença sa lutte contre Rome ?* La république de Carthage, qui devait toute sa grandeur à l'étendue de son commerce, avait conquis l'**Afrique** proprement dite, la **Corse**, la **Sardaigne**, la plus grande partie de la **Sicile**, et une partie des côtes de l'**Espagne**.

213. *Quelle était la constitution de Carthage ?* Dans l'origine, deux magistrats à vie, nommés **suffètes**, semblables aux rois de Sparte, commandaient les armées; un sénat décidait avec eux de presque toutes les affaires; trente des plus anciens sénateurs formaient un conseil secret ; le peuple nommait les magistrats. Les troupes de Carthage étaient presque entièrement composées d'étrangers **mercenaires.**

214. *Quel était l'état intérieur de Carthage lors-*

que les guerres puniques éclatèrent? La constitution était altérée, les richesses avaient amolli les citoyens; les suffètes étaient devenus annuels et avaient perdu e commandement des armées, dont s'était emparée a famille puissante des **Magons**.

215. *Quelle fut l'occasion de la première guerre punique?* Malgré les traités que Rome et Carthage avaient conclus à différentes époques, la guerre entre les deux nations devint inévitable quand les Romains, maîtres de l'Italie, convoitèrent la **Sicile**. Cette île était alors partagée entre les **Carthaginois**, **Hiéron**, roi de Syracuse, et les **Mamertins**, brigands originaires du Brutium, qui s'étaient emparés de Messine en **278**. Assiégés dans cette ville et par Hiéron et par les Carthaginois, les Mamertins, à titre d'Italiens, invoquèrent la protection de Rome.

216. *Quels furent les premiers événements de la guerre?* Le peuple romain ayant forcé le sénat à accorder du secours aux Mamertins, le consul Appius Claudius rassembla **(264)** une armée à **Rhégium ;** mais les flottes carthaginoises défendaient le passage du détroit de Sicile, et Rome n'avait point de vaisseaux. Le consul eut recours à la ruse : il feignit d'abandonner son entreprise ; les Carthaginois laissèrent alors la mer libre. Le consul embarqua rapidement ses troupes sur de légers bâtiments appelés **caudicariæ naves** (canots), et aborda sans obstacle en Sicile ; il battit les Syracusains et les Carthaginois campés devant **Messine**. Cette victoire valut à Claudius le surnom de **Caudex**, en mémoire des frêles

bâtiments avec lesquels il avait bravé les flots. Admirant la valeur romaine, **Hiéron** abandonna le parti carthaginois, et **fit avec Rome un traité d'alliance** auquel il demeura toujours fidèle. L'année suivante (**263**), **Agrigente**, une des plus fortes places de la Sicile, tomba au pouvoir des Romains.

247. *Quels furent les premiers succès des Romains sur mer ?* Les Romains ayant compris que c'était sur mer qu'il fallait vaincre les Carthaginois, créèrent en soixante jours une marine militaire forte de cent vingt-trois galères ; et le consul **Duillius** livra en **260**, près des côtes de **Myles**, la première bataille navale ; il s'empara de cinquante vaisseaux carthaginois.

248. *A quelle invention Duillius dut-il la victoire qu'il remporta sur les flottes carthaginoises ?* Le consul ayant remarqué que la pesanteur des vaisseaux romains les empêchait de combattre avec succès les galères carthaginoises, imagina une machine nommée **corbeau**, espèce de pont-volant armé de grappins, qu'on faisait tomber sur les vaisseaux ennemis pour les accrocher. Le combat naval se changeait ainsi en combat de terre.

249. *Comment célébra-t-on à Rome la victoire de Duillius, et quelle récompense lui décerna le sénat ?* Pour perpétuer le souvenir de cette victoire navale, on construisit à Rome une colonne dite **rostrale** (1), avec une inscription marquant le nombre

---

(1) De *rostrum*, éperon de navire, parce que des éperons de navire y étaient représentés

des vaisseaux pris sur l'ennemi. La base et l'inscription de cette colonne subsistent encore. Duillius célébra en quelque sorte sa victoire toute sa vie, car le sénat lui accorda l'honneur d'être reconduit tous les soirs chez lui à la clarté des flambeaux et au son des instruments.

220. *Quels événements se passèrent après la victoire de Duillius ?* **Cornélius Scipion**, nommé consul, poursuivit avec sa flotte les vaisseaux carthaginois échappés au premier désastre et s'empara de la Corse et de la Sardaigne. En Sicile, **Attilius Collatinus** s'étant laissé enfermer dans un défilé, y aurait péri avec son armée sans le secours de **Calpurnius Flamma**, tribun légionnaire : aussi dévoué que Léonidas aux Thermopyles, ce brave Romain, avec 300 hommes choisis, attira sur lui les efforts de l'armée africaine, tandis que celle du consul se dégageait; les Romains périrent tous à l'exception de Calpurnius, qu'on retrouva percé de coups sous un monceau de cadavres ; il survécut à ses blessures, et tel était alors le désintéressement des Romains, qu'il fut heureux de recevoir pour récompense de son courage une **couronne de gazon.**

221. *Quel parti prit le sénat romain voulant porter un coup décisif aux Carthaginois ?* La guerre languissait en Sicile, le sénat donna à Manlius Vulso et à Régulus l'ordre de se rendre en Afrique avec la flotte romaine. Les deux consuls rencontrèrent les Carthaginois près d'**Ecnome** en Sicile, et gagnèrent une grande bataille navale en **256** ; ils débarquèrent

ensuite sans obstacle en Afrique, et s'emparèrent de **Clypéa**

222. *Que fit ensuite Régulus, resté en Afrique?* Le sénat ayant rappelé Manlius avec la plus grande partie de sa flotte pour achever la conquête de la Sicile, **Régulus demauda** lui-même **son rappel.** Le fermier qu'il avait laissé pour cultiver son petit patrimoine s'était enfui avec sa charrue et ses bœufs. Le sénat lui répondit que tout serait racheté et le chargea de continuer la guerre en Afrique. Régulus s'empara de **Tunis.** Les Carthaginois implorèrent la paix : Régulus la leur offrit aux conditions les plus humiliantes ; mais en ce moment arriva à Carthage, avec quelques troupes grecques, un célèbre général lacédémonien, **Xanthippe,** à qui les Carthaginois avaient envoyé offrir à Sparte le commandement de leur armée. Il releva leur courage, vainquit les Romains et fit **Régulus prisonnier.** Puis, richement récompensé, il se retira de Carthage.

223. *Quels furent sur mer les succès et les revers des Romains après l'échec que Xanthippe venait de leur faire essuyer en Afrique?* Dès qu'on sut à Rome le désastre de Régulus, on arma une flotte de 350 vaisseaux, qui battit les Carthaginois sur les côtes d'Afrique ; mais une tempête ayant assailli les Romains près de la Sicile, et détruit presque tous leurs vaisseaux, les Carthaginois profitèrent de ce désastre pour reprendre **Agrigente.**

224. *Avec quelle énergie et quel succès les Romains*

continuèrent-ils à soutenir la lutte en Sicile? Les Romains équipèrent une nouvelle flotte et firent passer des troupes en Sicile ; la lutte y fut opiniâtre, ils y reprirent plusieurs villes ; mais la tempête vint de nouveau engloutir leurs vaisseaux et ralentir leurs succès. Le découragement se mit un moment dans l'armée romaine et la **discipline** s'y relâcha. Elle y fut vigoureusement rétablie, en **252**, par le **supplice** d'un tribun légionnaire et la **dégradation** de 400 chevaliers coupables de désobéissance envers le consul Aurélius Cotta. Enfin l'année suivante, quand les Carthaginois croyaient la guerre punique terminée à leur profit, **Cécilius Métellus,** proconsul, les vainquit sous les murs de **Panorme.** Le jour de son triomphe, Métellus fit paraître à Rome **104 éléphants** pris sur l'ennemi.

225. *De quelle mission fut alors chargé Régulus et comment la remplit-il?* Découragés par leur dernière défaite, les Carthaginois envoyèrent **Régulus à Rome** pour demander la **paix** ou au moins l'**échange des prisonniers** ; avant de partir, il s'engagea par serment à venir reprendre ses fers si sa mission ne réussissait pas au gré des Carthaginois. Arrivé à Rome, il détourna les Romains de conclure une paix qu'il jugeait peu avantageuse, et soutint la loi qui défendait le rachat des soldats romains tombés au pouvoir de l'ennemi. Fidèle à son serment, il s'arracha à ses amis et à sa famille qui voulaient le retenir, et **revint à Carthage,** où il subit, dit-on, une mort cruelle en **250**.

226. *Que se passa-t-il en Sicile après la victoire de Métellus ?* Les Romains résolurent de profiter de leur dernière victoire pour achever à tout prix la conquête de la Sicile. Il ne restait à soumettre dans cette île que **Drépane** et **Lilybée**, la plus forte place des Carthaginois ; mais la résistance opiniâtre de cette dernière ville, défendue par **Imilcon**, trompa l'espoir des Romains. Leurs machines de guerre furent brûlées et ils étaient sur le point de renoncer à leur entreprise, lorsque le consul **Claudius Pulcher** fut envoyé en Sicile.

227. *Quel nouveau revers essuya le consul Claudius Pulcher ?* Brûlant du désir de se signaler, ce chef incapable et présomptueux voulut attaquer les Carthaginois devant **Drépane**; mais il disposa mal sa flotte, ce qui lui fit perdre, en **250**, cent vingt galères et un grand nombre de soldats et de matelots.

228. *A quoi attribua-t-on la défaite des Romains ?* Cette défaite fut attribuée à la conduite irréligieuse du consul. Les Romains avaient foi aux augures ; avant le combat on vint annoncer à Claudius que les poulets consacrés à Junon refusaient de manger ; il les fit jeter à la mer en disant d'un ton railleur : « Eh bien ! qu'ils boivent. »

229. *Quels sont les événements de la guerre pendant les cinq dernières années ?* Rome, épuisée par ces désastres, renonça pendant quelque temps aux armements maritimes, et permit seulement à des particuliers d'équiper des vaisseaux à leurs frais, ce qui ruina le commerce carthaginois sans augmenter les dépenses du trésor public. Le fameux **Amilcar Barca**, à la tête d'une flotte carthaginoise, vint s'établir en Sicile et de là ravagea sans cesse les côtes de l'Italie ; enfin, après cinq années d'une lutte indécise, le consul **C. Lutatius** attaqua et battit complétement sur mer, près des îles **Egates**, en **242**, les Carthaginois commandés par Hannon, et cette bataille termina une guerre qui durait depuis 24 ans. Amilcar proposa lui-même la paix aux Romains.

230. *Quelles furent les conditions de la paix qui mit fin à la première guerre punique en* **241 ?** Carthage céda aux Romains ses possessions en Sicile et dans les îles voisines ; elle s'engagea à payer en dix ans 2,200 talents d'argent (11 millions et demi de francs environ). Elle rendit sans rançon tous les prisonniers romains, et s'engagea à ne point faire la guerre à Hiéron, qui garda Syracuse. La Corse et la Sardaigne furent restituées aux Carthaginois.

231. *Que s'était-il passé de remarquable à Rome la première année de la première guerre punique ?* Deux frères nommés Brutus avaient introduit à Rome, en **264,** les **combats de gladiateurs** pour célébrer avec plus de pompe les funérailles de leur père. Ce spectacle où l'on voyait des hommes qui, avec une arme meurtrière, combattaient de gré ou de force contre d'autres hommes ou des bêtes féroces, devint dans la suite le divertissement le plus agréable au peuple romain.

§ II. — Guerres contre les Ligures, les Gaulois Cisalpins, la Corse, la Sardaigne et l'Illyrie.

Les Gaulois Cisalpins, la Corse et la Sardaigne
Aux Romains sont soumis; Teuta finit son règne.

232. *Quels faits signalèrent les premières années qui suivirent la conclusion de la paix avec Carthage?* En **240**, **Livius Andronicus** fit représenter les premières pièces de théâtre régulières qu'on eût encore vues à Rome; il les traduisit ou les imita des Grecs. En **238**, les Romains commencèrent leur longue et sanglante lutte contre les **Ligures** et enlevèrent aux Carthaginois la **Corse** et la **Sardaigne**. En **234**, ne se trouvant en guerre avec aucun peuple, ils fermèrent, pour la deuxième fois, le **temple de Janus.**

233. *Comment cette paix universelle fut-elle bientôt troublée?* Des mouvements en **Corse**, en **Sardaigne** et en **Ligurie** vinrent troubler cette paix; le sénat, en **229**, déclara la guerre à **Teuta**, reine d'Illyrie, qui avait fait tuer des ambassadeurs romains envoyés pour se plaindre des pirateries de ses sujets.

234. *Quelle fut l'issue de ces différentes guerres?* La Corse et la Sardaigne furent promptement soumises; la guerre de Ligurie n'eut pas alors de suite; Teuta fut obligée de payer un tribut et de céder une partie de l'Illyrie aux Romains. Ils donnèrent à un chef illyrien nommé **Démétrius**, dont les intrigues avaient favorisé leurs succès, la petite île de **Pharos**

dans la mer Adriatique et quelques districts de l'Illyrie.

235. *A la suite de la guerre d'Illyrie, quels rapports s'établirent entre les Romains et les Grecs ?* Les Romains commencèrent alors à se faire connaître aux Grecs, envoyèrent des ambassadeurs aux Athéniens et aux Corinthiens, et furent admis par ces derniers à la célébration des **jeux isthmiques** comme les Grecs. Les Athéniens de leur côté leur accordèrent le droit de cité et déclarèrent qu'ils pourraient être initiés aux **mystères d'Eleusis.**

236. *Quel danger vint de nouveau menacer la république ?* Les **Gaulois**, établis au nord de l'Italie, mécontents des Romains qui avaient chassé les Sénonais du Picénum et partagé leurs terres, se liguèrent entre eux et marchèrent sur Rome; mais, en **224**, ils furent complétement défaits, près du **cap Télamon** en Étrurie, par le consul Æmilius Papus. Les Romains passèrent le **Pô** pour la première fois en **223**, et les Gaulois, battus en plusieurs rencontres par **Marcellus**, furent obligés de se retirer dans les Alpes. L'**Italie entière** se trouva donc soumise aux Romains.

237. *Pourquoi les Romains firent-ils une seconde fois la guerre en Illyrie ?* **Démétrius**, oubliant les bienfaits qu'il avait reçus des Romains, ravagea avec ses flottes les villes d'Illyrie et les îles qui leur appartenaient. Le consul **Paul Émile**, envoyé contre lui en **219**, le vainquit. Démétrius se réfugia à la cour de **Philippe**, roi de Macédoine.

238. *Qu'offre de remarquable l'histoire de Carthage pendant l'intervalle de la première à la seconde guerre punique?* Les **troupes mercenaires** qui formaient l'armée de Carthage, ne recevant point la solde qui leur avait été promise, se révoltèrent en Afrique, et soutinrent contre l'armée d'Amilcar Barca une guerre terrible qui fut appelée la **guerre inexpiable** et dans laquelle on ne faisait de prisonniers ni de part ni d'autre. Carthage sortit victorieuse de la lutte : mais l'armée d'**Amilcar** pouvant devenir dangereuse à son tour, on envoya le général et ses soldats faire la conquête de l'**Espagne**. Amilcar lutta huit ans contre les belliqueux habitants de cette contrée, périt dans un combat et fut remplacé par **Asdrubal**, surnommé **le Beau**, son gendre. Ce dernier fit avec les Romains, en **226**, un traité qui fixait aux rives de l'Ebre les limites des Carthaginois ; il couronna ses victoires par la fondation de **Carthagène.**

239. *Par qui Asdrubal fut-il remplacé dans le commandement de l'Espagne?* Asdrubal ayant été assassiné en **221** par un Gaulois, son beau-frère, le célèbre **Annibal** le remplaça en Espagne. Enfant, il y avait accompagné son père Amilcar, et avait juré au pied des autels une **haine éternelle aux Romains.** Il fut fidèle à son serment.

240. *Par quelles factions Carthage était-elle agitée?* Deux puissantes factions partageaient alors Carthage et se disputaient la direction des affaires dans le sénat : **la faction d'Hannon** qui soutenait les intérêts des riches, et **la faction Barcine** qui avait embrassé les intérêts de la famille d'Amilcar Barca et qui s'appuyait sur le parti populaire.

---

§ III. — Deuxième guerre punique.

La prise de Sagonte a donné le signal
D'une nouvelle guerre où s'illustre Annibal ;
Le Tésin, la Trébie et le lac Trasimène
L'ont vu vaincre trois fois la fortune romaine ;
Vainqueur encore à Cannes, il se livre au repos,
Et dans Capoue il perd le fruit de ses travaux.

241. *Quel fut le prétexte de la seconde guerre punique?* Impatient de faire naître une cause de rupture, **Annibal** assiégea et ruina, en **219**, **Sagonte**, ville alliée des Romains. Ceux-ci demandèrent qu'on leur livrât Annibal. Le sénat de Carthage refusa cette réparation, et en **218** la guerre fut déclarée entre les deux républiques.

242. *Que fit Annibal lorsqu'il eut appris ce qui s'était passé dans le sénat de Carthage?* Résolu de transporter le théâtre de la guerre en Italie, Annibal laissa une armée en Espagne à son frère Asdrubal Barca, pourvut à la sûreté de l'Afrique et se dirigea vers les Pyrénées ; il traversa, non sans combats, la Gaule méridionale, passa le Rhône, et surmontant des dangers de toute espèce, franchit **les Alpes en quinze jours.** Il perdit dans ce passage 36,000 hommes. Il ne lui en restait plus qu'un pareil nombre, lorsqu'il entra en Italie, l'an **218**.

243. *Quels furent les premiers succès d'Annibal en Italie?* Sur les bords du **Tésin**, il vainquit le consul **Cornélius Scipion**, qui fut blessé et ne dut la vie qu'à la valeur de son fils Publius, âgé de dix-sept ans; sur les bords de la **Trébie**, il défit le consul **Sempronius**, et par cette victoire il rangea sous ses drapeaux les Gaulois et les Ligures. Au milieu des rigueurs de l'hiver, il traversa les marais de Clusium où il perdit un œil, pénétra en Etrurie par l'Apennin, et près du lac de **Trasimène** il remporta, en **217**, une nouvelle victoire sur le consul **Flaminius**, qui périt dans le combat.

244. *Que firent les Romains lorsqu'ils eurent appris les succès d'Annibal?* La république se trouvant en péril, **Quintus Fabius Maximus** fut créé **dictateur**; il opposa à l'ardeur impétueuse d'Annibal une nouvelle manière de combattre : se tenant toujours sur la défensive, il le fatigua et l'affaiblit par des marches et des contre-marches continuelles; en un mot, il temporisa, d'où lui vient le nom de **Cunctator** (temporiseur).

245. *Quel danger coururent alors les Carthaginois?* Annibal, ne trouvant plus de vivres dans la Campanie, résolut de passer dans la Pouille; Fabius l'enferma entre les rochers de Formies et les marais de Minturnes, puis s'empara du seul **défilé** par lequel pouvaient passer les Carthaginois, qui eussent été entièrement pris sans l'adresse de leur général.

246. *Comment les Carthaginois échappèrent-ils aux Romains?* Annibal ayant fait rassembler **2,000 bœufs,** commanda qu'on attachât à leurs cornes de petits faisceaux de sarment, y fit mettre le feu au commencement de la nuit et poussa ces animaux devenus furieux vers les hauteurs où se tenaient les Romains. Ceux-ci craignant un piége et un combat nocturne ne sortirent pas de leurs retranchements et laissèrent ainsi le passage libre à l'artificieux Carthaginois.

247. *Comment le peuple romain jugeait-il la sage lenteur de Fabius?* Excité par les ennemis de Fabius et par les tribuns, le peuple romain désapprouvait hautement la conduite du dictateur et la taxait de faiblesse; on poussa même l'injustice à son égard jusqu'à lui ordonner de partager la dictature avec **Minutius,** son général de la cavalerie, homme présomptueux qui, en l'absence de Fabius, avait eu quelques légers succès sur les Carthaginois.

248. *Quel fut le résultat de ce partage de la dictature?* Minutius, méprisant les avis de Fabius, attaqua témérairement les Carthaginois; il tomba dans une **embuscade**, et ses troupes auraient été entièrement détruites, si Fabius ne fût venu promptement à son secours.

249. *Quelle fut alors la conduite de Minutius?* Revenu de ses illusions, Minutius eut le mérite de **reconnaître son erreur;** suivi de ses troupes, il vint se jeter aux pieds de Fabius et lui remit le commandement.

250. *Après la dictature de Fabius quel désastre mit Rome à deux doigts de sa perte ?* La guerre de temporisation déplaisant au peuple romain, on donna le consulat à **Paul Émile** et à **Terentius Varron**, un des plus ardents détracteurs de Fabius. Varron, contre l'avis de son collègue Paul Émile, voulut attaquer Annibal près de **Cannes**. Le général carthaginois disposa habilement son armée, inférieure de moitié à celle des Romains, et remporta sur eux, en **216**, une victoire éclatante. Paul Émile périt dans le combat. Annibal envoya à Carthage **trois boisseaux d'anneaux d'or** pris aux chevaliers qui avaient succombé.

251. *Que fit Annibal après la bataille de Cannes?* Au lieu de marcher sur Rome dont il se fût peut-être rendu maître à la faveur de la consternation qui y régnait, Annibal laissa aux Romains le temps de préparer une nouvelle résistance, et alla passer l'hiver à **Capoue**, ville riche et corrompue où, suivant les historiens anciens, ses troupes s'amollirent dans les délices et le repos.

252. *Quelle vertu montrèrent les Romains après la bataille de Cannes ?* Loin de se laisser abattre par le désastre de Cannes, les Romains montrèrent une **constance admirable**. Excités par Fabius, ils firent de nouveaux efforts pour lever des troupes; on enrôla 8,000 esclaves, tous les citoyens portèrent leur argent au trésor et prirent les armes. Le sénat refusa de racheter 8,000 prisonniers, voulant par là ôter tout espoir à la lâcheté; et **Varron**, qui était re-

venu à Rome, avec 10,000 hommes des débris de son armée, **fut remercié** par un décret de n'avoir pas désespéré du salut de la patrie.

253. *Quels sont les principaux événements qui se passèrent ensuite en Italie?* Les Romains soutinrent, de **216** à **212**, la lutte la plus opiniâtre contre Annibal, qui contrarié sans cesse par la faction d'Hannon et ne recevant aucun secours d'Afrique, s'affaiblissait par ses succès comme par ses revers. Trois fois il fut battu devant **Nole** par **Marcellus**, qu'on appelait l'**épée de Rome**; Fabius, qui en était le **bouclier**, continua, étant consul, le système qu'il avait suivi étant dictateur; il vainquit Annibal en évitant de le combattre.

254. *Quels furent les événements de la première guerre que les Romains firent en Macédoine pendant la seconde guerre punique?* Après la bataille de Cannes, **Philippe**, roi de Macédoine, ayant fait alliance avec Annibal, vint mettre le siége devant **Apollonie**, ville alliée des Romains. Le préteur **Valérius Lévinus**, envoyé contre lui, surprit son camp à l'embouchure de l'**Aoüs**, en **214**, et le força à brûler sa flotte et à prendre la fuite. Lévinus profita de ses avantages pour conclure avec les **Étoliens** un traité d'alliance offensive et défensive.

255. *Quel allié perdirent les Romains à cette époque?* Tandis que les Romains trouvaient un nouvel ennemi dans Philippe, la mort vint enlever **Hiéron**, leur fidèle allié; ce prince mourut à Syracuse en **215**

après un règne long et paisible, pendant lequel il fit jouir ses sujets d'un bonheur que n'avait pu leur procurer le gouvernement démocratique.

Des murs Syracusains, qu'Archimède protége,
Marcellus en trois ans achève enfin le siége.
Sans secours de Carthage, Annibal aux Romains
Abandonne Capoue, et lorsque les destins
Semblent à ses desseins se montrer moins contraires,
La mort frappe Asdrubal, et ruine ses affaires.

256. *Quels événements principaux arrivèrent en Sicile après la mort d'Hiéron ?* Hiéronyme, petit-fils d'Hiéron, ne régna que peu de temps, et mourut assassiné. **Syracuse** étant tombée sous l'influence des Carthaginois, le siége en fut résolu par le sénat romain. Les machines qu'inventa **Archimède,** célèbre géomètre, défendirent trois ans cette ville contre tous les efforts des assiégeants ; la trahison en ouvrit les portes à Marcellus. **Agrigente** fut prise par Valérius Lévinus, et les Carthaginois furent entièrement chassés de la **Sicile**, qui fut réduite en **province romaine** l'an **210.**

257. *Quelle ville importante les Romains reprirent-ils aux Carthaginois ?* Tandis qu'Annibal, ne recevant aucun secours de Carthage, s'affaiblissait en combattant sans cesse, les Romains allèrent mettre le siége devant **Capoue.** Le général carthaginois voulut faire une diversion en marchant sur Rome,

mais elle fut sans résultat ; Capoue fut prise en **212**, et telle était la confiance des Romains en leur fortune, que le **champ où campait Annibal**, à trois milles (4 kilomètres et demi) de Rome, fut vendu à l'encan sans rien perdre de sa valeur.

258. *Comment furent détruites en Italie les dernières espérances d'Annibal?* Carthage s'était enfin décidée à envoyer en Italie **Asdrubal Barca** avec une armée de 50,000 hommes pour renforcer celle d'Annibal. Le consul **Claudius Néron**, qui avait son camp en Lucanie, vis à-vis de celui des Carthaginois, apprit par des courriers interceptés l'arrivée d'Asdrubal. Il partit de nuit dans le plus grand secret, avec 6,000 hommes d'élite, et se dirigea à marches forcées vers les bords du **Métaure**, où son collègue **Livius Salinator** était en présence d'Asdrubal. Les deux consuls étaient divisés par une haine mortelle; mais faisant à la patrie le sacrifice de leurs inimitiés, ils agirent de concert et mirent en pièces l'armée d'Asdrubal, qui se fit tuer en **207**, ne voulant point survivre à sa défaite. Claudius Néron revint dans son camp après avoir été absent treize jours sans qu'Annibal s'en fût aperçu ; il fit jeter dans le camp des Carthaginois la **tête d'Asdrubal** qu'il avait soigneusement conservée, et ce fut par ce sanglant message qu'Annibal apprit à la fois l'absence et le retour de son ennemi, l'arrivée, la défaite et la mort de son frère. Il se retira dans le Brutium, où par son habileté il se maintint encore trois ans.

259. *Quelle fut l'issue de la guerre que les Ro-*

mains faisaient en Macédoine? La guerre se prolongea avec des succès variés; Philippe, soutenu des Achéens, eut souvent l'avantage, mais il ne sut profiter ni de ses propres victoires, ni de celles de ses alliés, et il conclut en **205** la paix avec les Romains, au moment où la guerre lui offrait quelques chances de succès.

Les Scipions tous trois, par leurs exploits fameux,
Obtiennent en Espagne un renom glorieux.

260. *Que s'était-il passé en Espagne au commencement de la deuxième guerre punique?* Pendant qu'Annibal s'avançait vers les Alpes, les Romains avaient envoyé contre lui en Espagne une armée sous le commandement de **Cornélius Scipion**. La flotte qui portait ces troupes avait relâché à **Marseille**. Scipion y avait appris la marche d'Annibal; il avait senti alors que son devoir le rappelait en Italie, et avait envoyé en Espagne, contre Asdrubal Barca, son frère **Cnéus Scipion**, avec une grande partie de ses troupes. Ce dernier soumit tout le pays entre l'Ebre et les Pyrénées.

261. *Que fit Cornélius après son consulat?* Cornélius ayant terminé son année consulaire vint joindre son frère en Espagne en **216**. Les deux généraux romains furent **vainqueurs** tant qu'ils combattirent **ensemble;** mais s'étant **séparés** dans l'espoir de multiplier leurs succès, ils détruisirent par cette seule faute l'ouvrage de six années de victoires et de

sagesse, et ces illustres frères, aussi remarquables par leurs talents que par leur amitié, **périrent** dans des combats l'un après l'autre, en **212**, non moins regrettés des habitants de l'Espagne que des Romains eux-mêmes.

262. *Par qui et avec quel succès la guerre fut-elle continuée en Espagne après la mort des deux Scipions ?* La guerre fut continuée par **Publius Scipion**, fils de Cornélius, agé de 24 ans, qui brigua seul et obtint le commandement de l'Espagne en **210**. Il mit le siége devant **Carthagène** et s'en empara en un jour. Cet éclatant succès fut suivi de nombreuses victoires. Pendant qu'il battait les Carthaginois, il s'attacha les Espagnols par sa douceur et sa modération, et se rendit maître de toute l'Espagne.

263. *Quels alliés en Afrique Scipion donna-t-il aux Romains pendant son commandement d'Espagne ?* Il reçut encore dans l'alliance des Romains **Massinissa**, roi d'une partie de la Numidie; et pour détacher des Carthaginois **Syphax**, autre roi numide, il se rendit presque seul en Afrique auprès de ce prince, et il réussit dans cette téméraire entreprise, quoique Asdrubal, fils de Giscon, général carthaginois qui se trouvait aussi à la cour de Syphax, eût fait tous ses efforts pour traverser les desseins de son adversaire.

A Rome élu consul, Publius en Afrique
Termine en deux cent un cette guerre punique,
Lutte sanglante et riche en grands événements,
Qui faillit perdre Rome et dura dix-sept ans.

264. *Que fit ensuite Scipion?* Après avoir soumis presque toute l'Espagne et l'avoir pacifiée autant par sa valeur que par sa sagesse, Scipion revint à Rome. Élu consul d'une voix unanime en **205**, **il transporta la guerre en Afrique** malgré l'opposition des vieux généraux de Rome, et malgré la défection de Syphax, qui, à la persuasion de sa femme Sophonisbe, fille d'Asdrubal, avait de nouveau embrassé le parti des Carthaginois.

265. *Quels furent les premiers succès de Scipion en Afrique?* Sous les murs d'**Utique** il brûla les deux camps d'Asdrubal et de Syphax ; il les vainquit ensuite dans un lieu appelé les **Grandes-Plaines** en **203**. Il soumit **Tunis** et d'autres villes pendant que **Lælius**, son lieutenant et son ami, conjointement avec Massinissa, poursuivait Syphax en Numidie et le faisait prisonnier.

266. *Quel fut le sort de Sophonisbe?* Massinissa s'étant emparé de **Cirta**, capitale de la Numidie, **Sophonisbe** tomba en son pouvoir ; elle le supplia de la soustraire par la mort à l'esclavage des Romains ; mais le roi, à qui elle avait été promise autrefois, sentit renaître la passion qu'il avait eue pour elle et l'épousa. Scipion vit avec regret cette alliance. Sophonisbe avait été la cause de la défection de

Syphax, elle eût pu amener celle de Massinissa. Scipion la réclama comme captive du peuple romain. Massinissa n'eut pas le courage de la lui refuser, mais pour épargner à sa nouvelle épouse une honte qu'elle redoutait plus que la mort, il lui envoya une **coupe remplie de poison** qu'elle but sans hésiter.

267. *Que firent les Carthaginois pour arrêter les progrès des armées romaines en Afrique?* Les succès des Romains ayant jeté la consternation parmi les Carthaginois, **ils rappelèrent Annibal d'Italie** pour venir au secours de Carthage, et conclurent avec Scipion **une trêve**, pendant laquelle ils envoyèrent à Rome une ambassade pour traiter de la paix.

268. *Quel obstacle empêcha la paix de se conclure?* Tandis que les ambassadeurs carthaginois revenaient de Rome auprès de Scipion pour conclure le traité de paix, une flotte romaine, chargée d'argent, de munitions et de vivres, fut poussée par une tempête sur les côtes d'Afrique. Les Carthaginois s'en emparèrent au mépris de la trêve. Cet acte insigne de mauvaise foi rompit toutes les négociations.

269. *Pendant ce temps que faisait Annibal?* Obligé de repasser en Afrique, Annibal éclata en plaintes amères contre le sénat carthaginois qui lui faisait perdre ainsi le fruit de tant de travaux et de gloire. Il débarqua près de **Leptis**, marcha au-devant des Romains, et vint camper dans la plaine de **Zama** où les deux armées, en **202**, se trouvèrent en présence.

270. *Quelle démarche Annibal fit-il auprès de*

Scipion? Avant de combattre, Annibal voulut tenter d'obtenir la paix; il fit demander à Scipion une **entrevue;** mais les deux généraux ne purent s'entendre, et l'on se prépara au combat de part et d'autre.

271. *Que se passa-t-il alors?* Avant la bataille les deux généraux haranguèrent leurs troupes. Le combat devint opiniâtre, et **Annibal, vaincu** après avoir montré autant de courage que d'habileté, **revint à Carthage** où il conseilla au sénat d'accepter toutes les conditions que dicteraient les Romains.

272. *Quelles furent ces conditions?* Scipion, en **201,** imposa aux Carthaginois les plus dures conditions. Il fut convenu que Carthage ne conserverait que son gouvernement et son territoire; **qu'elle abandonnerait** toutes ses prétentions sur l'Espagne, la Corse, la Sardaigne et les îles de la Méditerranée; **qu'elle livrerait** aux Romains ses éléphants et ses vaisseaux, à l'exception de dix trirèmes ou galères à trois rangs de rames; **qu'elle ne ferait point la guerre** sans le consentement de Rome; **qu'elle rendrait à Massinissa** tout ce qui lui avait été pris; enfin **qu'elle paierait** dans l'espace de 50 ans la somme de 10,000 talents (environ 52 millions de francs). Elle donna cent otages pour gage de sa foi.

273. *Quelle récompense reçut Scipion?* Scipion reçut à Rome, avec le surnom d'**Africain,** les honneurs d'un triomphe magnifique. **Syphax** suivait le char du vainqueur. C'était le premier roi soumis à cette honte; il n'y survécut pas longtemps: il mourut en prison.

SYNCHRONISMES. IIIᵉ SIÈCLE. — 290. *Quatrième ligue des généraux d'Alexandre.*— 286. *Démétrius fait prisonnier par Séleucus.* — 285. *Ptolémée Soter abdique en faveur de Ptolémée Philadelphe.* — 284. *Ligue étolienne.* — 283. *Fondation du royaume de Pergame.* — 282. *Lysimaque est tué, fin du royaume de Thrace.* — 280. *Ligue achéenne.* — 278. *Antigone de Goni, roi de Macédoine. La Galatie ou Gallo-Grèce.*—275. *Version des Septante.*— 274. *Mort de Pyrrhus.*— 269. *Hiéron, roi de Syracuse.* — 255. *Fondation du royaume des Parthes.* — 250. *Aratus, stratége des Athéniens.* — 222. *Bataille de Sellasie. Antiochus le Grand, roi de Syrie.*—221. *Philippe III, roi de Macédoine.*— 213. *Philopœmen, stratége des Achéens.*

Deuxième siècle avant J.-C. — 201-100.

§ IV. — Deuxième guerre de Macédoine.

Flamininus abat Philippe et sa puissance ;
Et de Rome il voulait étendre l'influence,
Quand il semblait aux Grecs rendre leur liberté.
De Carthage Annibal est alors rejeté.

274. *Quel fut le succès de la seconde guerre de Macédoine?* Le sénat romain, ayant déclaré de nouveau la guerre à **Philippe**, sous prétexte qu'il opprimait les peuples de la Grèce, envoya contre lui le consul **Flamininus**, qui s'empara de l'Épire et de la Thessalie, détacha par ses intrigues tous les Grecs du parti du roi de Macédoine, le vainquit à **Cynocéphales**, en **197**, et le força à demander la paix.

275. *A quelles conditions la paix fut-elle accordée au roi de Macédoine?* Flamininus accorda la paix à

condition que Philippe ne conserverait que la Macédoine, **qu'il rendrait la liberté** à toutes les villes de la Grèce placées sous la domination macédonienne, **qu'il livrerait sa flotte, qu'il paierait un tribut annuel** aux Romains, et que ceux-ci occuperaient les trois positions militaires les plus importantes de la Grèce : Chalcis en Eubée, Démétriade en Thessalie, et Corinthe dans l'Isthme. (C'est ce qu'on appelait les **trois entraves** de la Grèce.)

276. *Quelle fut la politique de Flamininus, après qu'il eut vaincu Philippe ?* Pour attirer les Grecs vers les Romains, il fit proclamer par un héraut, aux **jeux isthmiques,** que les Grecs étaient affranchis de tout impôt envers les Macédoniens, et qu'ils étaient libres de se gouverner selon leurs lois et leurs priviléges. Ceux-ci crurent avoir recouvré leur indépendance, mais ils n'avaient fait que changer de maîtres. Cet affranchissement apparent et passager eut lieu l'an **196 ;** cependant il ne délivra pas Sparte de la domination de **Nabis**, quoique Flamininus l'eût vaincu, parce qu'il était plus dans les intérêts de Rome de laisser cette ville sous le gouvernement d'un tyran, qui devait amener la division parmi les Grecs.

277. *Quels événements coïncident avec la deuxième guerre de Macédoine ?* Pendant que Flamininus abaissait la Macédoine, un tribun du peuple, Porcius Léca, faisait adopter la fameuse **loi** dite **Porcia**, qui défendait de lier, de battre de verges et de mettre à

mort un citoyen romain ; — le sénat, voyant avec jalousie Carthage réparer ses désastres sous l'administration d'Annibal, envoyait, contre l'avis de Scipion, trois ambassadeurs **demander qu'on leur livrât Annibal**, qui, obligé de fuir pour sauver sa vie, se réfugia à la cour d'Antiochus avec lequel il avait de secrètes intelligences ; — les indomptables **Espagnols** et les peuples belliqueux qui habitaient le nord de l'Italie, les **Ligures**, les Gaulois cisalpins, et surtout les **Insubres** et les **Boïens,** se soulevaient à la fois contre les Romains.

278. *Quels furent les premiers événements de ces guerres?* La lutte en Espagne comme au nord de l'Italie, fut longue et meurtrière. **Caton,** envoyé contre les Espagnols pour venger la défaite et la mort du préteur Sempronius, remporta, en **195**, près d'**Empories**, une grande victoire à la suite de laquelle il fit raser les murailles de quatre cents villes ou bourgades. Toute l'Espagne jusqu'à l'Ebre parut soumise. En Italie les **Insubres** (à l'ouest de l'Adda), trahis par les Cénomans, autre peuple gaulois (à l'est de l'Adda), furent vaincus en **197** par Cornélius Cethégus, et en **196,** par Claudius Marcellus, près de **Côme.** Ils se soumirent. Quant aux **Ligures** et aux **Boïens,** affaiblis par leurs défaites, mais non domptés, ils résistèrent longtemps encore

§ V. — Guerre contre Antiochus.

Lucius Scipion, s'illustrant en Asie,
Défit Antiochus aux champs de Magnésie.

279. *Pourquoi les Romains firent-ils la guerre à Antiochus le Grand, roi de Syrie?* La **présence d'Annibal** à la cour d'Antiochus, et les **conquêtes** de ce prince sur le roi d'Egypte Ptolémée Philopator, avaient alarmé les Romains ; ils envoyèrent à la cour de Syrie une ambassade pour demander la liberté des villes grecques de l'Asie-Mineure et l'évacuation de la Chersonèse de Thrace, qu'avait envahie Antiochus. Le roi de Syrie n'ayant point voulu faire droit à ces prétentions, la guerre fut déclarée.

280. *Quels peuples embrassèrent le parti des Romains, et quels peuples, celui d'Antiochus?* Les Etoliens, et un très-petit nombre de villes grecques se rangèrent du parti d'Antiochus. Les Rhodiens, Eumène, roi de Pergame, et Philippe, roi de Macédoine, embrassèrent celui des Romains.

281. *Quels furent les succès et les fautes d'Antiochus?* Le roi de Syrie, déclaré généralissime des forces de la Grèce, prit d'abord Chalcis, l'île d'Eubée et plusieurs villes en Thessalie ; mais oubliant au milieu des plaisirs les conseils d'Annibal, qui l'engageait à transporter la guerre en Italie, il donna le temps au consul Acilius d'arriver en Grèce avec ses troupes. Antiochus fut vaincu aux **Thermopyles** en

192 dans une bataille importante où Caton se distingua; les Rhodiens battirent les flottes syriennes, et Antiochus fut contraint d'abandonner la Grèce et de revenir en Asie.

282. *Que firent alors les Romains ?* Le sénat chargea **Lucius Scipion** de continuer et de terminer la guerre; son frère Scipion l'Africain consentit à lui servir de lieutenant. Les Romains pénétrèrent en Asie, et gagnèrent en **190** la bataille de **Magnésie**. Scipion reçut les honneurs du triomphe et le surnom d'**Asiatique**. Les richesses qu'il introduisit à Rome commencèrent à y corrompre les mœurs.

283. *Quelles conditions de paix les Romains imposèrent-ils à Antiochus ?* Les Romains obligèrent le roi de Syrie à abandonner toute l'Asie Mineure jusqu'au mont Taurus, et à leur promettre de leur **livrer Annibal**; celui-ci, n'ayant plus d'asile auprès d'Antiochus, se retira chez **Prusias**, roi de Bithynie.

284. *Quels succès obtinrent encore les Romains en Asie et en Grèce, après avoir battu Antiochus ?* Manlius Vulso, successeur de Lucius Scipion, battit en **189** les **Galates**, originaires des environs de Toulouse et établis en Phrygie depuis 90 ans; dans la même année Fulvius Nobilior, secondé par les Epirotes, défit les **Étoliens** qui s'étaient révoltés, s'empara d'Ambracie, la clef de leur pays, et les força à demander la paix.

Tandis qu'en Orient triomphent les Romains,
Scipion Nasica repousse les Boïens.
Longtemps combat l'Espagne avant d'être asservie.
Le vainqueur d'Annibal est en butte à l'envie :
On l'accuse, il redit ses exploits glorieux,
Puis monte au Capitole et rend grâces aux dieux.
Ennemi de tout luxe, austère, incorruptible,
Caton l'Ancien se montre un censeur inflexible.

285. *Comment se termina la lutte des Boïens et des Ligures contre les Romains ?* Tandis que les Romains triomphaient en Orient, les **Boïens** qui soutenaient depuis dix ans une lutte acharnée contre eux, furent exterminés en **191** par Scipion Nasica. Les débris de ce peuple, abandonnant l'Italie, se réfugièrent **sur les bords du Danube**. Les consuls Lépidus et C. Flaminius, envoyés contre les **Ligures** en **187**, les vainquirent, leur ôtèrent leurs armes, et firent construire par leurs troupes victorieuses un grand **chemin de Bologne à Arrétie** (Arezzo), et un autre **de Plaisance à Ariminium** (Rimini), suivant la coutume des Romains qui, pour ne pas laisser leurs soldats s'énerver dans l'oisiveté, les employaient à de grands travaux d'utilité publique. Par ordre du sénat un grand nombre de Ligures furent transportés dans le **Samnium ;** leur soumission fut entièrement achevée en **180**.

286. *Quelle résistance les Romains éprouvèrent-ils en Espagne ?* La pacification qui suivit la victoire remportée à Empories par Caton ne fut pas de longue durée. Les Espagnols avaient aidé les Romains à expulser les Carthaginois par haine de l'étranger et

non par amour pour Rome; mais quand ils virent qu'elle leur envoyait des **préteurs** et voulait traiter l'Espagne en pays conquis, ils repoussèrent ce nouveau joug. Braves, fiers, sobres, agiles, ils faisaient dans les montagnes une guerre qui déconcertait la tactique romaine. Le plus souvent battus, mais reprenant les armes avec une héroïque constance, ils prolongèrent la lutte jusqu'en **178. Tibérius Sempronius Gracchus**, qui les avait vaincus, leur imposa alors un traité équitable, leur donna de bonnes lois, et ils se tinrent en repos pendant 25 ans.

287. *Quels sont vers ces temps les faits à remarquer dans l'histoire intérieure de Rome?* Le consul Posthumius Albinus, en **186**, découvrit et abolit la célébration des **Bacchanales** qui s'étaient introduites clandestinement à Rome. — M. Fulvius, pour accomplir un vœu qu'il avait fait dans la guerre d'Etolie, donna des jeux où l'on vit pour la première fois des **combats d'athlètes**. — L'esprit de **cabale** se manifesta dans les classes élevées, particulièrement par les attaques de **Caton** l'Ancien **contre les deux Scipions**.

288. *Quel reproche les tribuns du peuple adressèrent-ils à Scipion l'Africain?* Les deux **Pétilius**, excités, à ce qu'on croit, par Caton, accusèrent Scipion l'Africain de **péculat**, et lui reprochèrent de s'être laissé corrompre par Antiochus.

289. *Comment Scipion se justifia-t-il?* Réduit à paraître devant le peuple, Scipion, au lieu de se jus-

tifier, s'écria : « Romains, à tel jour qu'aujourd'hui j'ai vaincu Annibal et Carthage : allons au **Capitole** en remercier les dieux. » Tout le peuple, entraîné par ces paroles, suivit ce grand homme.

290. *Que devint ensuite Scipion l'Africain?* Prévoyant tous les dégoûts qu'on lui préparait, il se retira à **Literne**, où il vécut dans une retraite obscure jusqu'à sa mort, arrivée l'an **183**. On croit voir encore aujourd'hui à **Patrica**, l'ancienne Literne, son tombeau et le second mot de cette inscription qu'il avait donné l'ordre qu'on y gravât : « **Ingrate patrie, tu n'auras pas mes cendres.** »

291. *Comment les tribuns se conduisirent-ils envers Scipion l'Asiatique, après la mort de son frère?* A l'instigation de Caton, les tribuns **Pétilius** renouvelèrent l'accusation contre Scipion l'Asiatique, qui fut condamné par le peuple à une forte **amende**. Il laissa saisir et vendre ses biens. Le produit de la vente ne put couvrir l'amende. Ses parents et ses amis lui offrirent des sommes considérables, mais il n'accepta que ce qui lui était nécessaire pour vivre avec décence; il termina le reste de sa vie dans l'obscurité.

292. *Quels personnages marquants moururent la même année que Scipion l'Africain?* A l'époque où Scipion l'Africain terminait ses jours à Literne, **Philopœmen** fut mis à mort par les Messéniens, qui l'avaient fait prisonnier; **Annibal**, poursuivi par la haine des Romains, ne voulant pas tomber vivant

entre leurs mains, prit du **poison** qu'il portait toujours dans le chaton d'une bague, et mourut chez Prusias, à l'âge de 65 ans.

293. *Comment se distingua Caton?* Marcus Porcius, surnommé tantôt **Caton l'Ancien**, tantôt **Caton le Censeur**, était fils d'un simple plébéien; il pratiqua de bonne heure et avec succès les **trois arts romains** par excellence, l'agriculture, la guerre et le droit. Il fut de plus un orateur éminent. **Il lutta** énergiquement toute sa vie **contre le luxe** et les mœurs de son temps; il aurait voulu ramener les Romains à la simplicité de leurs mœurs antiques. Il ne pouvait souffrir les arts de la Grèce; mais il aimait l'étude, à 80 ans il apprit le grec; il a écrit et de ses ouvrages il nous reste un traité **De l'Agriculture**. Il avait un corps et une âme de fer, mais il était dur et avare. Il fut, en **202**, à trente-deux ans, **questeur** ou trésorier de l'armée que Scipion devait conduire en Afrique, et voulut user des droits de sa charge pour réformer les dépenses du général : tel fut entre ces deux hommes illustres le commencement d'une rivalité qui ne s'éteignit qu'avec leur vie. Nommé **consul** en **195**, Caton fit avec succès la guerre en Espagne et obtint les honneurs du triomphe ; il combattit ensuite **dans un rang inférieur** en Thrace et aux Thermopyles, et contribua puissamment aux succès du consul Acilius ; enfin, en **184**, il **parvint à la censure** au grand effroi des familles nobles, qui craignaient sa sévérité.

294. *Comment Caton exerça-t-il la censure?* Il

traita rudement les nobles et les publicains ou fermiers des impôts publics, et fit de salutaires ordonnances. Il **raya** sept membres du sénat, **dégrada** plusieurs chevaliers, **mit des impôts** sur les bijoux, les parures des femmes, les voitures, les esclaves; **supprima** les prises d'eau qui appauvrissaient les fontaines publiques au profit des jardins particuliers; **abattit** les maisons qui avaient empiété sur les rues; **afferma** les impôts à très-haut prix et les travaux publics au rabais. A sa sortie de charge le peuple lui éleva une **statue**. Mais en dépit des efforts de Caton, la corruption prit chaque jour de nouvelles forces; le luxe et les voluptés de l'Orient s'introduisirent à Rome, et les Romains perdirent peu à peu leurs vertus publiques.

---

§ VI. — Troisième et quatrième guerre de Macédoine.

Paul Emile à Pydna de Persée est vainqueur;
Le sénat tout-puissant des rois est la terreur.
L'imposteur Andriscus se dit fils de Persée.

295. *Quelle fut la cause de la troisième guerre que les Romains firent en Macédoine?* **Persée**, fils de Philippe, avait hérité de la haine de son père envers les Romains; voulant s'affranchir de leur tutelle, il chercha à soulever contre eux la Grèce et l'Asie. **Eumène**, sur l'alliance duquel il comptait, dévoila ses plans au sénat; Persée voulut le faire assassiner,

et malgré les ambassades qu'il envoya à Rome pour se justifier, la guerre lui fut déclarée par les Romains.

296. *Qui étaient pour Persée, qui étaient pour les Romains au moment de la troisième guerre de Macédoine?* **Persée** fit entrer dans son alliance les Thessaliens, un petit roi d'Illyrie, les Thraces; les Grecs d'Asie faisaient des vœux pour lui; à Carthage le sénat reçut de nuit ses ambassadeurs. **Les Romains** avaient de leur côté Eumène, roi de Pergame, et le roi d'Egypte. Ils envoyèrent en Grèce sept commissaires pour y empêcher la formation d'une ligue nationale qui eût pu soutenir Persée. **Antiochus**, roi de Syrie, promit d'embrasser le parti des Romains, mais se préparait à conquérir l'Egypte, tandis qu'ils seraient occupés en Macédoine.

297. *Quels furent les principaux faits de cette guerre?* Les Macédoniens remportèrent d'abord quelques avantages sur le consul Licinius, et sur Quintius Marcius, son successeur; mais au moment où ils auraient pu battre complétement ce dernier, qui s'était imprudemment avancé dans la Macédoine, **une terreur panique s'empara de Persée**, et il se retira à Pydna, laissant son royaume ouvert aux ennemis. Malgré cette faute la guerre traîna en longueur; les Rhodiens, que cette guerre ruinait, voulurent imposer leur médiation à Persée et au sénat; ils ne réussirent qu'à attirer sur eux la haine des Romains.

298. *Quelle fut l'issue de la guerre?* **Paul-Émile** ayant été nommé consul, fut envoyé en Macédoine;

il défit Persée à **Pydna**, en **168**, et le fit prisonnier avec toute sa famille. La Macédoine fut divisée en districts indépendants les uns des autres. Ainsi finit ce royaume, qui avait duré 634 ans, depuis Caranus son premier roi. Paul Emile reçut le surnom de **Macédonique**, et après avoir orné le triomphe du vainqueur, **Persée**, ne pouvant survivre à sa honte, se laissa mourir de **faim**. Deux de ses enfants moururent de même; un troisième, nommé **Alexandre**, se fit d'abord **menuisier**, puis occupa dans la suite une place de **greffier** à Rome.

299. *Quelle fut la conduite des Romains envers les autres nations, après la guerre de Macédoine?* Après avoir vaincu Persée, Rome, sentant toute sa force, enleva la Carie et la Lydie aux **Rhodiens**. Le sénat **défendit** par un décret à tous les rois de venir à Rome; des ambassadeurs furent envoyés en **Syrie** pour régler les affaires de ce pays qui, après plusieurs révolutions fomentées par le sénat, fut réduit en province romaine en **64**.

300. *Pourquoi les Romains firent-ils une quatrième guerre en Macédoine?* Tandis que les Romains étaient occupés de la troisième guerre punique, un certain **Andriscus**, se disant fils de Persée, se fit proclamer roi de Macédoine en **152**; il fit alliance avec les Thraces et devint très-redoutable aux Romains. Cependant il fut vaincu près de **Pydna** par **Métellus**, à qui cette victoire valut, comme à Paul Emile, le surnom de **Macédonique**. La Macédoine fut réduite en province romaine l'an **147**.

§ VII. — Troisième guerre punique.

En cent quarante-six, Carthage est renversée.
Corinthe doit sa ruine au consul Mummius.

304. *Quelle fut la cause apparente de la troisième guerre punique?* **Massinissa**, comptant sur son alliance avec les Romains, faisait sans cesse des empiétements sur le territoire des Carthaginois qui adressaient au sénat romain d'inutiles plaintes. Rome envoya enfin, pour prononcer sur cette affaire, des **commissaires** au nombre desquels était Caton. Les Carthaginois n'ayant pas voulu se soumettre à des arbitres auprès desquels Massinissa avait d'avance gagné sa cause, prirent les armes contre le roi de Numidie, et Rome, sous prétexte de **soutenir son allié**, déclara la guerre à Carthage : telle fut la cause apparente de la troisième guerre punique, qui commença en **149**.

302. *Quelle fut la véritable cause de la troisième guerre punique?* La haine implacable des Romains contre Carthage fut la véritable cause de la troisième guerre punique. Cette haine était nourrie surtout par **Caton le Censeur** qui, toutes les fois qu'il opinait dans le sénat, finissait en disant : « **Tel est mon avis et aussi que l'on détruise Carthage.** »

303. *Qui s'opposait cependant à la destruction de Carthage?* Un seul homme, **Scipion Nasica**, le fils de celui qui avait vaincu les Boïens et le gendre de Scipion l'Africain, voulait que Carthage fût conservée parce qu'il craignait que Rome, n'ayant plus à redouter une ville rivale, ne se laissât amollir par la prospérité.

304. *Quel parti prirent les Carthaginois ?* Dès que les Carthaginois eurent appris que le sénat ne leur pardonnait pas d'avoir usé contre Massinissa du droit de légitime défense, ils envoyèrent des ambassadeurs pour déclarer qu'ils s'en remettaient à la discrétion du peuple romain ; mais les consuls étaient déjà partis pour la Sicile et les ambassadeurs carthaginois durent les y rejoindre ; ce ne fut cependant qu'à Utique qu'ils purent apprendre le sort qui était réservé à leur patrie.

305. *Quels furent les ordres auxquels les Carthaginois durent se soumettre ?* Le consul Marcius Censorinus leur commanda de lui livrer leurs armes et leurs machines de guerre ; puis lorsqu'il se vit maître de tous leurs moyens de défense, il leur ordonna d'**abandonner Carthage** et de s'établir à dix milles des côtes. Réduits au désespoir, les Carthaginois résolurent de se défendre jusqu'à la dernière extrémité.

306. *Comment se termina la troisième guerre punique ?* Carthage, défendue par Asdrubal, après avoir opposé aux Romains la plus vive résistance, fut prise par **Scipion Émilien**, fils de Paul Émile et petit-fils, par adoption, de Scipion l'Africain. Cette ville, qui avait subsisté 744 ans, fut détruite de fond en comble l'an **146**, le territoire en fut réduit en province romaine, et Scipion prit le surnom de **second Africain**.

307. *Comment périt la femme d'Asdrubal?* Le feu ayant été mis par des réfugiés et des bannis au temple d'Esculape où s'était retirée la femme d'Asdrubal, elle prit dans ses bras ses deux enfants et se précipita avec eux **au milieu des flammes**, en vomissant mille imprécations contre son mari qui s'était rendu secrètement auprès de Scipion pour lui demander la vie.

308. *Comment finit la ligue Achéenne?* Des **démêlés** s'étant élevés en **150** entre Lacédémone et les Achéens, Rome envoya en Grèce des **commissaires** qui semblaient plutôt porter des ordres que des moyens de conciliation; par un décret, ils détachèrent de la ligue Achéenne Sparte, Argos, Corinthe et d'autres villes. Les Achéens, excités par **Diæus**, chef de leur confédération, voyant dans cette mesure le prélude de leur ruine, insultèrent les commissaires romains et prirent les armes contre Rome.

309. *Quelle fut l'issue de cette lutte?* Les Achéens furent vaincus par **Métellus**, puis par **Mummius** qui livra **Corinthe** aux flammes (1), réduisit la Grèce en province romaine sous le nom d'**Achaïe**, l'an **146**, et fit transporter à Rome les statues, les vases et les tableaux précieux qui se trouvaient à Corinthe.

310. *Quelles lois furent alors données à Rome?* Vers cette époque plusieurs lois remarquables furent

---

(1) L'or, l'argent et le cuivre qui se fondirent dans l'embrasement de Corinthe formèrent, à ce que croyaient les anciens, ce métal précieux, connu sous le nom d'*airain de Corinthe.*

promulguées : l'an **149**, **la loi Calpurnia**, qui autorisait les peuples sur lesquels les gouverneurs de province avaient exercé des concussions, à s'adresser aux juges à Rome pour se faire restituer ce qui leur avait été injustement enlevé ; l'an **140**, **la loi Gabinia**, qui introduisait le scrutin secret pour donner les suffrages dans les élections des magistrats. En **181**, pendant la censure de Caton, et plus tard, en **166** et en **144**, des lois somptuaires furent portées pour limiter les dépenses de la table et le nombre des convives.

§ VIII. — Guerre en Lusitanie contre Viriathe.

Viriathe succombe et Numance n'est plus.

311. *Quel effet produisit la domination des Romains en Espagne vers la fin de la troisième guerre punique?* L'avarice et la cupidité des **proconsuls** romains avaient révolté les fiers habitants de l'Espagne qui, loin d'avoir été entièrement soumis, étaient parvenus à jeter, par leurs révoltes fréquentes, un si grand découragement dans la jeunesse romaine qu'elle refusait de s'enrôler pour faire la guerre dans cette contrée.

312. *Quel redoutable adversaire Rome rencontra-t-elle en Espagne?* Un simple paysan de Lusitanie, nommé **Viriathe**, s'était surtout fait craindre des Romains ; à la tête de quelques vagabonds, il avait

soulevé la Lusitanie en **146**. Pendant 6 ans il inquiéta et battit souvent les Romains; en **140** il imposa des conditions de paix au consul Fabius Maximus, fils de Paul Emile, et le sénat ne put se débarrasser de ce redoutable adversaire qu'en le faisant assassiner peu de temps après.

313. *La guerre fut-elle terminée par la mort de Viriathe?* La guerre n'en continua pas moins contre les Espagnols malgré la mort de Viriathe; les belliqueux habitants de **Numance** repoussèrent de leurs murs le consul **Mancinus**, et réussirent à l'enfermer avec son armée forte de 30,000 hommes, dans un défilé d'où il ne sortit qu'en signant une paix honteuse sous la garantie de Tibérius Gracchus, son questeur.

314. *Que fit le sénat après la défaite de Mancinus?* Le sénat refusa de ratifier le traité conclu par ce consul et fit livrer Mancinus aux Numantins, qui refusèrent de le recevoir dans leur ville.

315. *Comment se termina la guerre de Numance?* Le sénat eut recours aux talents de **Scipion Émilien**, il fut nommé consul et se rendit en Espagne. Après avoir rétabli la confiance de l'armée, il alla investir Numance; vivement pressés par Scipion en **133**, les indomptables Numantins, après 15 mois d'une résistance opiniâtre, mirent le feu à leur ville pour échapper à l'esclavage; ils **périrent dans les flammes** avec toutes leurs richesses. Scipion fit raser ce qui restait de leur ville. Le plébéien **Caïus Marius** et

Jugurtha, prince numide, servaient alors avec distinction dans l'armée romaine. L'Espagne, à l'exception des Cantabres, des Astures et des Vascons, rentra sous la domination romaine.

§ IX. — Guerre contre les esclaves de Sicile. Guerre contre Aristonic. État de Rome.

Rupilius combat la révolte en Sicile ;
L'esclave Eunus déploie un courage inutile ;
Pour héritier Attale a le sénat romain.

316. *Comment la tranquillité de la Sicile fut-elle troublée vers cette époque?* La dureté avec laquelle les Romains traitaient leurs **esclaves** en Sicile, avait poussé à bout ces malheureux ; ils s'étaient révoltés et s'étaient donné pour roi un certain **Eunus**, né en Syrie. Le succès couronna d'abord leurs efforts ; quatre préteurs envoyés contre eux furent successivement défaits ; la révolte s'étendit même en Italie et jusque dans Rome. Calpurnius Pison arrêta leurs progrès, mais ce fut le consul **Rupilius** qui eut l'honneur de terminer cette guerre en **132** ; il s'empara d'**Enna** et de **Tauromenium**, principales places fortes des révoltés, et acheva ensuite la pacification de l'île. Eunus, fait prisonnier, périt misérablement.

317. *Quelle importante province acquirent alors les Romains en Asie?* Vers l'année **133, Attale III**,

roi de Pergame, frère et successeur d'Eumène, **légua** en mourant ses biens au sénat et au peuple romain. **Aristonic**, fils naturel d'Eumène, s'empara du royaume et défit le consul Licinius Crassus qui avait été envoyé contre lui ; mais il fut à son tour vaincu par **Perpenna**. Aquilius, son successeur, empoisonna les **sources** pour forcer plusieurs villes à capituler ; il acheva par cet odieux moyen la conquête du **royaume de Pergame** qui fut réduit en province romaine sous le nom de **province d'Asie**, en **129**.

348. *Quels pays les Romains possédaient-ils alors ?* Ils avaient réduit en **provinces romaines** la Sicile, la Corse, la Sardaigne, la Ligurie, la Gaule cisalpine, le territoire de Carthage, les deux Espagnes, la Macédoine, la Grèce, l'Illyrie et la plus grande partie de l'Asie-Mineure.

349. *Quel changement remarque-t-on dans le caractère et les mœurs des Romains vers la fin du deuxième siècle avant J.-C. ?* Les nombreuses victoires des Romains, leur puissance en Europe, en Asie et en Afrique, avaient banni de Rome l'austère vertu et la simplicité des beaux jours de la république ; n'ayant plus ni à se défendre de leurs ennemis, ni à conquérir, ils se disputèrent entre eux les fruits de leurs conquêtes et les jouissances de leur domination ; **l'orgueil, l'ambition, le luxe et l'avarice** remplacèrent les bonnes mœurs, la justice et l'amour de la patrie ; **la corruption** était employée pour arriver au pouvoir ; tout présageait enfin la chute prochaine et inévitable de la république.

320. *Quel était l'état intérieur de Rome au moment où éclata la révolte des esclaves en Sicile?* La puissance du sénat était presque sans bornes. Les **grandes familles** s'étaient approprié presque toutes les terres de la république et jouissaient seules du fruit de toutes les conquêtes, pendant que les dernières classes languissaient dans la misère. Les anciens patriciens et les descendants des plébéiens qui étaient parvenus aux charges curules, s'étaient ligués pour fermer à d'autres plébéiens ou à des **hommes nouveaux,** comme ils les appelaient, l'accès des magistratures devenues alors d'un profit immense par l'administration des provinces. Enfin tout appelait une réforme dans l'état lorsque les **Gracques** parurent.

TROISIÈME PARTIE.

TROUBLES CIVILS.

(146-31, espace de 115 ans.)

§ I. — Les Gracques.

Les Gracques, petits-fils du premier Africain,
Se font chefs tous les deux du parti populaire,
Et chacun d'eux n'obtient qu'un succès éphémère.
Près d'Aix sous Sextius les Romains sont vainqueurs.
De deux villes en Gaule ils sont les fondateurs.

321. *Qui étaient les Gracques?* **Tibérius** et **Caïus Gracchus** étaient nés de Tibérius Gracchus, le pa-

cificateur de l'Espagne, et de Cornélie, fille du premier Africain; ils avaient une sœur qui épousa Scipion le second Africain.

322. *Comment Cornélie avait-elle montré sa tendresse et son zèle pour ses enfants?* **Cornélie**, restée veuve, se voua tout entière à l'éducation de ses fils qui, formés par ses leçons, devinrent les jeunes Romains les plus accomplis de leur temps; pour leur inspirer l'amour de la gloire, elle leur disait souvent : « On ne me nomme jamais que la belle-mère de Scipion, quand donc me nommera-t-on la mère des Gracques? » Ses fils faisaient tout son orgueil; un jour qu'une dame de Campanie lui faisait voir avec complaisance ses bijoux, Cornélie fit venir ses deux enfants et lui dit : « **Voilà mes bijoux et mes ornements.** »

323. *Dans quelles dispositions Tibérius brigua-t-il le tribunat?* **Tibérius** s'indignait de la rigueur du sénat envers Mancinus, à l'occasion du traité de Numance, traité auquel lui Tibérius avait eu la plus grande part; il craignait qu'on n'en agît avec lui comme avec le consul. Il était frappé d'ailleurs de la misère des pauvres plébéiens et de la dépopulation qu'offraient les campagnes romaines. Il se posa comme l'**adversaire du sénat**, embrassa la cause du peuple et se fit nommer **tribun** en **133**.

324. *Que fit Tibérius Gracchus lorsqu'il eut été nommé tribun du peuple?* Afin de ruiner le parti aristocratique et de gagner l'affection du peuple, il

renouvela une **ancienne loi de Licinius Stolon**, qui défendait à tout citoyen de posséder plus de 500 arpents de terre, adjugea au peuple par une loi les **trésors** provenant de la succession d'**Attale**, et fit destituer son **collègue Octavius** qui, gagné par le sénat, s'opposait à ses desseins. Trois commissaires furent ensuite nommés pour faire exécuter la loi agraire : ce furent Tibérius lui-même, Caïus, son frère, et Appius Claudius, son beau-père.

325. *Quelle fut la fin de Tibérius?* Tibérius fut accusé d'aspirer à la tyrannie par le parti aristocratique que dirigeait **Scipion Nasica**, son parent, fils de celui qui s'opposait à la destruction de Carthage. L'atteinte que Tibérius avait portée à la puissance tribunitienne en faisant destituer son collègue Octavius, avait refroidi le peuple à son égard. Il fit de nouvelles propositions populaires afin de se faire continuer dans le tribunat pour l'année suivante; mais le jour de l'assemblée, ayant appris au milieu du tumulte que les riches voulaient le tuer, il porta la main à sa tête pour faire comprendre à ceux qui l'entouraient le danger dont il était menacé. Ses ennemis s'écrièrent qu'il demandait la couronne, et Scipion Nasica s'élança contre lui à la tête d'une partie des sénateurs. **Le tribun fut massacré au pied de la tribune avec trois cents de ses amis.** Le peuple se repentit bientôt d'avoir abandonné Gracchus; le sénat, pour soustraire Nasica à la haine publique, lui donna un commandement en Asie.

326. *Quel personnage remarquable mourut alors?*

Scipion Émilien, ayant encouru la haine du peuple pour avoir approuvé le meurtre de Tibérius et pour s'être opposé à l'exécution de la loi agraire, fut trouvé mort dans son lit et fut privé des funérailles publiques.

327. *Que devint Caïus Gracchus après la mort de son frère ?* Pendant deux ans, **Caïus Gracchus** affecta de ne point se mêler des affaires publiques ; il se livrait à l'éloquence. Le sénat, qui le redoutait, prit tous les moyens pour l'empêcher de parvenir au tribunat. Profitant d'un soulèvement en Sardaigne, il l'y envoya en qualité de **questeur.** Dans cette charge, Caïus révéla ses grands talents et se fit adorer de l'armée. La seconde année de sa questure étant révolue, le sénat voulut le retenir en Sardaigne comme proquesteur ; mais il revint à Rome **briguer le tribunat,** qui lui fut donné avec acclamation par le peuple.

328. *Quel but se proposa Caïus lorsqu'il eut été nommé tribun en* **123 ?** Caïus voulut à la fois venger la mort de son frère, **ruiner l'autorité du sénat,** briser l'orgueil et la puissance des nobles, soulager les citoyens pauvres, et changer toute la constitution de l'État.

329. *Que fit Caïus pour atteindre à ce double but ?* Il confirma **la loi agraire** et ordonna de vendre tous les mois au peuple du **blé à vil prix.** Continué dans le tribunat l'année suivante, il transféra l'exercice de la **justice** des sénateurs aux chevaliers, accorda aux Latins et à tous les alliés de l'Italie le **droit de cité,** et proposa l'établissement de **nouvelles colonies**

Pendant deux années, aimé du peuple, des chevaliers, des Italiens, il fut tout-puissant dans Rome.

330. *De quel artifice le sénat usa-t-il envers Caïus?*
Ne pouvant lui résister ouvertement, le sénat suscita
contre lui le tribun **Livius Drusus** qui, pour contre-
balancer le crédit de Caïus, proposa, de l'aveu des
patriciens, des lois encore plus populaires que celles
de son collègue. Celui-ci sentant décroître son crédit,
conduisit une colonie à **Carthage** et en releva les
murs.

331. *Quel revers Caïus éprouva-t-il lorsqu'il fut
de retour à Rome?* Il échoua, en **122**, dans la demande d'un troisième tribunat, et le consul **Opimius,**
son ennemi personnel, abrogea la plupart de ses lois.
Simple particulier, Caïus entreprit de résister au
consul. Il laissa ses partisans occuper en armes **le
mont Aventin**, et de là il fit proposer au sénat, assemblé au Capitole, d'entrer en accommodement afin
d'éviter l'effusion du sang romain. Le sénat se refusa
à toute concession. Opimius mit **à prix la tête de
Caïus**, et suivi des grands et des archers crétois,
chargés de la police de Rome, il marcha contre les
partisans de l'ancien tribun et les dispersa. Trois
mille périrent. **Caïus,** sur le point de tomber au
pouvoir de ses ennemis, **se fit tuer** par un de ses
affranchis. Le parti aristocratique reprit le pouvoir
et la loi agraire fut bientôt abolie.

332. *Quelles conquêtes les Romains firent-ils pendant et peu de temps après les troubles excités par les*

Gracques ? Les Romains portèrent leurs armes dans la Gaule transalpine en **126**. **Sextius** défit les Salluviens et d'autres peuples gaulois qui avaient attaqué les Marseillais, fidèles alliés des Romains. Il bâtit **Aix** en **123**. Deux ans après les Romains vainquirent près d'Avignon les **Allobroges** et **Bituitus**, roi des Arverniens, qui avaient embrassé la cause des Salluviens ; ils reçurent dans leur alliance les Eduens et réduisirent, l'an **118**, la **Gaule méridionale en province romaine**. En **117**, **Marcius Narbo** fonda **Narbonne**. L'année même de la fondation d'Aix, le consul Cæcilius Métellus avait soumis les **îles Baléares**.

§ II. — Guerres contre Jugurtha et contre les Cimbres.

Marius en cent six soumet la Numidie ;
Puis combat les Teutons et sauve sa patrie.

333. *Comment Jugurtha parvint-il à régner sur une partie de la Numidie ?* **Massinissa** mourut en **148**, laissant trois fils, **Micipsa**, **Gulussa** et **Manastabal**, entre lesquels Scipion Émilien partagea la Numidie. Par la mort de ses frères, Micipsa réunit tout le royaume qu'il gouverna avec prudence pendant 30 ans. En mourant, il institua conjointement pour ses héritiers ses deux fils, **Adherbal** et **Hiempsal**, et son neveu **Jugurtha** qu'il avait adopté forcément. Peu de temps après la mort de Micipsa, Jugurtha assassina Hiempsal.

334. *Qu'est-ce qui donna lieu à la guerre contre Jugurtha ?* **Adherbal** vint à Rome implorer la vengeance du sénat contre le meurtrier de son frère. Les sénateurs, gagnés par l'or de **Jugurtha**, envoyèrent en Afrique des commissaires qui firent entre Adherbal et Jugurtha, un partage de la Numidie, tout à l'avantage de ce dernier, dont l'ambition ne fut pas encore satisfaite. Il ne tarda pas à envahir les États d'Adherbal, l'assiégea dans **Cirta**, sa capitale, et, après avoir pris la ville, le fit périr dans d'affreux tourments. A la nouvelle de ce second forfait, le sénat, cédant enfin à l'indignation publique, envoya contre Jugurtha une armée sous le commandement de **Calpurnius Bestia** et de **Scaurus**. Tous les deux se laissèrent corrompre, et lui vendirent la paix.

335. *Que se passa-t-il à Rome lorsqu'on eut connu la conduite du consul Calpurnius ?* Le tribun **Memmius** empêcha le sénat de confirmer le traité, et **Jugurtha** fut **cité à Rome** pour se justifier. Il gagna l'un des tribuns et aurait été probablement absous, si par un nouveau crime il n'eût rendu la chose impossible. Il fit assassiner dans Rome même son cousin **Massiva**, fils de Gulissa, puis il partit de Rome en s'écriant : « **Ville à vendre** dès qu'elle trouvera un acheteur ! »

336. *Quelle fut la suite de la guerre contre Jugurtha jusqu'au moment où Marius fut chargé du commandement ?* Une nouvelle armée fut envoyée contre Jugurtha en Numidie ; il la contraignit de

passer sous le joug. **Métellus**, général inaccessible à la corruption, vengea l'affront fait aux armes romaines. Malgré les grands talents militaires que Jugurtha déploya alors et malgré son alliance avec son beau-père **Bocchus**, roi de Mauritanie, Métellus aurait terminé la guerre, s'il n'eût été supplanté par son lieutenant **C. Marius** qui parvint à se faire nommer consul en **107**.

337. *Qui était Marius ?* Marius était né à **Arpinum** de parents obscurs ; **tribun**, il se rendit populaire par sa haine de l'aristocratie ; **lieutenant de Métellus**, il s'était fait des partisans dans l'armée en décriant son général. Son élévation au consulat fut une révolution. Le premier il enrôla des **prolétaires** dans les légions romaines.

338. *Quelle fut la conséquence de cette innovation ?* Jusqu'alors on n'avait enrôlé dans les légions que des hommes qui, possédant quelques biens, restaient citoyens sous les drapeaux ; Marius, en armant la populace, fit du **service militaire un métier ;** les légions, composées de pauvres que rien n'attachait à leur patrie, ne furent plus les armées de la république, mais celles des chefs qui leur donnaient de la gloire et du butin.

339. *Comment finit la guerre contre Jugurtha ?* **Marius**, secondé par **Lucius Cornélius Sylla**, son questeur, vainquit **Jugurtha** et **Bocchus**. Ce dernier, gagné par Sylla, livra Jugurtha aux Romains en **106**. Ce fut ainsi que Sylla ravit indirectement à son gé-

néral la gloire d'avoir terminé la guerre de Numidie, comme Marius l'avait enlevée à Métellus. De là naquit la **haine** furieuse qui éclata depuis **entre Marius et Sylla.** Une partie de la Numidie fut réunie à la province d'Afrique. Le reste fut partagé entre Bocchus et deux petits-fils de Massinissa. Jugurtha, après avoir orné le triomphe de Marius, fut jeté dans un cachot où il **périt de faim**

340. *Quelle grande émigration de peuples eut lieu en Europe pendant la guerre de Jugurtha?* Les **Cimbres** et les **Teutons** partirent des bords de la mer Baltique et du nord de la Germanie, et se dirigèrent vers le midi, cherchant une nouvelle patrie, et conduisant avec eux leurs femmes et leurs enfants.

341. *Quels échecs ces peuples firent-ils éprouver aux Romains?* Ils vainquirent dans le Norique le consul **Carbon;** puis ils pénétrèrent en Helvétie et attaquèrent la Gaule romaine où ils voulaient s'établir. Le consul **Silanus** leur ayant refusé des terres, ils mirent en pièces son armée l'an **109** et celles de **Scaurus** et de **Cassius** les deux années suivantes; l'an **106**, ils remportèrent sur **Cépion** et **Mallius**, près d'Orange, une mémorable victoire où Rome perdit 80,000 soldats.

342. *Quel parti le peuple romain prit-il après ce désastre?* Le peuple romain ne crut pouvoir trouver qu'en **Marius** le sauveur de l'Italie, il l'éleva quatre ans de suite au consulat. Les excursions des Cimbres en Espagne d'où ils furent repoussés par les Celtibé-

riens, laissèrent à Marius le temps de préparer des moyens de défense.

343. *Quelles défaites Marius fit-il éprouver aux Cimbres et aux Teutons ?* Ces deux peuples, après s'être réunis dans la Gaule, se séparèrent de nouveau et tentèrent de pénétrer en Italie, les Teutons par la Ligurie et les Cimbres par la vallée de l'Adige. **Marius** extermina les **Teutons** près d'**Aix** et alla rejoindre l'armée de Catulus que les **Cimbres** avaient repoussée des bords de l'Adige sur ceux du Pô. Secondé par Catulus et par Sylla, il les mit en pièces près de **Verceil** l'an **101**. Leur nation périt dans ce combat. Les **femmes Cimbres** immolèrent les fuyards et se tuèrent elles-mêmes après avoir massacré leurs enfants.

344. *Qu'arriva-t-il en Sicile au moment de la guerre contre les Cimbres et les Teutons ?* Il y eut en Sicile, de l'an **104** à l'an **101**, une **seconde révolte des esclaves**. Ils prirent pour roi **Salvius** et après lui **Athénion**; ils eurent d'abord quelques succès, mais vaincus par **Manius Aquilius** qui tua de sa main Athénion, ils périrent par le fer ou la faim. Cette guerre servile et celle dont précédemment Eunus avait été le chef, coûtèrent la vie à un **million d'esclaves**.

DEUXIÈME SIÈCLE AVANT J.-C. 204-100.

Auteurs célèbres du second siècle avant J.-C.

Plaute, Ennius, Térence, ont pour contemporain
L'ami de Scipion, Polybe, historien.

345. *Quels sont les auteurs qui appartiennent au second siècle avant J.-C.?* Les poëtes latins *Plaute, Térence* et *Ennius*, et l'historien grec *Polybe*, fleurirent dans le IIe siècle avant J.-C.

Plaute s'est distingué par ses comédies où l'on remarque l'enjouement et la verve comique. Il mourut en 184.

Térence naquit esclave à Carthage en 192 ; il fut affranchi et vécut dans la familiarité de Lælius et du second Africain qui passent pour l'avoir aidé dans la composition de ses comédies, remarquables surtout par l'élégance et la délicatesse.

Ennius, né l'an 240 dans la partie de l'Italie appelée aujourd'hui Calabre, écrivit en vers héroïques les *Annales de la république romaine*. Il fut l'ami de Scipion Emilien qui voulut avoir un tombeau commun avec lui. Il mourut vers 169. Virgile lui emprunta plusieurs vers qu'il qualifiait de perles tirées du fumier.

Polybe, fils de Lycortas, l'un des derniers préteurs achéens, naquit à Mégalopolis en 204. Il fut un des mille Achéens emmenés à Rome après la guerre de Persée. Dans les fragments qui nous sont restés de son *Histoire universelle*, écrite en grec, on trouve de curieux détails sur la tactique romaine et ce qu'était l'art de la guerre chez les anciens. Il vécut dans l'intimité de Scipion Emilien qu'il suivit au siége de Numance.

SYNCHRONISMES. IIe SIÈCLE. — 195. *Pontificat d'Osias III.* — 188. *Philopœmen fait entrer Sparte dans la ligue achéenne.* — 186. *Séleucus IV, roi de Syrie.* — 181. *Philippe III, roi de Macédoine, met à mort son fils Démétrius.* — *Ptolémée VI, Philomètor, roi d'Egypte.* — 183. *Mort de Philopœmen.* — 178. *Persée, roi de Macédoine.* — 168. *Horrible persécution des Juifs par Antiochus IV Epiphane, roi de Syrie.* — 162. *Antiochus V Eupator, roi de Syrie, est assassiné par Démétrius I Soter.* — 107. *Aristobule, roi des Juifs.*

Premier siècle avant J.-C. — 101 à 1.

§ III. — Sixième consulat de Marius. Exil de Métellus.

Métellus, chef des grands, à Marius contraire,
Lui résiste et s'impose un exil volontaire.
Saturninus subit le sort qu'il méritait,
Et Rome, vers ce temps, de Cyrène héritait.

346. *Quelle fut la conduite de Marius à Rome après la défaite des Cimbres ?* **Marius,** si utile à sa patrie pendant la guerre, en devint le tyran pendant la paix. Après la défaite des Cimbres, il obtint en l'achetant **un sixième consulat.** Voulant perdre **Métellus,** son ennemi personnel et chef du parti du sénat, il forma contre lui en l'an **100** une ligue avec le préteur Glaucia et le tribun Saturninus.

347. *Comment Saturninus était-il parvenu au tribunat et quelle loi proposa-t-il ?* Après avoir fait assassiner Nonnius qui lui avait été d'abord préféré, **Saturninus** se fit **tumultuairement** proclamer **tribun;** puis, voulant plaire au peuple, il proposa de lui **distribuer les terres** que Marius avait reprises sur les Cimbres. **Métellus,** le seul dans le sénat qui refusât de jurer cette nouvelle loi agraire, s'exila volontairement à **Rhodes.**

348. *Quel crime commit Saturninus ?* Saturninus voulut faire nommer consul Glaucia qui lui était dévoué, mais celui-ci avait dans **Memmius** un redoutable compétiteur. Saturninus fit assassiner Memmius ; ce nouveau forfait excita une indignation générale.

349. *Que fit Marius dans cette circonstance?* Le consul, pour ne point perdre sa popularité, fut forcé de **sévir contre ses propres complices**; il assiégea Saturninus et ses satellites dans le Capitole où ils s'étaient réfugiés ; le peuple ne tarda pas à les massacrer. Marius **partit** ensuite **pour l'Asie** afin de n'être point témoin du retour de Métellus que le peuple venait de rappeler sur la proposition du tribun Callidius en **99.**

350. *Quelle province les Romains acquirent-ils peu de temps après en Afrique?* Ptolémée Apion, fils de Ptolémée Physcon et roi de la **Cyrénaïque,** légua, après un règne paisible, ses États aux Romains. Cyrène conserva néanmoins son indépendance, mais en s'engageant à payer un tribut.

---

§ IV. — Guerre sociale. Première guerre contre Mithridate.

Quand l'Italie obtient le droit de bourgeoisie,
Mithridate le Grand fait la guerre en Asie.

351. *A quelle occasion la guerre sociale éclata-t-elle au commencement du premier siècle?* Rome traitait en sujets ses alliés les peuples de l'Italie et ne respectait pas les priviléges qui leur avaient été concédés. Les Italiens, pour se mettre à l'abri des vexa-

tions, voulaient obtenir le titre de citoyens romains. Le tribun **Livius Drusus** (fils de celui que le sénat avait opposé à Caïus Gracchus), ayant proposé d'accorder le **droit de cité ou de bourgeoisie romaine** à tous les peuples de l'Italie, fut assassiné en **91**. Le meurtre de ce tribun devint le signal de la **guerre** nommée **Sociale**. Les peuples d'Italie se soulevèrent et formèrent une **ligue** dans laquelle entrèrent les Marses, les Samnites, les Apuliens, les Lucaniens, etc. Ils voulaient constituer une **république italique**, dont **Corfinium** eût été la capitale. Le chef et l'âme de l'entreprise était un brave guerrier, Marse d'origine, nommé **Pompédius Silo**, qui périt dans une bataille.

352. *Quelle fut l'issue de cette guerre?* Cette guerre dura deux ans; les alliés eurent d'abord de grands succès; **Marius** reçut du sénat le commandement de l'armée; il ne soutint pas sa gloire; **Sylla** qui servait sous ses ordres augmenta la sienne. Enfin **le sénat accorda, en 89, le droit de cité** à presque tous les Italiens; mais quand ces nouveaux citoyens votèrent à Rome, ils ne furent pas compris dans les 35 tribus qui existaient alors; on en créa 8 nouvelles pour eux.

353. *Quelle guerre succéda à la guerre sociale?* La guerre des alliés était à peine terminée, que Rome eut à combattre dans **Mithridate VII Eupator**, roi de Pont, le plus redoutable ennemi qu'elle eût encore rencontré depuis Annibal; ce prince, le plus puissant de l'Orient, était cruel, injuste, mais doué d'un vaste génie et d'une invincible persévérance.

354. *Quel fut le sujet de la première guerre que les Romains firent à Mithridate?* Les Romains déclarèrent la guerre au roi de Pont, parce qu'après avoir envahi la **Paphlagonie**, il avait détrôné Nicomède II, roi de **Bithynie**, leur allié, et qu'il avait excité Tigrane, roi d'Arménie, son gendre, à attaquer Ariobarzane qu'ils avaient placé sur le trône de **Cappadoce.**

355. *Qui fut chargé de la conduite de cette guerre?* Le sénat donna à **Sylla**, qui venait d'être nommé consul en **88**, le commandement des troupes destinées à combattre Mithridate.

356. *Que fit Mithridate lorsqu'il eut appris que les Romains avaient chargé Sylla de lui faire la guerre?* Le roi de Pont fit **égorger** en un même jour tous **les Romains** qui étaient en Asie au nombre de 80,000, et son lieutenant **Archélaüs** s'empara avec une incroyable rapidité de la Macédoine, de la Thrace et de la Grèce.

§ V. — Rivalité de Marius et de Sylla.

Sont tour à tour proscrits Marius et Sylla;
De tous ses ennemis ce dernier triompha.

357. *Comment cette guerre fut-elle l'occasion d'une guerre civile dans Rome?* Une rivalité funeste éclata entre **Sylla** et **Marius**. Celui-ci se ligua avec le tribun **Sulpicius** pour faire ôter à Sylla le commandement des troupes contre Mithridate; il se le fit donner

ensuite lui-même par un plébiscite. Sylla, qui était déjà en Campanie à la tête de son armée, rentra dans Rome les armes à la main et y abolit le pouvoir populaire. Sulpicius lui fut livré par un esclave, et la tête de ce tribun fut attachée à la tribune aux harangues.

358. *Comment Marius échappa-t-il à la mort?* Marius se déroba au supplice par la fuite, sa tête fut mise à prix. Arrêté dans les marais de **Minturnes**, les magistrats de ce bourg ordonnèrent sa mort et chargèrent un esclave, Cimbre de nation, d'exécuter la sentence. Marius désarma son bourreau en lui disant : « Barbare, oseras-tu bien assassiner Caïus Marius? » Les Minturnois lui donnèrent un frêle esquif, sur lequel il passa en Afrique ; il débarqua près des **ruines de Carthage.** Le préteur Sextilius lui ayant ordonné de s'éloigner, il répondit à l'officier qu'on lui envoyait : « Dis à Sextilius que tu as vu Caïus Marius fugitif au milieu des ruines de Carthage. » Puis il se retira avec son fils dans les îles voisines des côtes d'Afrique.

359. *Que fit Sylla lorsqu'il fut maître dans Rome?* Après avoir abattu le parti populaire, **Sylla** rétablit la puissance du sénat. Pour apaiser le peuple, il laissa élever au consulat **Cinna**, un des chefs du parti populaire, et fougueux partisan de Marius; mais ce consul l'ayant fait accuser par un tribun, et l'absence pour cause de service public étant une sauvegarde, il se hâta de se rendre en **Grèce**, où les armées de Mithridate avaient remporté des succès signalés.

360. *Comment les ennemis de Sylla profitèrent-ils de son absence pour ressaisir le pouvoir?* **Cinna** fit tous ses efforts pour relever le parti populaire. Chassé de Rome par Octavius, son collègue, après un combat sanglant, et dépouillé par le sénat de la dignité consulaire, il leva une armée en Campanie et s'adjoignit Marius qui avait quitté son lieu d'exil. Rome, assiégée par quatre armées que commandaient Marius, Cinna, Carbon et Sertorius, fut prise, livrée au pillage et devint le théâtre d'un effroyable massacre. Sylla fut banni, ainsi que ses partisans, par Cinna et Marius qui s'étaient faits consuls; mais **Marius mourut** en **86**, dix-sept jours après avoir pris possession de son **septième** consulat.

361. *Que faisait Sylla en Grèce et en Asie?* Pendant qu'il était proscrit dans Rome, **Sylla** s'emparait en **87** de la ville d'**Athènes**, gagnait sur Archélaüs, en **86**, les batailles de **Chéronée** et d'**Orchomène**, et chassait entièrement les barbares de la Grèce.

362. *Par quel chef Cinna voulut-il remplacer Sylla dans le commandement des troupes?* Après la mort de Marius, Cinna avait envoyé contre Sylla et contre Mithridate le proconsul **Valérius Flaccus**, avec une nouvelle armée; mais Valérius fut assassiné à **Nicomédie**, par son lieutenant **Fimbria** qui prit ensuite sa place. Fimbria poursuivit vivement Mithridate et s'en serait emparé, si Lucullus, chef de la flotte de Sylla, ne l'eût laissé échapper.

363. *Quel parti prit Sylla lorsqu'il apprit les succès de ses ennemis?* **Sylla** se rendit à **Dardanum**

où Mithridate lui avait demandé une entrevue, et conclut la **paix** avec le roi de Pont en **85**, à condition que ce dernier rendrait toutes ses conquêtes; puis il marcha contre Fimbria et le réduisit à se tuer lui-même; il se prépara ensuite à revenir en Italie où les consuls Carbon et Cinna levaient des troupes pour le combattre.

364. *Quels furent les succès de Sylla à son retour en Italie?* Cinna ayant été tué à Ancône par ses propres soldats, Sylla se vit ainsi débarrassé du plus dangereux de ses ennemis; il débarqua à Brindes en **83**, gagna l'armée du consul Scipion, défit celle du consul Norbanus et entraîna dans son parti Pompée, qui commandait trois légions. Le fils adoptif de Marius qu'on appelle le jeune Marius et Carbon s'étant fait nommer consuls au commencement de l'année **82**, Sylla battit le premier près de **Sacriport** et l'enferma dans Préneste. Carbon, ne pouvant se maintenir en Etrurie, s'embarqua pour l'Afrique, au moment même où Sylla courait défendre Rome qu'assiégeait une armée considérable de Samnites commandés par Pontius Télésinus. Il se livra sous les murs mêmes de Rome, près de la porte **Colline,** une sanglante et décisive bataille que gagna Sylla et qui fut suivie de la chute de **Préneste**. Le jeune Marius, accompagné d'un jeune chef Samnite, essaya en vain de se sauver; ces deux fugitifs se donnèrent mutuellement la mort. Triomphant partout, Sylla prit alors le nom **d'heureux.**

§ VI. — Dictature de Sylla. Deuxième guerre contre Mithridate.

Il se fit dictateur, et lassé de vengeance,
Osa, couvert de sang, abdiquer la puissance.

365. *Comment Sylla usa-t-il de sa victoire?* Maître de Rome, il l'inonda de sang, proscrivit tous les partisans de Marius et permit aux siens de se venger impunément de leurs ennemis particuliers. L'avidité fit encore verser plus de sang que la vengeance : les grands biens devinrent un crime ; de sanglantes **listes de proscription** étaient chaque jour affichées. Cinq mille citoyens furent portés sur ces listes fatales. La république était sans consul, Sylla se fit nommer **dictateur perpétuel** en **81.** Par haine de Marius et du parti populaire, le farouche dictateur avait voulu faire périr un jeune homme de dix-huit ans, neveu de Marius par sa mère, et qu'on nommait **Jules César;** puis, cédant à de puissantes intercessions, il lui fit grâce, mais en disant : « Vous le voulez, soit ; mais sachez que ce jeune homme détruira un jour l'aristocratie, car je vois en lui plusieurs Marius. »

366. *Que fit Sylla pendant sa dictature?* Sylla entreprit une **réaction aristocratique**; il rendit le pouvoir judiciaire au sénat dont il porta à 400 le nombre des membres, 300 furent de sa création ; il restreignit les priviléges des tribuns. Enfin il couvrit l'Italie des colonies de ses vétérans et leur abandonna presque toute l'Étrurie ; il ôta à la plupart des peu-

ples d'Italie ce droit de cité qui leur était si cher, et le donna à dix mille esclaves affranchis qui de son nom furent appelés **cornéliens**.

367. *Par qui le parti de Marius fut-il entièrement anéanti en Sicile et en Afrique?* Malgré les proscriptions sans nombre du dictateur, il restait encore quelques débris du parti de Marius, et la guerre continua en Sicile et en Afrique. **Pompée**, envoyé pour soumettre la Sicile, s'empara de **Carbon** dans l'île de Cossyra, et le fit mettre à mort. Après avoir pacifié la **Sicile**, Pompée, l'an **80**, passa en **Afrique**, et en quarante jours il en chassa les derniers restes du parti de Marius et soumit la province.

368. *A quelle occasion Pompée reçut-il de Sylla le nom de Grand?* Redoutant déjà l'autorité que les succès de Pompée lui donnaient sur l'armée, Sylla se hâta de le rappeler à Rome. Pompée obéit malgré ses soldats. Sylla vint à sa rencontre, l'embrassa avec les marques d'une sincère affection et le salua du nom de **Grand**, qui lui resta depuis.

369. *Quelle hardiesse montra Pompée de retour à Rome?* Après la victoire qu'il avait remportée en Afrique, Pompée crut pouvoir demander les **honneurs du triomphe**; Sylla les lui refusait sous prétexte qu'il était trop jeune et qu'il n'était encore que chevalier. Pompée ne plia point : « Le soleil levant, dit-il, a plus d'adorateurs que le couchant. » Frappé de la hardiesse de ce jeune général, Sylla lui permit de triompher.

370. *A quelle occasion eut lieu la seconde guerre contre Mithridate et comment se termina-t-elle?* **Muréna**, que Sylla avait laissé en Asie, désirait passionnément obtenir les honneurs du triomphe; il était d'ailleurs excité par Archélaüs, qui était venu chercher près de lui un abri contre les soupçons de son maître cruel; il recommença la guerre contre le roi de Pont; cette seconde guerre traîna en longueur, et, sur l'ordre de Sylla, se termina par un accommodement en **79**.

371. *Quelle résolution extraordinaire prit Sylla après avoir exercé pendant deux ans la dictature?* Sylla **abdiqua** volontairement le pouvoir en **79** et il rentra dans la vie privée, sans qu'on osât lui demander compte de tout le sang qu'il avait versé; il se retira à **Cumes**, où il mourut deux ans après de la maladie pédiculaire. On plaça sur sa tombe cette inscription composée par lui-même : « Ici repose Sylla; nul n'a fait plus de bien à ses amis, et de mal à ses ennemis. »

372. *Quelle nouvelle guerre civile suivit la mort de Sylla?* Le consul **Lépidus** voulut, en **78**, relever le parti de Marius et abolir les lois de Sylla. Défait devant Rome et dans l'Étrurie par son collègue Catulus et par Pompée, il alla mourir en Sardaigne.

§ VII.— Sertorius, Spartacus, Crassus et Pompée consuls. Verrès. Conquête de la Crète.

> Sertorius périt sous un fer assassin.
> Spartacus succomba les armes à la main.
> Contre un préteur cruel, fameux par ses rapines,
> L'éloquent Cicéron prononce ses Verrines,
> Et des Siciliens il a vengé les droits.
> Métellus aux Romains a soumis les Crétois.

373. *Où et par qui était uniquement soutenu le parti de Marius?* Le parti de Marius, partout terrassé, ne montrait de force qu'en **Espagne** où il était relevé par **Sertorius**, républicain exalté et grand capitaine qui inspirait une confiance sans borne aux Espagnols et aux Lusitaniens. Habile à gouverner les esprits, Sertorius profitait de la superstition des peuples pour augmenter leur confiance; il prétendait recevoir les conseils des dieux par le moyen d'une **biche blanche** qui le suivait partout même dans les combats.

374. *Quels furent les succès de Sertorius?* Aussi entreprenant, mais plus habile que Viriathe, il battit successivement tous les généraux qui osèrent l'attaquer; il établit sous ses tentes un sénat fier et indépendant, qu'il opposait au sénat servile de Sylla. **Métellus** vit échouer contre lui sa vieille expérience. **Perpenna** vint joindre Sertorius avec les débris de l'armée de Lépidus, et Mithridate conclut, en **75**, un traité avec lui.

375. *Comment furent arrêtés les succès de Serto-*

rius Au moment où il venait de terminer deux brillantes campagnes contre Métellus et Pompée réunis, il fut assassiné en **72**, dans un repas, par **Perpenna** qui, jaloux de sa gloire, se fit reconnaître chef des troupes à sa place.

376. *Que devint Perpenna?* Héritier du pouvoir, mais non du génie de Sertorius, Perpenna fut battu et fait prisonnier par **Pompée**; il crut racheter sa vie en livrant à son vainqueur la **correspondance de Sertorius** avec des personnages importants de Rome; mais Pompée la fit brûler sans la lire, et ordonna qu'on fît périr par le supplice ce lâche assassin; Pompée termina ainsi la guerre d'Espagne.

377. *Quelle guerre maritime Rome avait-elle à soutenir en Orient pendant que ses armées étaient en Espagne?* Les **Ciliciens**, peuple de l'Asie, s'étaient rendus redoutables par leurs rapines et leurs expéditions maritimes; ils étaient surtout devenus puissants pendant la guerre contre Mithridate. Le proconsul **Servilius**, envoyé contre eux avec une flotte en **78**, obtint des succès, rasa plusieurs forts et s'empara de la ville d'**Isaura**; cependant il ne put les soumettre. En **75**, ils occasionnèrent à Rome une grande disette que **Cicéron**, alors questeur à Lilybée, fit cesser en envoyant un convoi considérable de blé. Ces pirates, maîtres de la Méditerranée, menaçaient d'affamer Rome; il fallait les détruire. Le tribun du peuple **Gabinius** en fit donner, l'an **67**, la commission à **Pompée** avec les pouvoirs les plus étendus, et

8

Pompée, **en 40 jours**, purgea la Méditerranée des pirates; en 50 autres jours il força leurs ports et leurs châteaux, et amena leur complète soumission.

378. *Quel autre danger vint menacer Rome au sein même de l'Italie?* Une nouvelle **révolte des esclaves** éclata en Campanie l'an **73**; le sénat n'y fit pas d'abord une grande attention, mais les talents et les succès de **Spartacus**, chef des révoltés, ne tardèrent pas à lui faire comprendre que Rome avait à combattre un dangereux ennemi.

379. *Qui était Spartacus?* **Spartacus** était un Thrace qui servait dans un corps d'auxiliaires de sa nation; il déserta, fut pris et réservé pour le métier de gladiateur.

380. *Quels furent les succès et la fin de Spartacus?* Ce Thrace, égal en talents aux plus grands capitaines romains, s'étant échappé des prisons de Capoue où il était renfermé, commença, avec 70 **gladiateurs** ses compagnons, une révolte qui pendant trois ans tint en péril Rome et l'Italie. Il attira à lui un grand nombre d'esclaves fugitifs, et, à leur tête, il battit plusieurs fois les armées romaines. Il fut enfin défait par **Crassus**, et tué en **71** dans une bataille où il vendit chèrement sa vie. Les débris de son armée furent détruits par **Pompée** qui revenait alors d'Espagne.

381. *Que firent Crassus et Pompée de retour à Rome?* Crassus et Pompée, ayant à leur retour à Rome brigué et obtenu le consulat, cherchèrent à **capter la faveur populaire** au détriment l'un de l'autre. Crassus, dont les richesses étaient immenses, fit au peuple, pour atteindre son but, de prodigieuses prodigalités, et Pompée rendit aux tribuns l'autorité dont ils avaient été privés par Sylla.

382. *Quel changement important Pompée permit-il encore pendant son consulat?* Pour remédier au honteux trafic que les sénateurs faisaient de la justice, Pompée laissa passer **la loi du préteur Cotta**, qui ordonnait que les places de juges fussent réparties entre les sénateurs, les chevaliers et les tribuns du trésor public. Cette loi fut observée, mais sans détruire le mal, jusqu'à la dictature de César.

383. *Quel procès célèbre fut jugé à Rome à cette époque?* **Cicéron** accusa, en **71**, **Verrès**, préteur de Sicile, et le fit exiler à cause des concussions et des vexations qu'il faisait endurer aux habitants de cette île. Cette affaire, aussi célèbre par les crimes qu'on reprochait à Verrès que par le talent des deux orateurs qui la plaidaient, **Hortensius pour le préteur, Cicéron pour les Siciliens**, fit infiniment d'honneur à ce dernier. Les discours qu'il prononça dans cette circonstance sont connus sous le nom de **Verrines**, et sont des chefs-d'œuvre d'éloquence.

384. *Quelle île soumirent les Romains peu de temps après?* Les Crétois avaient donné secours aux pirates de Cilicie : le sénat envoya **Métellus** pour les punir. Ce général, malgré les intrigues de Pompée qui avait voulu le faire remplacer par Octavius, son lieutenant, soumit entièrement l'**île de Crète** et la réduisit en **province romaine**, l'an **68**.

§ VIII. — Troisième guerre contre Mithridate.

Mithridate combat Lucullus et Pompée,
Et, trahi par son fils, se perce d'une épée.

385. *Quelles furent les causes qui amenèrent une troisième guerre des Romains contre Mithridate?* Malgré les traités conclus avec Sylla et Muréna, Mithridate suscitait en secret des ennemis aux Romains; il s'était allié avec Sertorius et les pirates de Cicilie; par ses conseils, Tigrane, son gendre, s'était emparé de la **Cappadoce** sur Ariobarzane que le sénat protégeait; enfin, il voulait s'emparer de la **Bithynie**, que Nicomède, en mourant, avait léguée à la république.

386. *Quelles mesures avait prises Mithridate pour résister aux Romains?* Le roi de Pont avait rassemblé une armée formidable dans laquelle il avait introduit les armes et la discipline des Romains; une flotte nombreuse le soutenait, et il avait eu soin d'en donner le commandement à des chefs expérimentés.

387. *Qui les Romains envoyèrent-ils en Asie contre Mithridate?* Le sénat envoya contre le roi de Pont les consuls **Cotta** et **Lucullus**. Le premier fut vaincu près de **Chalcédoine**, par Mithridate, qui mit ensuite le siége devant **Cyzique**; pendant deux ans cette ville résista aux efforts d'une armée nombreuse et aguerrie, que Lucullus vainquit par la famine et qu'il accabla ensuite sur les bords du **Granique**, l'an **73**.

388. *Quels furent les autres avantages qu'obtint*

Lucullus dans cette guerre? Lucullus conquit toute la Bithynie, détruisit une flotte que Mithridate envoyait en Italie, et força ce prince, battu dans trois actions, à se réfugier chez Tigrane. Lucullus acheva alors la **conquête du royaume de Pont**, entra en Arménie et réclama Mithridate comme son prisonnier.

389. *Que fit alors le roi d'Arménie?* Tigrane abandonna précipitamment **Tigranocerte**, sa capitale, et rassembla une armée de 200,000 hommes. Lucullus n'hésita pas à l'attaquer, dit-on, avec moins de 12,000 soldats. Les chefs de ses légions, effrayés du grand nombre d'ennemis qu'ils avaient à combattre, lui rappelaient que le jour qu'il avait choisi était un jour néfaste, parce qu'il rappelait la défaite de Cépion par les Cimbres. « Il a pu l'être, répondit Lucullus, mais j'en ferai **un jour heureux.** » Tigrane vaincu prit la fuite, et sa capitale tomba au pouvoir des Romains en **70.**

390. *Quelle fut la conduite de Lucullus envers les peuples vaincus?* Il les traita avec humanité et justice, rappela la conduite que le jeune Scipion avait tenue en Espagne, et mit ainsi dans les intérêts de sa patrie un grand nombre de princes qui vinrent d'eux-mêmes le choisir pour défendre leurs droits.

391. *Par quel moyen le roi d'Arménie chercha-t-il à réparer sa défaite?* Tigrane réunit de nouveau ses troupes à celles de Mithridate. Ces deux princes cherchèrent, mais inutilement, à mettre le roi des Parthes dans leur parti. Ayant réuni toutes leurs forces, ils espéraient vaincre les Romains; Lucullus

marcha à leur rencontre. Les deux armées se trouvèrent en présence sur les bords du fleuve Arsanias, près d'**Artaxate**. La victoire ne fut pas longtemps indécise ; les Romains mirent les ennemis en déroute, l'an **69**. Mithridate fut l'un des premiers à prendre la fuite : ce fut le dernier succès de Lucullus.

392. *Pourquoi les succès de Lucullus furent-ils tout à coup interrompus ?* Ce grand général, rigide observateur de la discipline militaire, s'était malheureusement aliéné l'esprit de ses soldats par sa sévérité et l'inflexibilité de son caractère. **Ses troupes se mutinèrent** et refusèrent opiniâtrément de suivre leur général. Lucullus fut obligé de repasser le Taurus ; il vint mettre le siége devant **Nisibis**, s'en empara et y prit ses quartiers d'hiver. Mithridate et Tigrane rentrèrent dans leurs États. Une grande partie de l'armée romaine força son chef à lui donner congé, et Lucullus fut dès lors hors d'état de rien entreprendre.

393. *Pourquoi Lucullus fut-il rappelé à Rome et comment y passa-t-il le reste de sa vie ?* Le peuple accusait Lucullus de prolonger la guerre pour augmenter ses richesses, et le tribun **Manilius** proposa une loi qui donnait le gouvernement de l'Asie à **Pompée**, déjà nommé l'année précédente au proconsulat des mers pour détruire les pirates de Cilicie, et qui était alors l'idole des Romains. **Lucullus**, de retour **à Rome** et dégoûté de la gloire par l'inconstance de ses concitoyens, consacra le reste de sa vie à l'étude et aux plaisirs. Il se rendit célèbre par la voluptueuse pro-

fusion de ses **festins** et par sa **magnificence**. Il rassembla une riche **bibliothèque** qu'il ouvrit au public. Il rapporta, dit-on, de Cérasonte à Rome le **cerisier.**

394. *Quels furent les exploits de Pompée en Asie?* Après avoir vaincu les **pirates de Cilicie**, Pompée rassembla toutes les légions de Lucullus et marcha contre **Mithridate ;** il le battit dans une grande bataille de nuit **sur les bords de l'Euphrate** en **66.** Mithridate prit de nouveau la fuite et se retira sur le Bosphore. **Tigrane** se soumit, livra son fils comme otage, et paya 6,000 talents (13,300,000 fr.). Pompée châtia ensuite les **tribus albaniennes et ibériennes** du Caucase, puis, se dirigeant vers le sud, il soumit la **Syrie**, et, intervenant dans les querelles de la Judée, il entra à **Jérusalem** et remplaça Aristobule par Hyrcan II. La mort de Mithridate le rappela vers le Bosphore.

395. *Quelle avait été la fin de Mithridate?* Abandonné de Tigrane qui lui avait refusé l'entrée de ses États, Mithridate s'était réfugié dans la Chersonèse Taurique, d'où il méditait de porter la guerre en Italie, lorsque la révolte de son fils **Pharnace** l'avait réduit au désespoir et l'avait décidé, en **63**, à se donner la mort. Pompée lui fit faire des obsèques magnifiques et le fit déposer dans le tombeau de ses aïeux, à **Sinope.**

396. *Comment Pompée, après la ruine de Mithridate, disposa-t-il des contrées de l'Asie?* Pompée accorda l'**Arménie** à Tigrane, la **Cappadoce** à Ariobarzane, le **Bosphore** à Pharnace, la **Judée** à Hyr-

can II, réduisit le roi de Syrie, Antiochus XIII, à la possession de la **Comagène**; tous ces petits princes demeurèrent dans la dépendance de Rome. Indépendamment de l'ancienne province d'**Asie**, formée dans l'Asie Mineure du royaume de Pergame, les provinces maritimes du nord, la Bithynie, la Paphlagonie et le Pont constituèrent, sous le nom de **Bithynie**, une province romaine; les pays maritimes du sud en formèrent une autre sous le nom de **Cilicie**; la Phénicie et la Syrie encore une autre sous le nom de **Syrie**.

---

§ IX. — Conjuration de Catilina.

En l'an soixante-trois le consul Cicéron
Poursuit Catilina, confond sa faction,
Et par Rome est nommé père de la patrie.

397. *Que se passait-il à Rome pendant que Pompée soumettait l'Asie ?* Un patricien, nommé **Catilina**, qui s'était déshonoré de bonne heure par ses vices et ses crimes, indigné d'avoir essuyé un refus dans la demande du consulat, forma, de concert avec plusieurs Romains de distinction, le projet d'égorger les consuls et les sénateurs, d'incendier la ville et de piller le trésor public. Le célèbre orateur **Cicéron**, qu'on nomma alors consul, découvrit la conspiration par sa vigilance, la fit échouer par son habileté, et l'an **63** reçut pour récompense le glorieux surnom de **Père de la Patrie**.

398. *Quelle fut la fin de Catilina?* Catilina se retira en Étrurie, se mit à la tête des révoltés, et malgré des prodiges de valeur dignes d'une meilleure cause, il fut vaincu et périt en **62**, dans un dernier combat qui lui fut livré à **Pistoria** par Pétréius, lieutenant d'Antonius, collègue de Cicéron.

---

§ X. — **César. Premier triumvirat. Conquête des Gaules. Rivalité de César et de Pompée.**

> Rempli d'ambition, puissant par son génie,
> César veut à tout prix tenir le premier rang.
> En neuf ans de la Gaule il est le conquérant;
> Crassus mort, à Pompée il déclare la guerre
> Et vainqueur à Pharsale est maître de la terre.

399. *Que fit Pompée à son retour d'Asie?* Après avoir réglé le sort des provinces de l'Orient, Pompée revint à Rome. Comme le pouvoir qu'il exerçait sur les troupes donnait de l'ombrage au sénat, il licencia son armée en arrivant en Italie; les honneurs du triomphe lui furent accordés. Il demanda ensuite la ratification de tous les actes de son généralat, et des terres pour ses soldats; mais le sénat repoussa ses prétentions. Pompée, irrité contre les patriciens, se rapprocha de la faction populaire. **Il se ligua avec Crassus et avec Jules César,** dont il épousa la fille Julie.

400. *Quels furent les commencements de César?* Neveu de la femme de Marius, Jules César avait été proscrit par Sylla dans sa jeunesse. Il fit connaître de bonne heure le penchant qu'il avait à dominer ; fait prisonnier par les pirates de Cilicie, lorsqu'il était en Asie, il sut leur parler en maître, s'en faire respecter et les châtier après avoir recouvré sa liberté. Il s'adonna à l'éloquence, et conçut le projet de parvenir aux plus hautes dignités de la république en relevant la faction populaire.

401. *Quels sont les autres faits importants de la jeunesse de César ?* César brigua et obtint, en **63,** la charge de **grand pontife**. S'étant lié avec les ennemis du sénat, il fut soupçonné d'avoir pris part à la conjuration de Catilina, et dut la vie à Cicéron dans cette circonstance. Nommé **préteur,** puis **édile**, il éblouit le peuple par la somptuosité des fêtes qu'il lui offrait. A la fin de sa préture, il se servit du crédit de Pompée, son gendre, pour se faire donner le département de l'**Espagne** ; il pacifia cette province et en régla le gouvernement civil. Comme en allant prendre possession de son gouvernement, il traversait un pauvre village des Alpes, un de ses amis demanda en riant si là, comme à Rome, on briguait les charges : « **J'aimerais mieux,** dit César, **être ici le premier que le second dans Rome.** »

402. *Que fit César à son retour d'Espagne ?* En l'an **60,** César forma avec Pompée et Crassus une alliance secrète dont le but était l'asservissement du sénat ; c'est ce que l'on nomme le **premier triumvirat**. Il se fit nommer ensuite **consul**, et flatta le peuple en faisant passer les lois les plus populaires, malgré son collègue Bibulus. Employant tour à tour a douceur et l'autorité, l'adresse et l'audace, il se rendit maître des esprits, fit confirmer tous les actes du généralat de Pompée, puis il demanda et obtint en l'an **59** le gouvernement pour cinq ans de l'**Illyrie** et de la **Gaule Cisalpine**, partie septentrionale de l'Italie qui avait pour limites au sud l'Arno et le Rubicon. Il y fit presque aussitôt après joindre celui de la **Gaule Transalpine.**

403. *Que firent les triumvirs pour assurer le succès de leur cause ?* Ils firent écarter, par l'entremise du tribun **Clodius**, les chefs du sénat, **Cicéron** et **Caton**. Le premier fut envoyé en exil. Le second, arrière-petit-fils de Caton le Censeur, inflexible et d'une austère vertu, fut chargé de déposer **Ptolémée**, roi de **Chypre**, et de soumettre l'île, qui fut annexée à la province de Cilicie ; il recueillit les trésors de Ptolémée et les rapporta à Rome avec une scrupuleuse fidélité.

404. *Comment finit l'exil de Cicéron ?* Après le départ de César pour les Gaules, Clodius chercha à s'élever au-dessus des triumvirs qui l'avaient protégé, et **Pompée sentit** alors **qu'il aurait besoin de Cicéron** pour l'opposer à l'audacieux tribun ; le peuple et le sénat se repentaient d'ailleurs d'avoir abandonné celui qui les avait sauvés des fureurs de Catilina. Milon, collègue et adversaire de Clodius, soutint la cause de l'illustre banni, qui fut rappelé à Rome en l'an **57 ; sa rentrée fut un véritable triomphe.**

405. *Quel était l'état de la Gaule soixante ans avant J.-C. ?* Lorsque César obtint le gouvernement des Gaules, la Gaule proprement dite, que les Romains appelaient Transalpine (notre France actuelle, mais étendue jusqu'au Rhin), était occupée par trois grandes familles : au sud-ouest les **Aquitains**, appartenant à la race ibérienne ; au centre, de la Garonne à la Seine, les **Celtes ou Gaulois** proprement dits ; au nord, de la Seine au Rhin, les **Belges**. Les divers peuples qui habitaient la Gaule formaient des confédérations rivales et perpétuellement en guerre les unes avec les autres. Le pays qui s'étendait de Genève à Toulouse reconnaissait l'autorité du sénat et formait ce qu'on appelait la **Province romaine** (*voy.* n° 332).

406. *Parmi ces peuples divers, quels étaient les plus remarquables ?* Les principaux de ces peuples étaient, parmi les Celtes : les **Eduens**, sur la Loire et la Saône, amis et alliés des Romains ; les **Séquanes**, entre le Jura, le Rhône et la Saône ; les **Arvernes** dans les Cévennes ; les **Carnutes**, entre la Seine et la Loire, dont le pays était le centre de la religion druidique ; à l'ouest, la confédération des **cités armoricaines**, où les Vénètes, puissants par leur marine, tenaient le premier rang ; et parmi les Belges, les **Rèmes** entre la Marne et l'Oise, et les **Morins** au nord-ouest.

407. *Quels furent le but et la politique de César, nommé au gouvernement des Gaules ?* César méditait la conquête de toute la Gaule, où il devait trouver du butin, de la gloire, et se faire une **armée à lui**. Il sut aussi, au sein de ce pays même, se ménager pour alliés les Éduens, les Allobroges, les Rèmes, et **il se servit des Gaulois pour vaincre les Gaulois** eux-mêmes. Toutefois, il lui fallut pour les dompter **neuf ans** d'une guerre très-active.

408. *Quelle occasion César saisit-il pour faire la guerre dans la Gaule?* Les **Helvétiens** (Suisses), se trouvant trop resserrés entre le Rhin et leurs montagnes, voulaient s'établir dans la Gaule, sur les côtes de l'Océan. César leur ayant fermé le passage par la province romaine, ils traversèrent, en le ravageant, le pays des Éduens. Trop faibles pour se défendre contre ces invasions, les **Éduens** et les **Séquanes** réclamèrent l'assistance des Romains.

409. *Quels furent les premiers succès de César dans les Gaules?* En l'an **58**, César battit près d'Autun et repoussa de la Gaule les **Helvétiens**. Cette première invasion repoussée, il se tourna, à la prière des Gaulois, contre **Arioviste**, roi des Suèves, les plus belliqueux des Germains. Opprimés par les Eduens, les Séquanes avaient appelé Arioviste à leur secours. Il avait franchi le Rhin et battu les Eduens; mais une fois entré dans la Gaule il n'en voulait plus sortir. Fidèle à la politique des Romains, qui se présentaient comme les libérateurs des peuples qu'ils voulaient soumettre, César attaqua Arioviste et le força de repasser en Germanie. Ayant ainsi terminé deux guerres dans une campagne, il mit ses troupes en quartier d'hiver et revint dans la Gaule

Cisalpine d'où il pouvait contenir ses ennemis dans Rome.

410. *Quelle nouvelle guerre vint troubler le repos de César ?* Les **Belges** résolurent de venger les Germains et de s'opposer aux progrès des Romains dans les Gaules. César marcha rapidement sur les bords de l'Aisne, en **57**, repoussa les Belges, prit Soissons, Beauvais, Amiens ; il s'avança ensuite contre les **Aduatiques** ou peuples de Namur, et s'empara de leur capitale, tandis que ses lieutenants lui soumettaient l'Armorique et d'autres parties des Gaules.

411. *Quelle démarche fit César après sa campagne contre les Belges ?* **César** jugea nécessaire de conférer avec **Crassus** et **Pompée** sur leurs intérêts communs, et vint en **56** trouver Crassus à Ravenne et Pompée à Lucques pour renouveler leur triumvirat. Ils **partagèrent l'empire** comme leur patrimoine : César obtint pour cinq ans la prolongation du gouvernement des deux Gaules et de l'Illyrie ; Pompée et Crassus se réservèrent le consulat pour l'année suivante ; le premier eut le gouvernement des provinces d'Afrique et d'Espagne, et le second celui de la Syrie, parce qu'il se proposait de faire la guerre aux Parthes. Telle était leur puissance, que le sénat adopta ce qu'ils avaient arrêté entre eux. Pompée aima mieux rester en Italie, et se contenta d'envoyer des lieutenants dans son gouvernement.

412. *Que se passa-t-il alors dans les Gaules ?*

En l'an **56,** plusieurs soulèvements eurent lieu dans les Gaules en l'absence de César, mais ils furent tous réprimés par ses lieutenants. En l'an **55,** César, apprenant que des **Germains** avaient traversé le Rhin, marcha sur eux, les fit fuir, franchit lui-même le fleuve, et jeta la terreur parmi les tribus voisines. Puis il se hâta de repasser le Rhin, et, ayant traversé les Gaules, il fit deux descentes dans l'**île de Bretagne** (Angleterre), dont les habitants étaient jusque-là inconnus aux Romains ; il battit les Bretons, leur demanda des otages, et leur fit promettre de payer un tribut annuel.

413. *Contre quelles difficultés César eut-il à lutter quand il repassa de la Bretagne dans les Gaules?* En revenant de la Bretagne dans les Gaules en **54,** César trouva ce pays désolé par la famine ; il fut obligé de disperser ses légions pour les faire vivre. **Ambiorix**, chef des Eburons (pays de Troyes), profita de cette circonstance pour attaquer les Romains ; il détruisit une légion, et attaqua séparément Q. Cicéron, frère de l'orateur. César, averti du péril de ses soldats, accourut à la tête de 7,000 hommes et battit 60,000 Gaulois ; par cette victoire il retint sous sa domination la Gaule prête à se soulever. Les Eburons furent exterminés.

414. *Quel grand effort les Gaulois firent-ils ensuite pour recouvrer leur indépendance?* Pendant que César, dans l'hiver de **52,** était en Italie, il se forma parmi les Gaulois contre les Romains une **ligue** formidable dont le chef fut un jeune prince des Arver-

nes nommé **Vercingétorix**. Les Romains établis à **Genabum** (Orléans) furent massacrés, et le même jour la nouvelle en fut portée par des **crieurs** disposés sur la route jusqu'à **Gergovie** (au S. et près du Clermont-Ferrand moderne), où habitait Vercingétorix. Ce fut le signal d'une vaste insurrection, à laquelle les **Rèmes** seuls demeurèrent étrangers. César, ayant appris ce qui se passait dans la Gaule, accourt d'Italie, franchit les **Cévennes** malgré six pieds de neige, rejoint ses légions, reprend **Genabum** (Orléans) et **Avaricum** (Bourges), échoue devant **Gergovie** que défend Vercingétorix, puis le rencontre près de la Saône. Là se livre un combat furieux où César court un tel danger qu'il laisse son **épée** aux mains de l'ennemi, mais il est vainqueur et le chef gaulois va s'enfermer dans **Alésia** (près de Semur), une des plus fortes places de la Gaule, avec 90,000 hommes.

415. *Comment se termine enfin la conquête de la Gaule ?* Vercingétorix se défend **sept mois** dans Alésia contre César qui a 60,000 hommes et leur fait exécuter de prodigieux travaux de siège. De tous les points de la Gaule 250,000 Gaulois se rassemblent pour délivrer leurs frères. Ils viennent se briser contre les lignes, la tactique et les machines des légions romaines. Prise d'une terreur panique, l'armée de délivrance se disperse ; la garnison d'Alésia **capitule**. Vercingétorix, monté sur son cheval de bataille et couvert de sa plus riche armure, arrive au galop jusqu'en face du tribunal de César ; il caracole, il descend, il jette aux pieds du Romain son javelot, son casque et son épée. Il espérait obtenir sa grâce. Il est chargé de chaînes et emmené à Rome. Après six ans de captivité, il orna le triomphe de César et mourut de la main du **bourreau**, suivant le barbare usage des Romains qui souillaient leurs fêtes du sang des vaincus. Le désastre d'Alésia fut bientôt suivi, en **50**, de la soumission définitive de la Gaule. César fit de tout le pays qu'il avait conquis une seconde **province romaine** (1) sous le nom de **Gaule Transalpine** ou de **Gaule chevelue** (2). Après avoir dompté les Gaulois, il eut pour les gagner **des ménagements habiles;** il leur laissa leurs lois, leurs chefs, leurs biens, et leur imposa seulement un tribut de **40 millions de sesterces** (9 millions et demi de nos francs). Les Gaulois adoptèrent la langue de leurs vainqueurs ; la Gaule devint romaine.

416. *Que faisaient Pompée et Crassus à Rome tandis que César soumettait les Gaules?* Nommés consuls par la violence, **Pompée** et **Crassus** s'opposèrent à la préture de Caton. Pour s'attacher le peuple, Pompée fit construire le premier **théâtre** permanent qu'on eût vu à Rome. Crassus, malgré les murmures du peuple et l'imprécation du tribun **Atéius**, se préparait à remplacer **Gabinius** en Asie et à porter la guerre chez les Parthes.

417. *Quels événements s'étaient passés en Asie*

---

(1) La première était la *province* proprement dite, la Gaule Narbonnaise, voir le n° 332. — (2) Ainsi appelée à cause des longs cheveux que portaient ses habitants.

pendant le gouvernement de Gabinius ? Après le départ de Pompée, la tranquillité de la Judée avait été de nouveau troublée par **Alexandre**, fils d'Aristobule, et par **Aristobule** lui-même, qui, s'étant échappé de Rome, voulait reprendre sa couronne. **Gabinius** les vainquit et les renvoya prisonniers à Rome ; puis il marcha contre les **Arabes** et entra ensuite en Égypte, où il rétablit **Ptolémée Aulète**, que ses sujets avaient chassé pour mettre à sa place sa fille Bérénice. C'est dans cette expédition que Marc Antoine commença à se faire connaître. **Gabinius** se proposait de porter la guerre chez les Parthes lorsque Crassus arriva en Asie.

418. *Quels sont les principaux faits de l'expédition de Crassus en Asie ?* **Crassus** eut d'abord quelques succès contre les **Parthes ;** mais, au lieu de les poursuivre, il revint hiverner dans la Syrie qu'il accabla d'impôts : poussé par son insatiable cupidité, il pilla le temple de **Jérusalem ;** il reprit ensuite la guerre contre les Parthes. Cette seconde expédition fut malheureuse ; vaincu à **Charres** près de l'Euphrate, en **53**, dans une bataille où son fils perdit la vie, il se réfugia dans la ville même et périt dans une entrevue avec **Suréna**, général des Parthes. **Cassius**, son questeur, sauva les faibles débris de son armée. Les Parthes reprirent ce qui leur avait été enlevé de la Mésopotamie, mais la fermeté de **Cassius** préserva le territoire romain de leur invasion.

419. *Comment Pompée cherchait-il à augmenter son pouvoir à Rome ?* Ayant perdu sa femme **Julie**, fille

de César, seul lien qui l'unissait au conquérant des Gaules, **Pompée** voulut contre-balancer l'influence de plus en plus menaçante de César, en embrassant le **parti du sénat** contre le peuple. Dès ce moment, Pompée devint le **chef de l'aristocratie**. Rome fut alors remplie de troubles excités par les intrigues de ceux qui briguaient le consulat. Pompée fomenta lui-même ces troubles et en profita pour se faire nommer **seul consul**, en **53**.

420. *Quel meurtre avait été commis au milieu de tout ce désordre?* **Clodius**, depuis longtemps connu par ses intrigues et ses violences, fut tué par un esclave de **Milon**, un des candidats au consulat, dans une querelle qui s'était élevée entre les gens de leur suite. Milon fut cité en jugement; **Cicéron**, son défenseur, troublé par les clameurs des partisans de Clodius qui remplissaient le Forum, plaida moins bien que de coutume. Milon, voyant sa cause perdue, s'exila pour prévenir une condamnation capitale. Il partit pour **Marseille**. Cicéron écrivit après le procès le beau discours que nous avons encore.

421. *Quelle charge exerça Cicéron dans l'année qui suivit le procès de Milon?* **Cicéron** fut, en **49**, envoyé comme proconsul en Cilicie. Quoique peu habile à la guerre, il sut se faire craindre des ennemis, obtint plusieurs succès militaires, et reçut de ses soldats le titre d'**imperator**; mais ce qui surtout lui fit honneur, ce fut l'équité, la douceur, le désintéressement qu'il montra dans son administration.

422. *Quelle était la commune ambition de Pompée*

et de César, et par quels moyens différents poursuivaient-ils leur but ? **César** et **Pompée** s'étaient tous les deux élevés à un trop haut degré de puissance pour ne pas vouloir être, chacun à l'exclusion de l'autre, **l'arbitre de la république ;** mais Pompée, qui ne supportait pas de supérieur, laissait quelque espérance aux amis de la liberté ; tandis que César, qui n'admettait pas d'égal, menaçait de tout asservir. Le premier voulait devoir la puissance aux **suffrages** de ses concitoyens, le second la regardait comme une conquête promise à ses **armes.**

423. *Quel parti décisif prit César ?* Le moment était venu où le commandement de **César** allait cesser ; il demanda le consulat, quoique absent de Rome, et ne put l'obtenir malgré ses intrigues. Le sénat prenant parti pour Pompée, ordonna à César de licencier son armée sous peine d'être déclaré ennemi de la république. La guerre fut alors inévitable entre les deux rivaux. Après de vaines négociations, César, en **49**, passa le **Rubicon**, petite rivière qui séparait la Gaule Cisalpine, son gouvernement, du reste de l'Italie. En franchissant les bornes de sa province les armes à la main, malgré les ordres du sénat, il se mettait en rébellion ouverte contre la république.

424. *Quels furent les succès de César depuis le passage du Rubicon jusqu'au moment où il fut nommé dictateur ?* **César** soumit l'**Italie** en deux mois, pendant que Pompée, avec ses troupes et ses partisans, se dirigeait vers l'Épire. Maître de l'Italie, de la Sicile et de la Sardaigne, César passa en **Es-**

pagne où il défit **Afranius** et **Pétréius**, lieutenants de Pompée. Il retourna ensuite en Italie, y fut nommé **dictateur**, dignité qu'il échangea contre le consulat.

425. *Comment se termina la lutte entre César et Pompée?* César se hâta d'aller en Grèce pour combattre Pompée, que le sénat, réuni dans son camp à Thessalonique, avait nommé seul chef de la république. César n'avait avec lui que cinq légions, et comme le reste de ses troupes n'arrivait point assez promptement parce que la flotte de Pompée bloquait les côtes, il résolut un jour d'aller chercher lui-même l'armée que lui amenait Marc-Antoine. Déguisé en esclave, il se jeta dans un frêle esquif. Une tempête s'étant élevée, le patron effrayé voulait rentrer en rade. « Que peux-tu craindre? s'écria l'illustre passager, **tu portes César et sa fortune.** » Antoine ayant heureusement débarqué avec ses légions, César et Pompée se trouvèrent en présence à **Dyrrachium**. César y reçut un échec. Il conduisit ses troupes en Thessalie, et, près de **Pharsale**, le 20 juin de l'an **48** av. J.-C., il vainquit Pompée dans une bataille décisive. Après sa défaite, **Pompée**, poursuivi par son rival, s'enfuit à **Alexandrie;** mais, au moment où il débarquait, il fut assassiné par l'ordre de Photin, ministre du jeune roi d'Égypte Ptolémée Denys. César, en arrivant à Alexandrie, ne put retenir ses **larmes,** lorsqu'il apprit la fin tragique de son rival.

426. *Que devinrent les partisans de Pompée après*

la mort de leur chef? Les principaux chefs du parti sénatorial délibérèrent à Corcyre sur les mesures qu'ils avaient à prendre : **Cicéron** se retira à Brindes ; **Caton** accepta le commandement de la flotte, se dirigea vers la Libye et fut reçu dans Cyrène ; **Métellus Scipion** résolut de se rendre en Afrique et d'implorer le secours de Juba, roi de Mauritanie ; **Cassius**, avec dix vaisseaux, voulut soulever Pharnace, roi du Bosphore, contre César ; mais ce dernier, pendant qu'il poursuivait Pompée, rencontra cette flottille et l'obligea à se rendre ; **Marcellus**, qui, étant consul, avait déclaré César ennemi de la patrie, s'exila à Mitylène ; enfin les deux fils de Pompée, **Cnéius** et **Sextus**, se rendirent en Espagne, où ils rassemblèrent une puissante armée.

427. *Quel était l'état de l'Égypte, et quels événements se passèrent dans ce pays lorsque César y arriva?* **Cléopâtre** disputait le trône à son frère Ptolémée Denys. **César** se porta d'abord pour arbitre entre le frère et la sœur ; mais il se laissa séduire par les artifices de Cléopâtre, et soutint pour elle une lutte dangereuse contre les partisans de Ptolémée. Assiégé dans **Alexandrie**, il incendia la flotte égyptienne. Le feu se communiqua à la riche **bibliothèque** fondée par les premiers Ptolémées, et en consuma la plus grande partie. Repoussé de l'île de Pharos, César n'eut que le temps de se sauver à la nage, tenant ses **commentaires** dans une main. Il sortit cependant vainqueur de cette guerre qui dura six mois, et dans laquelle périt Ptolémée Denys. César donna la cou-

ronne à Cléopâtre qui s'était emparée de son esprit, et qui le retint quelque temps en Égypte.

428. *Où César porta-t-il ses armes après avoir pacifié l'Égypte?* **César** marcha contre **Pharnace**, fils de Mithridate, qui s'était emparé de plusieurs provinces. Il traversa rapidement la Syrie et la Cilicie, atteignit Pharnace, le vainquit et termina cette guerre avec tant de célérité, qu'il put écrire à un ami à Rome : « **Veni, vidi, vici**, Je suis venu, j'ai vu, j'ai vaincu. » Après avoir pacifié l'Asie, il revint, en **47**, à Rome, où il avait été de nouveau nommé dictateur par ses partisans en son absence.

Juba meurt en Afrique ainsi que Scipion.
Avec la liberté voulut périr Caton.

429. *Comment la cause de Pompée, qui semblait être celle de la liberté, fut-elle perdue en Afrique?* **César**, après avoir rétabli dans Rome la tranquillité qu'avait troublée l'indigne conduite d'Antoine, son maître de la cavalerie, passa en **Afrique**, où il vainquit près de **Thapsus**, en **46**, **Métellus Scipion** et **Juba**. Le premier n'échappa à la captivité qu'en se perçant de son épée. Le second, abandonné de ses sujets, se retira dans une maison de campagne avec **Pétréius**, et s'y fit servir un repas splendide, à la suite duquel les deux convives se donnèrent la mort. **Caton**, persuadé qu'il ne devait pas survivre à la liberté, mit fin à ses jours dans **Utique**, qu'il s'était chargé de défendre.

430. *Quelles circonstances accompagnèrent la mort de Caton?* Avant de se percer de son épée, il lut le traité de Platon sur l'immortalité de l'âme. Il ne réussit pas à se tuer sur-le-champ ; on pansa sa blessure, il la rouvrit et expira. César en apprenant sa mort s'écria : « **Caton, pourquoi m'as-tu enlevé la gloire de te sauver la vie ?** »

§ XI. — Dictature de Jules César.

César partout triomphe ; il réforme l'année,
Et défait à Munda les deux fils de Pompée.
L'ingrat Brutus l'immole au milieu du sénat.

431. *Quels honneurs furent décernés à César après la soumission de l'Afrique?* De retour à Rome César triompha quatre fois pour les guerres des Gaules, d'Égypte, du Pont et d'Afrique. Le sénat, par un décret plein de flatterie et de bassesse, ordonna que sa statue fût placée dans le Capitole en face de Jupiter, avec cette inscription : « **A César, demi-dieu.** » Le peuple lui accorda la **censure** pour trois ans et la **dictature** pour dix, avec le droit de se faire précéder de 72 licteurs.

432. *Quel usage César fit-il du pouvoir absolu?* César rétablit l'**ordre** dans l'Italie et surtout dans Rome. Il releva Carthage et Corinthe où il envoya des colonies ; il encouragea l'agriculture, donna des terres à ses vétérans, publia des lois qui avaient pour but de réparer les maux causés par les troubles civils, usa de **clémence** envers ses ennemis, et rappela à Rome **Marcellus** qui, consul, l'avait déclaré ennemi de la patrie, et **Ligarius** qui, à Thapsus, avait combattu contre lui. Il fit entrer dans le sénat des hommes nouveaux, même des **Gaulois**, et donna le droit de cité à tous les Gaulois dont il avait formé une légion romaine, dite de l'**alouette**, parce qu'une alouette était représentée sur leurs casques.

433. *Quelle réforme fit-il au calendrier ?* Il corrigea une erreur de 67 jours qui s'était introduite dans le calendrier par une suite d'intercalations vicieuses, et établit l'année solaire de 365 jours, avec un jour de plus tous les quatre ans. Cette réforme est connue sous le nom de **Calendrier Julien.**

434. *Quelle fut la dernière expédition de César, et quels nouveaux honneurs reçut-il ensuite ?* Quatre mois après être revenu d'Afrique, **César** alla combattre en **Espagne** les deux fils de Pompée qui y avaient allumé une guerre des plus dangereuses. Il les vainquit tous les deux dans la sanglante et décisive bataille de **Munda**, l'an **45. Cnéius Pompée** périt dans sa fuite, **Sextus** se réfugia chez les Celtibériens. C'est dans cette guerre que César commença à produire son petit-neveu **Octave**. L'Espagne fut soumise. Ce fut le dernier exploit de César qui, dans l'espace de cinq ans, termina victorieusement et en personne six guerres, en volant avec ses légions d'une partie du monde à l'autre. Il fut alors nommé dictateur perpétuel, et le mois **quintilis**, dans equel

il était né, reçut le nom de **julius** (juillet) en son honneur.

435. *Quel projet formait César parvenu au faîte du pouvoir ?* **César** projetait d'aller porter la guerre chez les **Parthes**, de dessécher les marais Pontins, et d'établir à Ostie un grand port militaire; en même temps il songeait à réunir en un seul code les lois romaines, à établir des bibliothèques publiques, etc. Tout en formant ces vastes desseins, il aspirait visiblement au titre de **roi**; **Antoine**, alors consul, lui offrit même le **diadème** en public, pendant qu'on célébrait la fête des Lupercales. Les murmures du peuple contraignirent César à le refuser.

436. *Comment César fut-il arrêté au milieu de tous ses projets ?* **Brutus** et **Cassius**, à la tête des républicains, tramèrent contre lui une **conspiration**, et, au jour fixé, le 15 mars de l'an **44**, les conjurés le frappèrent de 23 coups de poignard. En le voyant au nombre de ses assassins, il s'écria : « **Et toi, aussi, mon fils Brutus!** » Il se couvrit le visage avec sa toge et expira aux pieds d'une statue de Pompée. Il avait 55 ans.

437. *Quelles furent les premières conséquences de cet événement ?* La consternation se répandit dans Rome; les conjurés virent que le peuple n'était pas pour eux; ils avaient, par un crime, mis à mort un maître qui lui était cher par son génie militaire et par sa générosité, et il n'était pas en leur pouvoir de faire renaître la vieille république romaine. Il se forma toutefois **deux partis** : l'un soutenait les conjurés, l'autre voulait venger la mort du dictateur. Le consul **Marc Antoine,** qui aspirait à remplacer César, se mit d'abord à la tête de ce dernier parti. Sous prétexte de conserver la paix publique, le sénat ratifia tous les actes du dictateur, et rendit un décret d'absolution pour les conjurés ; il confirma la **distribution des provinces** que César avait faite peu de temps avant sa mort, distribution à laquelle avaient eu part les conjurés. Cassius eut la Syrie et Brutus la Macédoine et l'Illyrie ; tous les deux quittèrent l'Italie.

438. *Que fit le consul Marc Antoine dans cette circonstance?* Voulant émouvoir le peuple pour l'employer à ses desseins ambitieux, le consul **Marc Antoine** célébra dans le Forum, avec une grande pompe, les **funérailles** du dictateur et fit donner lecture de son **testament,** par lequel il laissait au peuple ses jardins le long du Tibre et à chaque citoyen 500 sesterces (140 de nos francs environ); puis sans avoir égard à l'amnistie publiée par le sénat, il prononça, pour exciter la multitude contre les meurtriers, un discours, au milieu duquel il montra la **robe ensanglantée** du dictateur. Il devint tout-puissant à Rome et il fit rappeler **Sextus Pompée,** qui obtint, comme son père, le commandement des flottes de la république.

439. *Qui vint bientôt disputer à Antoine la succession de César?* **Octave,** n'ayant encore que 18 ans, petit-neveu et fils adoptif de César, vint réclamer les droits que lui donnaient le testament et l'adoption

de son grand-oncle, dont il prit le nom ; il s'attacha ses vétérans ; **Cicéron** le soutint de tout son crédit, mit le sénat dans ses intérêts et prononça les premières de ses fameuses **Philippiques** (1) contre Antoine.

440. *Quelle fut la guerre civile dite de Modène ?* Antoine ayant voulu se mettre par la force en possession de la Gaule Cisalpine, les deux consuls **Hirtius** et **Pansa** furent envoyés avec Octave pour le combattre. **Antoine**, vaincu près de **Modène**, fut déclaré ennemi public et alla rejoindre **Lépide** qui avait le gouvernement de la Gaule Transalpine. Hirtius et Pansa avaient été tués dans cette guerre. Octave, à l'aide de ses légions, s'empara du consulat.

§ XII. — Second triumvirat.

Rome gémit bientôt sous le triumvirat.
De Cicéron Antoine a demandé la tête.
Vers ce temps, de Brutus la mort suit la défaite.
De Cléopâtre Antoine est follement épris.
Octave donne aux siens les terres des proscrits.
Vainqueur l'an trente et un sur les côtes d'Epire,
Près d'Actium, du monde il a conquis l'empire.
L'an trente il ferme enfin le temple de Janus.

441. *Comment fut établi le second triumvirat ?* **Octave**, voulant anéantir le parti républicain et

---

(1) Ces harangues furent ainsi nommées parce qu'elles eurent pour objet d'animer les Romains contre Antoine, comme Démosthènes avait animé les Athéniens contre Philippe.

détruire l'autorité du sénat, crut utile à ses vues ambitieuses de s'unir à **Antoine** et à **Lépide** et entama avec eux des négociations. Tous trois, dans une conférence qui eut lieu près de Bologne, en **43,** convinrent de se déclarer, sous le titre de **triumvirs,** les chefs de la république, et ils en partagèrent entre eux les provinces et les légions ; puis ils prirent des mesures pour abattre les restes du parti républicain.

442. *Quel fut le premier usage que les triumvirs firent de leur autorité ?* Comme ils avaient besoin d'argent pour faire la guerre et pour satisfaire aux prétentions des légions, ils dressèrent des **listes de proscription,** firent périr les citoyens riches et puissants qui leur donnaient de l'ombrage, et s'emparèrent des dépouilles de leurs victimes.

443. *Comment finit Cicéron dans la proscription des triumvirs ?* Antoine qui avait juré à **Cicéron** une haine implacable à cause de ses Philippiques, demanda sa tête à Octave qui eut la lâcheté de la lui accorder. Apprenant que son nom était sur la liste des proscrits, Cicéron songeait à passer en Macédoine ; il avait essayé de s'embarquer ; la mer était mauvaise, il ne put la supporter, et vint se reposer dans sa villa de **Formies.** Bientôt arrivèrent les satellites d'Antoine commandés par un certain **Popilius,** que le grand orateur avait autrefois sauvé par son éloquence d'une accusation de parricide. Cicéron était dans sa litière, il la fit poser à terre, arrêta ses esclaves qui s'apprêtaient à le défendre et tendit le

cou aux meurtriers. Ils lui coupèrent la tête et une main. Ces tristes restes furent attachés à la tribune aux harangues.

444. *Quels ennemis les triumvirs avaient-ils encore à combattre?* Le parti républicain n'était pas encore anéanti; **Brutus** et **Cassius** s'étaient rendus maîtres de la Macédoine et de l'Orient; **Sextus Pompée** avec ses flottes s'était emparé de l'Espagne, de la Sicile, de la Corse et de la Sardaigne. **Octave** et **Antoine** se chargèrent de faire la guerre en Orient, **Lépide** resta à Rome pour s'occuper du gouvernement de l'Italie.

445. *Comment le parti de la république perdit-il ses derniers appuis?* **Cassius**, puis **Brutus**, furent vaincus près de **Philippes** en Macédoine, dans une double bataille, par les troupes d'Antoine et d'Octave, l'an **42**, et l'un et l'autre après leur défaite ils se donnèrent la mort.

446. *Que firent Antoine et Octave après la bataille de Philippes?* **Antoine** se rendit en Asie pour régler le sort des provinces d'Orient, et de là à **Alexandrie** où il oublia, auprès de Cléopâtre, reine d'Egypte, ses propres intérêts et ceux de sa patrie. Il chargea son lieutenant **Ventidius** de tenir tête aux Parthes, et mit **Hérode l'Ascalonite** sur le trône de Judée. **Octave** retourna à **Rome** et donna à ses soldats les terres des proscrits.

447. *Quelle guerre civile éclata alors en Italie et comment finit-elle?* **Fulvie**, épouse délaissée d'Antoine, méchante femme qui s'était fait apporter la

tête de Cicéron et lui avait percé la langue avec un poinçon d'or, excita la **guerre civile** dite **de Pérouse.** Elle poussa son beau-frère **Lucius Antonius** à prendre les armes contre Octave. **Agrippa,** le meilleur officier d'Octave, força Antonius et Fulvie à s'enfermer dans la ville de Pérouse qui eut à souffrir une horrible famine et fut détruite. Antonius se rendit, **Octave** resta seul maître de l'Italie ; Fulvie s'enfuit en Grèce où elle mourut du chagrin que lui causait la passion d'Antoine pour Cléopâtre. **Antoine** sortit alors de sa honteuse inaction, et s'étant réconcilié avec Sextus Pompée, il débarqua à Brindes. Antoine et Octave étaient en présence et allaient commencer le combat lorsqu'ils se rapprochèrent ; **le mariage d'Antoine avec Octavie,** sœur d'Octave, veuve de Claudius Marcellus, fut le gage de leur réconciliation. Ils se partagèrent de nouveau l'empire en **40 ;** Octave garda l'Occident, **Antoine** l'Orient, et **Lépide** l'Afrique.

448. *Comment Octave se débarrassa-t-il de Sextus Pompée ?* Octave nourrissait depuis longtemps le désir de se défaire de **Sextus Pompée.** Ce dernier, poussé à bout, arma ses flottes et vint menacer les côtes de l'Italie. Octave, ayant réuni à sa flotte les vaisseaux d'Antoine et de Lépide, vainquit Pompée sur les **côtes de Sicile,** en l'an **36,** par l'habileté d'Agrippa, et força son adversaire à se sauver en Asie, où il fut tué par les ordres d'Antoine.

449. *Comment Octave devint-il enfin maître absolu de la république ?* **Lépide,** à la tête des troupes

de terre, ayant voulu, après la défaite de Pompée, s'emparer de la Sicile, Octave, par ses intrigues, attira sous ses drapeaux les légions de Lépide et força ce triumvir à se démettre de son autorité; il lui permit de vivre en exil à **Circeyes**, petite ville d'Italie. Il lui fut plus difficile de se défaire de son autre rival. **Antoine** était maître de l'Orient et adoré de ses soldats ; mais la mauvaise issue d'une expédition contre les Parthes et sa passion pour Cléopâtre indisposèrent les Romains contre lui et servirent merveilleusement les intérêts d'Octave. Pour épouser la reine d'Égypte, Antoine répudia Octavie, dont la beauté et les vertus n'avaient pu le toucher. Ainsi fut rompu le lien qui unissait les deux maîtres du monde. La guerre fut déclarée entre eux. Ils se livrèrent, l'an **31**, **près d'Actium,** en Epire, un combat naval d'où Octave sortit vainqueur: Antoine abandonna sa flotte et son armée au milieu du combat et s'enfuit avec Cléopâtre en Egypte où Octave le poursuivit.

450. *Comment finirent Antoine et Cléopâtre?* **Antoine,** après avoir vainement essayé de se défendre dans **Alexandrie** contre Octave, se donna la mort. **Cléopâtre** se fit piquer par un **aspic** pour éviter de tomber vivante au pouvoir du vainqueur et de servir à son triomphe. Avec elle finit le royaume des Lagides qui avait duré 296 ans. L'**Égypte** fut réduite en **province romaine** en l'an **30**. Ayant vaincu tous ses ennemis, Octave ferma **le temple de Janus**

TROISIÈME PÉRIODE.

L'EMPIRE.

31 ANS AVANT J.-C. — 395 ANS APRÈS J.-C.

(Espace de 426 ans.)

PREMIÈRE PARTIE.

PRINCIPAT.

(De l'an 31 avant J.-C. à l'an 192 après J.-C. Espace de 223 ans.)

§ I. — Auguste.

Auguste a sous ses lois tous les peuples connus,
Fait oublier Octave, et profond politique,
Déguise habilement son pouvoir monarchique.

451. *Quelle adroite politique suivit Octave lorsque la mort d'Antoine lui eut livré la république?* Octave **déguisa sa domination absolue** en conservant l'image de l'ancien gouvernement, et réunit en sa personne toutes les magistratures républicaines. Il était à la fois consul, tribun, proconsul, préfet des mœurs, souverain pontife, et sous le titre d'**imperator**, il demeura général en chef des armées, qu'il rendit permanentes. Comme préfet des mœurs, il eut le pouvoir des anciens censeurs et le droit de reformer le sénat. Il était le **prince du sénat**, c'est-à-dire le premier sénateur inscrit sur la liste, et à ce titre il

dirigeait les délibérations et opinait le premier. Il maintint les **assemblées du peuple**, mais **pour la forme ;** les candidats qu'il désignait étaient seuls nommés : des distributions de blé et des spectacles suffisaient à une multitude qui ne demandait plus que **panem et circenses** (du pain et les jeux du cirque). Il lui fallait un nouveau nom pour faire oublier les fureurs d'Octave, il se fit donner celui d'**Auguste,** qui devint le titre distinctif des empereurs. Enfin, pour éviter toutes les apparences de l'usurpation, il ne prit d'abord le souverain pouvoir que pour dix ans ; mais il se le fit ensuite prolonger tous les dix ou cinq ans, et à plusieurs reprises il feignit de vouloir abdiquer le gouvernement et l'empire.

452. *Quel partage Auguste fit-il entre les provinces de l'empire ?* En l'an **27** avant J.-C., Auguste fit avec le sénat le **partage** de l'administration des **vingt provinces** romaines qui existaient alors. Il s'en réserva dix, la plupart provinces frontières, celles où se trouvaient les légions, c'est-à-dire la force. Toutes les conquêtes ou provinces nouvelles furent attribuées à l'empereur. Dans la suite, quand il y eut 48 provinces, 11 seulement étaient **sénatoriales**, les autres étaient **impériales.** Cette distinction entre les provinces subsista jusqu'à Dioclétien. Le sénat envoyait chaque année dans ses provinces des **proconsuls** qui n'avaient que l'autorité civile ; l'empereur envoyait dans ses provinces, et y laissait tant qu'il lui plaisait, des **lieutenants**, des légats, qui exerçaient en son nom la double autorité civile et militaire.

453. *Qu'y a-t-il à remarquer dans l'administration financière de l'empire, et quelles étaient les principales sources de revenus ?* Comme il y avait une distinction entre les provinces, Auguste en fit une entre le **fisc**, ou le trésor du prince, dont il avait la libre disposition, et le **trésor public**, surveillé par le sénat, mais que le sénat ouvrait au prince. Les principales sources de revenus, outre les tributs des provinces, étaient les douanes, le **vingtième** sur les héritages, le **centième** sur le prix des denrées vendues, les amendes auxquelles la loi **Papia Poppæa** condamnait les célibataires, etc.

454. *Quels furent les deux célèbres conseillers d'Auguste ?* Dans la grande œuvre qu'entreprit Auguste de réparer les maux des guerres civiles et de faire jouir l'empire du bienfait de l'ordre et de la paix, il fut secondé par deux hommes éminents, ses conseillers intimes. L'un était **Agrippa**, son gendre, non moins célèbre par ses talents militaires que par ses vertus civiles. Rome lui dut le **Panthéon** (qui subsiste encore sous le nom de Notre-Dame-de-la-Rotonde). Il mourut l'an **12** avant J.-C., et sa mort fut un deuil public. L'autre favori d'Auguste fut **Mécène**, qui fut son principal ministre et voulut toujours rester simple chevalier romain ; il protégea les sciences, les lettres, les arts, d'une façon si éclairée, si libérale, si efficace, que son nom est devenu commun pour désigner un protecteur puissant et bienveillant des savants, des gens de lettres et des artistes. Mécène mourut l'an **9** avant J.-C.

455. *Quelle milice permanente Auguste établit-il pour sa sûreté personnelle et pour celle de Rome ?* Auguste établit **neuf cohortes prétoriennes** (1) ou gardes de l'empereur, et **trois cohortes urbaines** qui veillaient à la sûreté de la ville. Les prétoriens prirent une grande puissance dans Rome, et plus tard on les verra décider du sort de l'empire.

456. *Quel succès Auguste obtient-il au dehors pendant les vingt-quatre années qui précèdent la naissance de Jésus-Christ ?* « Il dompte, vers les Pyrénées, les **Cantabres** et les **Asturiens** révoltés ; l'**Ethiopie** lui demande la paix ; les **Parthes,** épouvantés, lui renvoient les étendards pris sur Crassus avec tous les prisonniers romains ; les **Indes** recherchent son alliance ; ses armes se font sentir aux **Rhètes** ou Grisons, que leurs montagnes ne peuvent défendre ; la Poméranie le reconnaît, la Germanie le redoute, et le Weser reçoit ses lois. Victorieux par mer et par terre, **il ferme le temple de Janus** (2). Tout l'univers vit en paix sous sa puissance, et **Jésus-Christ** vient au monde. » (Bossuet.)

---

(1) Ce mot vient de *prætorium*, qui signifie : tente du chef, du général ; lieu où l'on exerce le souverain pouvoir par l'administration de la justice, *prétoire*.

(2) Il le ferma trois fois : l'an 29, l'an 24 et l'an 8 avant J.-C.

Dans son siècle ont brillé Salluste et Cicéron,
Tite Live et Népos et Vitruve et Varron,
Denys d'Halicarnasse et Lucrèce et Catulle,
Virgile, Horace, Ovide et Properce et Tibulle.

457. *En quoi le premier siècle avant Jésus-Christ est-il particulièrement remarquable ?* Le premier siècle avant J.-C., auquel Auguste a donné son nom, et qui forme un des quatre grands siècles de la littérature, des arts et des sciences, sera à jamais célèbre par les grands écrivains qu'il a produits. C'est la plus brillante époque de la littérature latine.

458. *Par quels ouvrages se sont fait connaître les plus célèbres prosateurs du premier siècle avant Jésus-Christ ?*

Salluste, historien concis et énergique, a écrit l'*Histoire de la conjuration de Catilina* et celle de la *Guerre de Jugurtha*. Il s'éleva avec force contre les vices de son temps ; mais personne ne se préserva moins que lui de leur contagion.

Cicéron (mort 43 avant Jésus-Christ), orateur, rhéteur et philosophe, s'est montré dans ses harangues le rival de Démosthènes. Il donna à la philosophie tout le temps que lui laissèrent les affaires publiques. Le plus célèbre de ses ouvrages philosophiques est le *Traité des Devoirs* (*de Officiis*), le plus beau code de morale que nous aient transmis les anciens.

Tite Live, écrivain d'une brillante facilité et d'une élégance continue, a composé une histoire romaine divisée en 140 livres dont il ne nous reste que 35.

Jules César, aussi bon historien qu'habile capitaine, dans des mémoires connus sous le nom de *Commentaires*, a raconté ses victoires avec la même rapidité qu'il les a remportées.

Cornélius Népos, biographe, ami de Cicéron et d'Atticus, a écrit avec élégance et précision la vie des grands capitaines de la Grèce.

Trogue-Pompée publia une histoire universelle qui

n'est point parvenue jusqu'à nous, mais dont Justin nous a donné l'abrégé.

Vitruve, architecte, a laissé sur son art un ouvrage estimé.

Terentius Varron, le plus docte des Romains, a laissé un traité de la langue latine, et un autre sur l'agriculture.

459. *Quels sont les principaux poëtes du premier siècle avant Jésus-Christ et quels ouvrages ont-ils laissés ?* Dans le premier siècle avant J.-C. florissaient les poëtes Lucrèce, Catulle, Properce, Tibulle, Virgile, Horace et Ovide.

Lucrèce a laissé un poëme intitulé *de la Nature des choses*, dans lequel il expose en beaux vers la doctrine d'Epicure (Le cardinal de Polignac a réfuté cette doctrine aussi en très-beaux vers dans un poëme intitulé : *L'Anti-Lucrèce*).

Catulle, Properce et *Tibulle* ont excellé dans la poésie légère et dans l'*élégie*.

Horace s'est immortalisé par des *odes* où étincellent des beautés de tout genre ; par des *épîtres* et des *satires* qui sont pleines de sel et de finesse ; par un *Art poétique* qui sera le code éternel du bon goût.

Ovide s'est rendu célèbre par sa prodigieuse facilité pour la poésie, et par son exil dont on ignore le véritable motif. Le poëme des *Métamorphoses* est son chef-d'œuvre.

Virgile, prince des poëtes latins, nous a laissé des *Églogues* ou poésies pastorales ; les *Géorgiques*, poëme didactique sur l'agriculture d'une perfection achevée ; et l'*Énéide*, admirable épopée dans laquelle Virgile a voulu flatter à la fois les Romains et Auguste : les uns, en célébrant l'origine de Rome, et l'autre, par le double rapport qu'il établit entre Énée et le premier chef de la monarchie romaine, tous les deux fondateurs et législateurs. Virgile naquit près de Mantoue, 70 ans avant J.-C., et mourut à Brindes, âgé de 51 ans. Il avait vécu avec Horace, son ami, dans l'intimité d'Auguste et de Mécène.

460. *Quels historiens grecs ont fleuri dans ce même*

siècle? Au même siècle appartiennent deux historiens grecs : l'un, *Denys d'Halicarnasse*, est auteur d'un ouvrage sur les antiquités romaines, partagé en 20 livres dont il ne nous reste que les 11 premiers ; l'autre, *Diodore de Sicile*, a composé une bibliothèque historique divisée en 40 livres dont 15 seulement sont parvenus jusqu'à nous.

SYNCHRONISMES. Ier SIÈCLE AVANT J.-C. — 79. *Mort d'Alexandre-Jannée, roi des Juifs.* — 70. *Ses fils, Hyrcan II et Aristobule II, se disputent le trône.* — 38. *Hérode l'Ascalonite est reconnu roi des Juifs par les Romains.* — 37. *Hérode met à mort les derniers rejetons de la famille Asmonéenne.*

Premier siècle après J.-C. — 1 à 100.

L'an neuf, en Germanie, a succombé Varus.
A la fleur de son âge a péri Marcellus.
Auguste, envers Cinna, fait preuve de clémence ;
L'an quatorze, à son gendre il lègue sa puissance.

461. *Quelle fut la première impératrice romaine?* Lorsque Octave parvint à l'empire et devint Auguste, il avait **Livie** pour femme depuis sept ans. Pour l'épouser il avait répudié Scribonia, dont il avait eu une fille nommée **Julie**. Il avait enlevé Livie, du consentement des augures, à son mari **Tibérius Néron**. Livie avait un esprit vif et insinuant qui lui donna beaucoup d'empire sur Auguste. Jamais femme ne poussa plus loin la politique et ne sut mieux la couvrir. Elle ne donna pas d'enfants à Auguste, et le but constant de son ambition fut d'assurer, au préjudice de la famille d'Auguste, la grandeur de ses

deux fils, **Tibère** et **Drusus**, qu'elle avait eus de son premier mari.

462. *Quelle grande conquête les Romains entreprirent-ils vainement sous Auguste ?* Les Romains essayèrent sous Auguste de subjuguer les **Germains**, et cette tentative échoua complétement. La domination romaine ne put s'établir au delà du Rhin et du Danube, et la Germanie conserva sa nationalité et sa langue.

463. *Quels furent les principaux chefs qui furent chargés par Auguste de faire la guerre aux Germains ?* Ce fut d'abord sous la conduite de **Drusus**, beau-fils d'Auguste, en l'an **12** av. J.-C., que les Romains, ayant franchi le Rhin, commencèrent à attaquer les Germains dans la Germanie septentrionale. Après avoir vaincu les **Sicambres**, les **Chérusques** et les **Cattes**, l'impétueux Drusus pénétra jusqu'à l'Elbe et mourut l'an **9** av. J.-C., au retour de son expédition. Après lui son frère **Tibère** fut, à plusieurs reprises, envoyé par Auguste contre les Germains, et il les vainquit sans les soumettre. Il fut remplacé par **Quintilius Varus**.

464. *Quel grand désastre les Romains essuyèrent-ils alors en Germanie ?* La Germanie du nord se souleva pour refouler les Romains sur le Rhin. Le mouvement était dirigé par **Arminius** ou **Hermann**, jeune chef des Chérusques. Il attira **Varus** dans la forêt de **Teutberg**, et là, l'an **9** de J.-C., périrent avec Varus trois légions, trois corps d'auxiliaires et six cohortes. Auguste ne put s'en consoler. « Varus,

Varus, rends-moi mes légions, » s'écriait-il dans sa douleur. **Germanicus**, fils de Drusus, reçut ensuite le commandement des huit légions du Rhin et il contint les Germains.

465. *Quelle rude guerre les Romains eurent-ils à soutenir dans le même temps?* La **Dalmatie** et la **Pannonie** s'insurgèrent, l'an **5** de J.-C., contre la domination romaine, et ne s'y soumirent qu'après une guerre de quatre ans, qui occupa quinze légions romaines, et où s'illustrèrent **Tibère** et **Germanicus**.

466. *Quels chagrins domestiques remplirent d'amertume les dernières années d'Auguste?* Auguste fut obligé d'exiler sa fille unique **Julie**, à cause de sa conduite scandaleuse. Il vit mourir à la fleur de l'âge son neveu **Marcellus**, prince qui donnait les plus hautes espérances, et ses petits-fils **Caïus** et **Lucius** qu'il chérissait tendrement et qu'il avait nommés Césars. Il fut forcé d'exiler son petit-fils **Agrippa Posthumus**, qui l'avait irrité par ses propos arrogants et injurieux, et d'infliger le même châtiment à **Julie**, sa petite-fille, qui se livra aux mêmes déréglements que sa mère.

467. *Quel mémorable exemple de clémence Auguste donna-t-il?* **Cinna**, petit-fils de Pompée, bien qu'Auguste l'eût comblé de bienfaits, ourdit une conspiration contre sa vie. Auguste lui pardonna et le mit même au nombre de ses amis. Cette clémence gagna à Auguste tous les cœurs, et depuis il ne se forma aucun complot contre lui.

468. *A quelle haute fortune prétendait Tibère?*

10.

Tibère aspirait à remplacer Auguste sur le trône. Jaloux de la tendresse que l'empereur montrait à ses petits-fils Caïus et Lucius, il se retira à Rhodes et y passa sept ans; mais la mort prématurée de ces jeunes princes lui rendit toutes ses espérances ; il revint à Rome, et, soutenu par le crédit de Livie, il fut **adopté et associé à l'empire** par Auguste, à condition qu'il adopterait à son tour son neveu Germanicus.

469. *Qu'y a-t-il particulièrement à remarquer sur le gouvernement d'Auguste?* Auguste entreprit de **longs voyages** et surveilla avec sollicitude l'administration des provinces. Il développa le système de ces **voies militaires** pavées ou cailloutées, qui reliaient à l'Italie et à Rome toutes les provinces. Il ne fit la guerre que pour assurer la tranquillité de l'empire et donna aux Romains le **conseil de ne plus chercher de nouvelles conquêtes.** Il fit élever à Rome de nombreux monuments et il put se vanter, après l'avoir trouvée bâtie de **briques,** de la laisser bâtie en **marbre.** Sous son long règne le **commerce** se développa; les **lettres** et les **arts** brillèrent d'un vif éclat ; la civilisation de la Grèce et de Rome transforma l'Espagne et surtout la Gaule, où les **sacrifices humains** furent défendus, et où la **religion des Druides,** qui entretenait la nationalité gauloise, fut persécutée.

470. *Quelle fut la fin d'Auguste?* Auguste mourut à **Nole,** le 19 du mois qui portait son nom. (1), l'an

---

(1) Ce mois s'appelait *sextilis.* Un décret du sénat changea ce

14 de J.-C., âgé de 76 ans, après avoir régné seul 44 ans, depuis la bataille d'Actium. Se sentant près de sa fin, il se fit apporter un miroir et se fit coiffer et farder; puis ayant fait entrer ses amis, il leur dit : « Ne vous semble-t-il pas que **j'ai assez bien joué mon rôle** dans la comédie de la vie ? La pièce est jouée, applaudissez tous avec joie. » Ses funérailles se firent à Rome : le sénat lui décerna les honneurs divins. L'**Apothéose** des empereurs, ou leur déification après leur mort, passa désormais en usage.

471. *Par quel mot a-t-on voulu caractériser les moyens qu'employa Auguste pour parvenir au pouvoir et l'usage qu'il en fit ensuite ?* On a dit de cet empereur qu'il n'aurait jamais dû **ni commencer ni finir** de régner, parce qu'il employa la violence pour arriver au pouvoir souverain, et qu'il fit sur le **trône** un usage modéré d'une puissance sans limites, de telle sorte que le règne glorieux et paisible de l'empereur fit oublier les sanglantes proscriptions du triumvir (1).

---

nom en celui d'Auguste, parce que dans ce mois Auguste avait été nommé consul pour la première fois ; c'est ainsi que le mois *quintilis* avait été nommé *julius* (juillet) en l'honneur de Jules César.

(1) Il trouva un jour un de ses petits-fils lisant Cicéron ; le jeune homme, craignant que son grand-père ne fût mécontent de le voir occupé d'une telle lecture, s'empressa de cacher le volume sous sa robe; l'empereur s'en aperçut, prit le livre, et le rendit en disant: « Mon fils, ce grand homme était fort instruit et aimait beaucoup sa patrie. »

472. *De quels membres se composa la famille d'Auguste ?*

Octavie, *sa sœur,*
    eut d'un premier mari. . . . . . Marcellus.
        d'Antoine. . . . . Antonia.
Scribonia, *sa deuxième femme,* lui donna Julie.
Livie, *sa troisième femme,*
    avait eu de Tibère Néron. . . . . { Tibère. / Drusus. }

Julie, *sa fille,*
    épousa 1° *Marcellus.*

    2° *Agrippa*, de qui elle eut { Caïus. / Lucius. / Agrippine. / Julie. / Agrippa }

    3° *Tibère.*
Antonia, *sa nièce,*
    épousa *Drusus*, de qui elle eut. . . { Germanicus. / Claude. }
Agrippine, *sa petite-fille,*
    épousa *Germanicus,* de qui elle eut { Caligula. / Agrippine. }
Agrippine II, *son arrière-petite-fille,* fut mère de Néron, avec lequel s'éteignit la famille d'Auguste.

---

§ II. — Tibère.

L'astucieux Tibère est prodigue de sang ;
Il immole Agrippa, Germanicus, Séjan.

473. *Quel fut le commencement du règne de Tibère ?* Rusé politique, Tibère, beau-fils, gendre, fils adoptif et successeur d'Auguste, l'an **14**, n'accepta le souverain pouvoir qu'après s'être fait beaucoup solliciter. Il s'était fait estimer tant qu'il avait été simple particulier ; empereur, il commença par gouverner sans violence. Il ménagea les provinces. Comme le gouverneur de l'une d'elles lui proposait d'augmenter les impôts : « **Un bon pasteur,** dit-il, **tond ses brebis, il ne les écorche pas.** » Un tremblement de terre ayant ruiné douze villes d'Asie, il vint par sa libéralité au secours d'une si grande infortune. Les sénateurs lui ayant témoigné le désir de donner son nom au mois de **novembre,** dans lequel il était né, comme on avait donné ceux de Jules César et d'Auguste aux mois de juillet et d'août, il leur répondit : Que ferez-vous donc si vous avez treize Césars? Mais son caractère vindicatif, jaloux, défiant et cruel ne tarda pas à se montrer. Il fit périr **Agrippa Posthumus,** le dernier enfant d'Agrippa et de Julie ; il laissa mourir de faim **Julie** elle-même, sa femme, dans la petite île **Pandatarie** (sur la côte du Latium) où elle était reléguée.

474. *Quels furent la noble conduite et les succès militaires de Germanicus?* A l'avénement de Tibère, son neveu **Germanicus,** prince orné de toutes les vertus, presque adoré du peuple et des armées, était dans la Gaule. Il **repoussa,** au péril de sa vie et avec une admirable fermeté, **une révolte de ses troupes** qui voulaient l'élever à l'empire. Nommé général en chef de toutes les légions de la Germanie, il commença cette série d'exploits qui lui ont fait donner le nom de Germanicus (auparavant il s'appelait Tibérius Drusus Néron). Il pénétra au cœur de la Ger-

manie, **vainquit Arminius** dans un lieu appelé aujourd'hui Hastenbeck (40 kil. S.-O. de Hanovre), reprit les aigles de Varus et le vengea. Tibère, inquiet et jaloux, le rappela à Rome, lui accorda le triomphe, mais l'envoya en Orient, où des troubles s'étaient élevés et où les Parthes s'agitaient. Germanicus réussit à tout pacifier.

475. *Quelle fut la fin prématurée de Germanicus ?* Tibère, toujours jaloux et l'âme pleine de soupçons, avait chargé **Pison**, gouverneur de Syrie, son confident, homme orgueilleux et cruel, de surveiller et de contrecarrer la conduite de son neveu. Pison s'appliqua à mortifier Germanicus et l'insulta même publiquement. Ils rompirent, et Pison se mit en devoir de quitter la Syrie. Mais Germanicus était tombé malade à **Antioche**; il soupçonna Pison et sa femme **Plancine** de l'avoir empoisonné. Des émissaires de Pison, qui venaient épier les progrès du mal, montraient assez de quelle main le coup était parti. Germanicus succomba à l'âge de 34 ans, l'an **19** de J.-C. **Agrippine**, sa veuve (fille d'Agrippa et de Julie), rapporta ses cendres en Italie, au milieu d'un deuil universel. Pison revint à Rome. Accusé devant le sénat de l'empoisonnement de Germanicus, il prévint sa condamnation en se donnant la mort.

476. *De quelle arme se servit Tibère pour perdre ceux qui lui étaient suspects ?* Jules César avait porté une loi qui punissait de la peine de mort le crime de **lèse-majesté**, c'est-à-dire tout attentat direct ou indirect contre la sûreté extérieure ou intérieure de la répu-

blique. Auguste avait rangé les libelles et les offenses contre l'empereur parmi les crimes de lèse-majesté. Tibère fit un horrible usage de cette loi qui, par le vague de ses termes, se prêtait à toutes les vengeances. Il encouragea, en les récompensant, les délateurs. Le sénat, servile et lâche, loin d'être un obstacle à son despotisme, en fut le docile instrument. Les premières victimes de ces accusations furent **Caïus Silius** et **Cremutius Cordus**. Le premier venait de comprimer dans la Gaule un soulèvement considérable excité par l'éduen Sacrovir, mais il paya de sa vie le malheur d'avoir été l'ami de Germanicus. Le second était un historien; accusé pour avoir appelé Brutus et Cassius les derniers des Romains, il prévint sa condamnation en se laissant mourir de faim.

477. *Quel fut le favori de Tibère et comment traita-t-il la famille de son maître?* **Séjan**, préfet du prétoire, parvint seul à gagner la confiance de Tibère, et cette confiance devint illimitée, surtout depuis qu'un jour, dans une grotte dont la **voûte** s'écroulait, Séjan eut préservé les jours de Tibère. Séjan fit un affreux abus de son crédit, et pendant **huit ans** il exerça, à force de crimes et de perfidies, une redoutable domination. Il aspirait à être le successeur de Tibère, mais **le fils** de Tibère et de Vispanie, sa première femme, nommé **Drusus**, et les **petits-neveux** de Tibère, fils de Germanicus et d'Agrippine, lui faisaient obstacle. Il séduisit la femme de Drusus, s'engagea à l'épouser et fit empoisonner Drusus. Tibère ne le soupçonna pas de ce crime, et la mort de Drusus resta sans vengeance, mais Tibère ne permit pas à Séjan d'épouser la veuve de Drusus. L'insolent favori persécuta avec acharnement Agrippine et ses deux fils aînés, et trama leur perte.

478. *Quel était le caractère d'Agrippine; quel fut son sort et celui de ses fils?* **Agrippine** était une noble et vertueuse femme, mais elle avait un caractère fier et hautain. Ni elle ni les Romains n'oubliaient qu'elle était la petite-fille d'Auguste et la veuve de Germanicus. Elle avait un parti et semblait à Tibère trop impatiente de voir un de ses fils sur le trône. Séjan, avec l'art le plus perfide, excitait contre elle les soupçons et les rigueurs de Tibère. Elle fut enfermée dans l'île de **Pandataric**, où quatre ans plus tard elle se laissa mourir de faim. **Son fils aîné** fut mis à mort ou se tua, **le second** fut jeté dans un cachot où on le priva de nourriture; le troisième, **Caïus Caligula**, trop jeune encore pour exciter les soupçons et les craintes de Tibère, fut épargné.

479. *Où Tibère passa-t-il les dernières années de sa vie?* Tibère, d'après le conseil de Séjan, quitta Rome l'an **26** de J.-C. et ce fut pour n'y plus rentrer. Il se retira dans la délicieuse île de **Caprée**, à l'entrée du golfe de Naples, et y souilla sa vieillesse par les plus honteuses débauches. De là il exerçait sa tyrannie avec plus de sécurité.

480. *Quand mourut l'impératrice Livie?* Livie vécut jusqu'à **86 ans**; elle ne mourut que l'an **29** de J.-C. Elle avait toujours eu contre Agrippine une haine de marâtre ; Tibère, empereur par elle, ne

PREMIER SIÈCLE APRÈS J.-C. 1-100.

voulut pas subir l'ascendant qu'elle était accoutumée à exercer, et ce fut en partie pour y échapper qu'il quitta Rome. Tant qu'elle vécut, elle contint cependant un peu son fils, et après sa mort la tyrannie devint plus violente.

481. *Comment périt Séjan et quelles furent les suites de sa mort?* L'influence toujours croissante de **Séjan** finit par alarmer Tibère. Il sut avec adresse, en **31**, le faire arrêter **en plein sénat**. Le peuple, qui avait encensé le favori tout-puissant, mit en pièces son cadavre. Sous prétexte de punir les complices de Séjan, Tibère versa des flots de sang. Ce fut un crime d'avoir connu, d'avoir salué le favori. Les parents, les amis des victimes ne pouvaient sans danger leur donner des larmes. La **terreur** régnait dans Rome : on n'osait pas se parler, et plus la cruauté s'acharnait, plus la compassion était interdite. **Macron**, nommé préfet du prétoire après Séjan, servait la cruauté de l'empereur par ses délations.

482. *Où et comment mourut Tibère?* Tibère mourut à **Misène**, étouffé sous un amas de couvertures que Macron fit jeter sur lui, dans la crainte qu'il ne revînt d'une défaillance qui l'avait pris, et dans l'espérance de gagner ainsi la faveur de Caligula : Tibère était âgé de 78 ans, et en avait régné 23.

483. *Quel grand événement s'est accompli en Judée sous le règne de Tibère?* Dans la dix-neuvième année du règne de Tibère, tandis que ce maître du monde, renfermé dans l'île de Caprée, y menait une

vie infâme, et de là faisait trembler Rome, le Juste par excellence, l'Homme-Dieu, **Jésus-Christ**, accomplissait par sa mort volontaire, sur le **Golgotha**, l'ineffable bienfait de la rédemption du genre humain.

§ III. — Caligula.

Caligula dans Rome a, malgré sa démence,
Gardé pendant quatre ans la suprême puissance.

484. *Quel fut le successeur de Tibère?* **Caïus Caligula** (1), né à **Trèves**, fils de Germanicus et d'Agrippine, arrière-petit-fils d'Auguste, fut, à 29 ans, après la mort de Tibère, proclamé empereur. Il trompa cruellement les espérances qu'avait fait naître l'heureux début de son règne. Ses facultés intellectuelles avaient été troublées et affaiblies par la maladie et la débauche. Jetant bientôt le masque, il se livra à son humeur sanguinaire, commit les actions les plus insensées, ruina le trésor par les plus extravagantes profusions, et réunit en lui tous les vices dont l'humanité corrompue est capable.

485. *Jusqu'à quel point Caligula poussa-t-il la démence?* Jaloux d'**Homère**, de **Virgile** et de **Tite-Live**, il voulut anéantir leurs ouvrages. Il s'éleva

---

(1) Le nom de *Caligula* venait d'une espèce de chaussure gauloise qu'on lui fit porter dans son enfance afin de le rendre agréable aux soldats gaulois qui étaient en très-grand nombre dans l'armée de Germanie que commandait Germanicus son père.

un temple, s'en fit le prêtre, prit dans cette fonction son **cheval** pour collègue et eut la pensée de l'élever au consulat.

486. *Par quels traits de férocité Caligula se peignait-il lui-même?* Il eut la fantaisie de triompher à travers le golfe de **Pouzzoles**, sur un pont de bateaux, et fit massacrer ou jeter à la mer la foule accourue pour le voir. « Je voudrais, disait-il, que le peuple romain n'eût qu'**une tête** pour la couper d'un seul coup. » Un jour qu'il avait à dîner les deux consuls, il éclata de rire subitement; ceux-ci lui ayant demandé l'heureux sujet qui faisait rire le divin César : « Je pensais, leur dit-il, que **d'un clin d'œil** je puis vous faire égorger tous deux à l'instant. »

487. *Comment finit Caligula?* Le monde supportait depuis quatre ans ce fou furieux, lorsqu'en **41** il en fut délivré par **Chéréas**, tribun des prétoriens, qui, s'approchant de l'empereur comme pour lui demander le mot d'ordre, le perça de son épée.

IV. — Claude.

Claude, à son propre fils, a préféré Néron.
En l'an cinquante-quatre il meurt par le poison.

488. *Quel fut le successeur de Caligula?* Caligula eut pour successeur **Claude**, son oncle, âgé de 50 ans, frère de Germanicus ; ce fut le premier empereur que les gardes prétoriennes placèrent sur le trône :

il leur accorda en récompense la gratification appelée depuis **donativum**. Pour avoir fréquemment ce donativum, les prétoriens ne laissaient pas longtemps vivre les empereurs.

489. *Comment Claude fut-il proclamé empereur ?* Claude, aussi accessible à la peur qu'exempt d'ambition, voyant son neveu assassiné sous ses yeux, ne s'occupa que du soin de se cacher ; il se traîna dans une galerie et se blottit derrière la **tapisserie** qui couvrait la porte. Un soldat que le hasard y conduisit, aperçut ses pieds, voulut savoir qui c'était, le reconnut et le tira de là. Claude se jeta à ses genoux et lui demanda la vie ; le soldat le salua empereur ; d'autres arrivèrent, en firent autant, et le transportèrent aussitôt dans le camp des prétoriens, où il fut longtemps à se remettre de la frayeur qu'il avait éprouvée.

490. *Devenu ainsi empereur, quel caractère montra-t-il ?* Trop faible pour gouverner par lui-même, presque imbécille, débauché, cruel par peur, il fut le jouet de ses **affranchis** et de sa femme, l'infâme **Messaline**, qu'il se vit obligé de faire mettre à mort.

491. *Quelle fut la seconde femme de Claude ?* Claude eut pour seconde femme la fille de Germanicus, nommée, comme sa mère, **Agrippine**, qui, d'un premier mari, avait eu Domitius Néron.

492. *Quel accroissement prit en ce temps l'empire romain ?* Sous le règne de Claude, la **Mauritanie**, la **Lycie**, la **Judée** et la **Thrace** furent réduites en pro-

vinces romaines, et c'est de cette époque que datent les conquêtes des Romains dans la **Bretagne**, où Claude alla lui-même et où il fut vainqueur par ses généraux.

493. *Quelle persécution religieuse Claude exerça-t-il?* Claude s'efforça de détruire dans la Gaule les restes du **druidisme**. Il prononça la peine de mort contre les druides et leurs adhérents.

494. *Quel était le but principal de la politique d'Agrippine, et que fit-elle pour l'atteindre?* Agrippine voulait à tout prix assurer l'empire à son propre fils **Néron,** au préjudice de **Britannicus,** que Claude avait eu de Messaline. Pour atteindre son but, elle fit épouser à son fils **Octavie,** fille de Claude ; le fit ensuite adopter par cet empereur, et s'assura d'avance des gardes prétoriennes, en leur donnant un préfet unique qui lui était dévoué, **Burrhus,** le gouverneur de son fils. Enfin, impatiente de voir régner Néron, elle finit, l'an **54**, par empoisonner Claude. Les devins avaient prédit que Néron régnerait, mais qu'il tuerait sa mère : « Qu'il me tue, avait répondu Agrippine, pourvu qu'il règne. »

---

§ V. — Néron

Néron, cruel tyran, par le meurtre d'un frère
Se prépare à celui d'Agrippine sa mère.

495. *Quelle fut d'abord la conduite de l'empereur Néron ?* Pendant cinq ans, **Néron,** successeur de

Claude, régna avec sagesse et modération. « **Que je voudrais ne savoir pas écrire!** » dit-il un jour qu'on lui présentait une sentence capitale à signer. Ses passions fougueuses, contenues jusque-là, firent explosion. Il **cessa de dissimuler**, secoua le joug de sa mère, méprisa les avis de son gouverneur Burrhus et de son précepteur Sénèque, et se livra à ses horribles penchants. Il pilla les provinces, non-seulement pour subvenir à ses débauches, mais encore pour s'attacher le peuple en lui donnant sans cesse des vivres et des spectacles. Foulant aux pieds toute dignité, il se fit **histrion**, passa en Grèce pour entrer en lice dans les jeux olympiques, et rentra en triomphe à Rome, entouré de comédiens et de musiciens.

496. *Quelles furent les principales victimes de la cruauté de Néron?* Néron empoisonna **Britannicus**, son beau-frère, au préjudice duquel il régnait. Il essaya de noyer sa mère **Agrippine**, en faisant sombrer le vaisseau qu'elle montait. Elle se sauva à la nage. Il la fit poignarder dans son lit. Elle s'offrit aux coups, et dit au centurion : « Frappe ce sein qui a porté Néron.» Il se délivra de **Burrhus** par le poison. La jeune et vertueuse **Octavie**, qu'il avait répudiée pour épouser Poppée ; le philosophe stoïcien **Thraséas**, sénateur célèbre par son noble caractère et qui s'était absenté du sénat depuis le jour où l'on y avait rendu grâces à Néron du meurtre de sa mère ; **Pison**, chef d'une formidable conspiration ; le poëte **Lucain**, qui s'y associa ; le philosophe **Sénèque**, oncle de Lucain, depuis longtemps tombé dans la disgrâce de

son élève, reçurent l'ordre de se donner la mort, et tous les cinq périrent de la même manière, en différents temps, en se faisant ouvrir les veines. Le brave **Corbulon**, qui avait soumis l'Arménie et forcé les Parthes à demander la paix, sachant à Corinthe que Néron avait ordonné sa mort, se perça de son épée, en disant : « Je l'ai bien mérité ! » se reprochant sans doute d'avoir été fidèle à un maître si barbare. Enfin, l'ambitieuse et cruelle **Poppée**, étant enceinte, mourut d'un coup de pied que lui donna Néron.

497. *A quelle occasion eut lieu la première persécution contre les chrétiens ?* Rome fut, en **64**, dévastée par un vaste **incendie**, qui est imputé à Néron, mais sans preuve bien certaine. Il en accusa les chrétiens, et en prit prétexte pour exercer contre eux la **première persécution**. Les supplices furent atroces. Des corps de martyrs enduits de **résine** servirent de flambeaux pour éclairer une fête de nuit que Néron donnait au peuple dans ses jardins. C'est dans cette première persécution et le même jour, le 29 juin **65**, que périrent **saint Pierre** et **saint Paul**. Le premier fut crucifié la tête en bas, le second fut décapité. Après cet incendie de Rome, Néron s'y fit bâtir une immense demeure si somptueuse qu'on l'appela la **maison d'or**.

498. *Quelle fut la fin de Néron ?* Plusieurs conspirations furent tramées dans le but de délivrer la terre du monstre dont le nom est devenu « **Aux plus cruels tyrans une cruelle injure.** » Le vieux **Galba**, gouverneur de la Tarraconaise, fut proclamé

empereur en Espagne par les légions qu'il y commandait. Le sénat ratifia cette élection, déclara Néron ennemi public et ordonna son supplice. Celui-ci s'y déroba par la fuite et se fit tuer par son secrétaire **Epaphrodite**. Il s'écria en mourant : « **Quel grand artiste le monde va perdre !** » Ainsi s'éteignit, l'an **68**, la famille d'Auguste.

§ VI. — Galba, Othon, Vitellius.

Galba précède Othon que suit Vitellius.

499. *Comment Galba s'attira-t-il la haine des prétoriens et perdit-il l'empire ?* Sévère et avare, excepté pour ses favoris, **Galba** refusa aux prétoriens le **donativum**, promis en son nom. « Je choisis mes soldats, dit-il, je ne les achète pas. » Mais en ne les achetant pas, il s'attira leur haine. **Othon**, ancien ami de Néron, les excita à la révolte. Vainement Galba pour les apaiser désigna-t-il comme son successeur son fils adoptif **Pison**; les soldats passèrent du côté d'Othon ; Galba, abandonné de tous, fut massacré dans le **Champ-de-Mars** avec Pison, il avait régné 7 mois.

500. *Combien de temps Othon régna-t-il, et par qui fut-il remplacé ?* **Othon**, successeur de Galba, n'occupa le trône que trois mois : il fut reconnu par le sénat, mais non par les légions de Germanie, dont

Galba avait donné le commandement à **Vitellius** (1). Elles proclamèrent empereur, à **Cologne**, leur chef, qui s'était fait aimer des soldats par ses largesses et ses familiarités. Elles le conduisirent en Italie. Othon alla à leur rencontre, et, après la bataille de **Bédriac**, il se tua lui-même pour ne pas prolonger la guerre civile. Vitellius, en traversant le champ de bataille de Bédriac, prononça ces horribles paroles : « Le corps d'un ennemi mort sent toujours bon, surtout si c'est un compatriote. »

501. *Quelle opinion Vitellius a-t-il laissée de lui?* Vitellius est le plus ignoble des tyrans qui ont régné dans le Ier siècle de l'ère vulgaire; il ne s'est fait remarquer que par son incroyable **gloutonnerie**. Il faisait par jour quatre ou cinq repas entre lesquels il se faisait vomir pour se maintenir insatiable. Il était ruineux de traiter un tel convive : son frère, dans un repas qu'il lui donna, fit servir, dit-on, deux mille plats de poisson et sept mille pièces de gibier.

502. *Quelle révolution fit passer l'empire en de meilleures mains?* Les légions de Germanie avaient fait un empereur; celles d'Orient voulurent aussi en faire un, et leur choix fut plus heureux. **Flavius Vespasien** (2) commandait alors en Syrie des forces

---

(1) Vitellius était fils d'un des plus lâches adulateurs de Claude. Il fut élevé à Caprée sous les yeux de Tibère; il obtint la faveur de Caligula par son talent à conduire les chars; celle de Claude par sa passion pour les jeux de hasard; celle de Néron en le pressant de chanter sur le théâtre.

(2) Vespasien était fils d'un citoyen obscur de *Reate* (aujour-

considérables et faisait la guerre aux Juifs, qui s'étaient engagés dans une lutte désespérée pour s'affranchir de la domination romaine. L'armée de Vespasien lui offrit l'empire; il hésitait à l'accepter; **Mucien**, gouverneur de Syrie, l'y décida. Les légions d'Illyrie se prononçaient aussi pour Vespasien. Un tribun légionnaire, nommé **Antonius Primus**, se mit à leur tête, battit à **Crémone** les troupes de Vitellius et entra dans Rome. Les soldats de Vitellius mirent le feu au **Capitole**, dont s'était emparé **Sabinus**, frère de Vespasien. Ils se saisirent de Sabinus et le massacrèrent. Vitellius n'en avait pas moins perdu l'empire : il voulut au moins sauver sa vie, et se cacha dans la **loge du portier** de son palais; il y fut découvert; la même populace qui s'était prosternée devant lui l'abreuva d'outrages; il fut promené dans la ville les mains liées derrière le dos, puis massacré et jeté dans le **Tibre**, vers la fin de l'an **69**. Il avait régné huit mois. Le sénat s'empressa de décerner, par un décret, à Vespasien absent tous les pouvoirs impériaux.

d'hui Rieti) qui, fermier des impôts publics en Asie, avait mérité par sa probité que plusieurs villes conservassent son image avec cette inscription : *Au publicain honnête homme*. Vespasien avait manqué de périr pour s'être endormi pendant que Néron jouait de la lyre. Il avait commandé une légion dans l'île de Bretagne, et s'y était distingué. Proconsul en Afrique, il en était revenu pauvre.

§ VII. — Les Flaviens : Vespasien, Titus et Domitien.

Après Vespasien on voit régner Titus,
Dont le peuple bénit le pouvoir tutélaire,
Et que n'imita point Domitien son frère.

503. *Que faisait Vespasien pendant qu'on se battait pour lui donner l'empire et comment en prit-il possession ?* Vespasien avait laissé à son fils **Titus** le soin de continuer la guerre de Judée ; il avait envoyé **Mucien** combattre en Occident les légions de Vitellius, et il avait passé en **Egypte** pour s'assurer de la possession d'une province d'où Rome tirait ses approvisionnements de blé. Il y apprit la victoire de Crémone, et fut de nouveau salué empereur dans **Alexandrie**. Antonius Primus avait devancé Mucien, et cependant ce fut Mucien qui, comme lieutenant de Vespasien, fut tout-puissant à Rome. Vespasien y arriva six mois après la mort de Vitellius, laissa un grand crédit à Mucien, et accueillit froidement, malgré ses services, Antonius Primus, qui se retira à Toulouse, sa patrie, et y passa le reste de sa vie dans la culture des lettres.

504. *Quel usage Vespasien fit-il de la souveraine puissance ?* Vespasien, successeur de Vitellius, restaura les **finances** entièrement ruinées, embellit Rome, réédifia le **Capitole**, bâtit le **Colysée**, le plus grand des amphithéâtres de Rome, et le **temple de la Paix;** abolit les **accusations de lèse-majesté**, et rendit au sénat quelque considération. Par sa sagesse et son habileté, il arrêta la décadence de l'empire. Il vivait comme un simple citoyen ; ce ne fut donc que pour faire face aux dépenses publiques qu'il chercha à remplir son trésor en augmentant quelques impôts, en en créant de nouveaux ; il n'en fut pas moins **accusé d'avarice.** Quoiqu'il ne fût point enclin au despotisme, il chassa de Rome les philosophes **Stoïciens** à cause de leurs opinions républicaines, et il ne supporta pas l'excessive liberté de langage du sénateur **Helvidius Priscus.** Il l'exila, se laissa arracher l'ordre de le mettre à mort, puis révoqua cet ordre, mais on lui fit croire qu'il était trop tard et Helvidius fut exécuté.

505. *Par qui et comment fut terminée la guerre contre les Juifs?* La guerre que Vespasien faisait aux Juifs avant son avénement au trône fut terminée par **Titus,** son fils. Les Juifs furent réduits aux plus cruelles extrémités, comme Jésus-Christ l'avait prédit. Après un **siége** mémorable de sept mois, qui coûta la vie à 600,000 Juifs, **Jérusalem** fut prise d'assaut, l'an **70,** et détruite entièrement. Le **temple** fut brûlé, malgré l'ordre que donna Titus de le respecter ; la charrue passa sur ses ruines, et alors commença cette **dispersion** du peuple hébreu qui dure encore. Les Juifs s'étaient engagés dans cette lutte et y avaient persévéré avec un incroyable esprit de vertige, et Titus avait senti lui-même qu'il n'était que l'instrument d'une puissance divine. Le sénat décerna le triomphe à Vespasien et à Titus, et ce fut la première fois qu'on vit une même pompe triom-

phase réunir **le père et le fils.** En mémoire de cette guerre, il fut élevé un **arc de triomphe** encore debout et où sont représentés en relief le **chandelier à sept branches** et la **table des pains de proposition,** qui furent sauvés des flammes et apportés à Rome. Un des généraux Juifs qui avaient commandé dans cette guerre (**Flavius Josèphe**) en a été l'historien.

506. *Quel soulèvement y eut-il en même temps dans l'Occident ?* Les **Bataves,** sous la conduite de l'intrépide **Civilis,** s'efforcèrent de profiter des troubles civils de Rome pour recouvrer leur indépendance. Des **Germains,** à la voix de leur prophétesse **Velléda,** qui leur promettait la défaite des Romains, accoururent se joindre aux Bataves, et les Romains essuyèrent quelques échecs en Batavie. En même temps un seigneur gaulois du pays des Lingones, nommé **Sabinus**, se faisait proclamer César. Mais cette insurrection, qui un moment sembla formidable, ne put ni s'organiser ni s'étendre. La désunion se mit parmi les révoltés. **Céréalis**, envoyé par Mucien contre les Bataves, vainquit Civilis ; il lui accorda d'honorables conditions de paix : les Bataves furent exemptés de tribut et ne furent obligés qu'à fournir des soldats. Sabinus, battu par les Séquanes, fut réduit à prendre la fuite.

507. *Quelle fut l'impitoyable rigueur de Vespasien envers Sabinus ?* **Sabinus**, accompagné de deux esclaves fidèles, était parvenu à se cacher dans un **souterrain** attenant à une maison de plaisance, puis il avait fait répandre le bruit de sa mort. Instruit du

désespoir de sa femme Éponine, il lui fit connaître le lieu de sa retraite ; elle voulut la partager, lui en adoucit l'horreur pendant **neuf ans**, et y mit au monde deux jumeaux. Sabinus fut à la fin découvert, conduit à Rome devant Vespasien, et subit le dernier supplice. Eponine, qui avait inutilement essayé de fléchir l'empereur en lui montrant ses deux enfants, mourut courageusement avec son mari.

508. *Quelle conquête les Romains poursuivirent-ils sous le règne de Vespasien ?* La conquête de la Bretagne, de **78** à **85**, fut continuée sous Vespasien et achevée cinq ans après sa mort par un général né à Fréjus et nommé **Agricola**. Questeur, tribun, préteur, il s'était déjà fait estimer sous Néron et sous Galba par ses talents et ses vertus. Il se proposa tout à la fois de subjuguer les Bretons et de répandre chez eux la civilisation romaine ; il y réussit malgré la résistance que lui fit **Galgacus**, vaillant chef des Calédoniens. Une dernière et décisive bataille se livra, en **84**, au pied des monts **Grampians ;** Galgacus y périt, et la conquête de la plus grande partie de la Bretagne fut achevée. Agricola en fit le tour avec sa flotte et on s'assura pour la première fois que c'était une **île**

509. *Quand et comment mourut Vespasien ?* Vespasien mourut en **79**, après avoir régné près de dix ans. Quand il sentit sa fin approcher : **Je crois**, dit-il gaiement, **que je deviens dieu ;** se moquant ainsi des honneurs de l'apothéose que les Romains serviles décernaient à leurs empereurs. Pendant sa maladie,

il n'avait cessé de s'occuper des affaires publiques, et à la dernière heure il voulut se lever, se fit habiller et dit : « **Il faut qu'un empereur meure debout.** » Avec lui était montée sur le trône une nouvelle famille, celle des Flaviens, qui a donné à Rome trois empereurs.

510. *Quel fut le successeur de Vespasien ?* Son successeur fut **Titus**, l'aîné de ses fils, que la sagesse de son administration et sa rare bonté firent surnommer **les délices du genre humain.** Un jour où il n'avait eu l'occasion de faire du bien à personne, il dit à ses courtisans : « **Mes amis, j'ai perdu ma journée.** »

511. *Quelles calamités publiques signalèrent le court règne de Titus ?* La première **éruption du Vésuve**, l'an **79**, ensevelit sous les cendres plusieurs villes, entre autres **Herculanum** et **Pompéies** (1). Pline le naturaliste voulut s'approcher de la montagne pour observer ce phénomène, et périt victime de son amour pour la science. Un **incendie** détruisit le Panthéon et le Capitole, et fut suivi d'une **peste** qui décima l'Italie. Titus fit tous ses efforts pour adoucir et réparer ces désastres ; mais il ne fut pas donné à Rome de jouir longtemps d'un tel empereur ; il mourut en **81**, après avoir régné 27 mois. Son

---

(1) Ces villes sont restées dix-sept siècles comme ensevelies dans le linceul de leurs cendres. L'emplacement d'Herculanum a été reconnu en 1713, celui de Pompéies en 1755 ; les fouilles ont commencé, et aujourd'hui un tiers de Pompéies est découvert.

frère Domitien fut soupçonné d'avoir hâté sa mort par le poison (1).

512. *Quel fut le successeur de Titus ?* **Domitien** fut aussitôt proclamé empereur. D'abord il gouverna sagement, mais il s'abandonna bientôt à ses penchants vicieux et sanguinaires; despote effréné, il imita les folies et les cruautés de Néron. Il chassa les **philosophes,** ainsi que l'avait fait son père. Il combla de grâces les **délateurs;** il remit en usage les **accusations de lèse-majesté,** toujours intentées aux riches et suivies de la confiscation des biens. Il se fit appeler **dieu.** Il employait ses loisirs à tuer des **mouches** avec un poinçon; il poussa le mépris pour le sénat jusqu'à le faire délibérer sur la manière d'accommoder un **turbot.** Il invita un jour à un **festin** les principaux personnages de l'empire, fit préparer autant de **cercueils** que de convives; puis, après avoir joui de leur terreur, il les congédia.

513. *Comment traita-t-il les chrétiens?* Les chrétiens ayant refusé de payer l'impôt pour la réédification du Capitole, Domitien les condamna à mort, et alors commença la **seconde persécution,** dans laquelle périrent comme chrétiens le cousin même de l'empereur, **Flavius Clemens,** et sa propre sœur, **Domitilla.**

514. *Quels vices Domitien joignait-il à son pen-*

---

(1) Titus avait fait construire des *thermes* où l'on a découvert, en 1506, le groupe du Laocoon, aujourd'hui au Vatican.

chant vers la cruauté? Domitien, qui ne se contentait pas d'ordonner les supplices, mais qui prenait plaisir à y assister, avait en outre une vanité, un orgueil sans bornes et une basse jalousie. Il fit quelques ravages sur les terres des **Cattes,** l'an **82**, et, sans avoir vu l'ennemi, il se proclama vainqueur. Jaloux de la gloire d'**Agricola,** il le rappela de Bretagne. ercebal, roi des Daces ou Gètes, ayant attaqué avec succès les frontières de l'Italie, il acheta de lui la paix au prix d'une forte somme d'argent. Il n'en célébra pas moins un triomphe et prit le nom de **Dacique**

§ VIII. — **Nerva, Trajan, Adrien.**

Nerva laisse à Trajan le pouvoir souverain.

515. *Quel fut le successeur de Domitien?* Un complot délivra Rome, l'an **96**, du tyran qui l'opprimait depuis quinze ans, et porta à l'empire le sage et doux **Nerva,** âgé de 70 ans. Avec ce prince commença une plus heureuse période pour l'empire. Se sentant trop faible pour soutenir le poids de la couronne, Nerva adopta et associa à l'empire un Espagnol nommé **Trajan,** qui, peu de temps après, lui succéda, et dont le règne fut pour l'empire une brillante époque de prospérité.

516. *Quelle gloire Trajan acquit-il comme homme d'Etat?* Trajan abolit complétement les jugements pour crime de **lèse-majesté,** il chassa les **délateurs,**

et, voulant relever l'ancienne constitution de l'État, il rendit aux **comices** les élections ; au **sénat,** son indépendance ; aux **magistrats,** la considération ; et donna toujours lui-même l'exemple de la soumission aux lois. Il diminua les **impôts,** vendit les nombreux **palais** que ses prédécesseurs avaient acquis par des confiscations, et ouvrit **des écoles pour les enfants pauvres.** Il fit construire de grandes **routes,** des **chaussées,** de magnifiques **monuments publics,** des **ponts** (celui d'Alcantara, en Espagne, existe encore); et fit creuser à ses frais les ports d'**Ancône** et de **Civita-Vecchia.**

517. *Comment Trajan exprimait-il la règle de conduite qu'il s'était tracée ?* Ce prince, à qui les Romains donnèrent le glorieux titre d'**optimus,** disait souvent : « Tels j'ai souhaité, **étant particulier,** voir les empereurs être à mon égard, tel, **devenu empereur,** je veux être à l'égard des particuliers. »

A leurs écrits Lucain, Pline, Quintilien,
Sénèque, Juvénal, Phèdre, doivent leur gloire.
Tacite des tyrans a flétri la mémoire.

518. *Quels sont les poëtes latins qui florissaient dans le premier siècle après J.-C.?* Dans le premier siècle après J.-C. ont paru quelques célèbres poëtes, savoir : *Phèdre*, affranchi d'Auguste, qui a écrit sous Tibère des fables remarquables par leur élégance ; *Lucain*, auteur de *la Pharsale* ; *Silius Italicus* qui a raconté en vers la seconde guerre punique ; *Valérius Flaccus*, auteur d'un poëme sur la conquête de la Toison-d'Or ; *Stace*, auteur de *la*

Thébaïde; *Perse* et *Juvénal*, poëtes satiriques; et *Martial*, épigrammatiste.

519. *Quel célèbre historien latin vivait dans le premier siècle ?* Au premier siècle après J.-C. appartient l'historien *Tacite*, que Racine appelle le plus grand peintre de l'antiquité; il a écrit la vie d'Agricola, son beau-père, un *Traité sur les mœurs des Germains*, et l'*Histoire des empereurs depuis Tibère jusqu'à Nerva* : il ne nous reste qu'une partie de ce dernier ouvrage.

520. *Quels sont les autres auteurs célèbres qui appartiennent à ce même siècle ?* Les auteurs les plus célèbres du premier siècle sont : parmi les latins, *Velleius Paterculus*, le modèle des abréviateurs; *Valère Maxime*, qui a composé un recueil des actions et paroles mémorables des grands hommes; *Quinte-Curce*, auteur d'une vie d'Alexandre élégamment écrite; *Pline l'Ancien*, auteur d'une histoire naturelle, dépôt précieux des connaissances des anciens; *Quintilien*, qui tint aux frais du trésor public une école d'éloquence, lutta contre la corruption du goût, et nous a laissé un livre précieux intitulé : *de l'Éducation de l'orateur*; *Celse*, surnommé l'Hippocrate latin, qui a composé un traité de médecine élégamment écrit; *Sénèque*, dont les ouvrages sont presque tous des traités de philosophie pratique et ont surtout pour but la morale. Les principaux sont *les 124 lettres à Lucilius* et le beau traité *des Bienfaits*.

Parmi les auteurs grecs, on cite le géographe *Strabon* et *Josèphe*, né à Jérusalem, qui a écrit une histoire des guerres des Juifs, composée d'abord en syriaque et qu'il traduisit ensuite en grec.

SYNCHRONISMES. Ier SIÈCLE APRÈS J.-C. — 30. *Le Sauveur du monde commence sa prédication*. — 33. *Il est crucifié sur le Calvaire*. — 36. *Conversion de saint Paul*. — 44. *Premier concile des apôtres à Jérusalem. Saint Pierre fonde à Rome son siège épiscopal*. — 66. *Mort de saint Pierre et de saint Paul*. — 99. *Mort de saint Jean*.

Deuxième siècle après J.-C. — 101-200.

(SIÈCLE DES ANTONINS.)

Partout vainqueur, Trajan du Parthe est redouté,
Et meurt l'an cent dix-sept des Romains regretté.
Il protégea Plutarque et fut loué par Pline.
Son pupille Adrien doit le sceptre à Plotine.

521. *Quelle gloire Trajan acquit-il comme général?* Trajan recula par ses victoires les bornes de l'empire, affranchit les Romains du honteux tribut qu'ils payaient aux Daces, vainquit le roi Dercebal, et réduisit la **Dacie** en **province romaine**, l'an **106**. Il y envoya de nombreux colons (les **Roumains**, Moldaves et Valaques, s'en disent les descendants, et parlent encore aujourd'hui une langue dont la langue latine fait le fond.) Trajan porta, l'an **114**, ses armes en Orient, vainquit les Parthes, qui s'étaient emparés de l'Arménie, détrôna leur roi **Chosroës** et joignit à l'empire l'**Arménie**, la **Mésopotamie** et une partie de l'**Arabie**. Il navigua sur l'Euphrate, le Tigre, le golfe Persique. « Si j'étais plus jeune, disait-il, j'irais conquérir les Indes. »

522. *Que fit le sénat pour perpétuer le souvenir des exploits de Trajan?* Au milieu du **Forum de Trajan**, ou de la superbe place que ce prince avait fait construire par l'architecte **Apollodore** de Damas, le sénat fit élever par le même architecte une **colonne** au haut de laquelle fut placée la statue de Trajan. La colonne, dite **Trajane**, haute de 47 mètres, subsiste encore ; mais à la statue de l'empereur romain, le pape Sixte V a substitué celle de l'apôtre saint Pierre (1).

523. *Quand et où mourut Trajan, quelle est sa gloire, et quels reproches aussi peut-on lui faire?* A son retour de son expédition en Orient, Trajan mourut l'an **117,** à **Sélinonte,** ville de Cilicie, appelée depuis **Trajanopolis.** Pendant un règne glorieux de 19 ans, ce grand prince fit le **bonheur des peuples** soumis à son sceptre; mais il ne sut point échapper à tous les vices de ses contemporains. Il ne s'interdit point les **excès de table;** il ordonna, il est vrai, qu'on n'exécutât pas les ordres qu'il donnerait après ses longs repas. Quoiqu'il connût bien l'innocence des chrétiens, il autorisa contre eux la **troisième persécution.** Ses cendres furent transportées à Rome et placées sous la colonne Trajane.

524. *Quels sont les deux célèbres écrivains qui florissaient sous Trajan?* Sous Trajan florissaient *Pline* le Jeune, neveu de Pline le naturaliste, et *Plutarque,* né à Chéronée, en Béotie. Il nous reste du premier, des lettres et un panégyrique de Trajan. Le second, regardé comme le modèle des biographes, a écrit en grec la vie des hommes illustres et a fait de l'histoire une école de morale.

525. *Comment Adrien parvint-il au trône?* **Adrien,** cousin et pupille de Trajan, fut adopté par cet empereur, à la sollicitation de **Plotine,** femme de Trajan ; proclamé à **Antioche** par les troupes, Adrien fut ensuite reconnu par le sénat. Oubliant les in-

---

(1) C'est sur le modèle de cette colonne qu'a été érigée celle de la place Vendôme.

jures : « **Vous voilà sauvé,** » dit-il, dès qu'il fut le maître, à un de ceux qui devaient craindre le plus son ressentiment.

526. *En quoi la politique d'Adrien différa-t-elle de celle de son prédécesseur ?* Au lieu de chercher à faire des conquêtes, Adrien s'appliqua surtout à **maintenir la paix** et à donner une plus grande consistance à l'empire en reformant l'administration intérieure, en fortifiant la discipline militaire. Renonçant à garder ce qu'il ne croyait pas pouvoir défendre, il abandonna une partie des conquêtes de Trajan en Orient, laissa les Parthes reprendre leurs provinces, et donna de nouveau l'**Euphrate** pour limite à l'empire romain.

527. *En quoi est surtout remarquable le règne d'Adrien ?* Adrien étendit à toutes les provinces de l'empire une sollicitude active et éclairée. Voulant tout voir par lui-même, **il voyagea onze ans** et la plupart du temps à pied ; il parcourut d'abord l'Occident, ensuite l'Orient, établissant partout un meilleur ordre et laissant de nombreuses fondations sur son passage. Il fit construire une **grande muraille** (entre Carlisle et Newcastle) pour préserver les Bretons des incursions des Pictes, ancien peuple de la Calédonie (Écosse), que les Romains ne purent soumettre ; on lui attribue les **arènes de Nîmes**, le **pont du Gard** près de cette dernière ville, et un grand nombre de **voies romaines**. Il rebâtit Jérusalem, sous le nom d'**Ælia Capitolina**.

528. *Quelles furent la cause et l'issue de la grande*

révolte qui éclata en Judée? Adrien ayant voulu construire un **temple à Jupiter** dans la nouvelle ville qui s'élevait sur les ruines de l'ancienne Jérusalem, les **Juifs** prirent les armes en **132** sous la conduite d'un prétendu messie nommé **Barcochab ;** ils furent taillés en pièces, et l'accès de la nouvelle Jérusalem, ou d'Ælia-Capitolina, leur fut défendu.

629. *Quels furent les principaux changements qu'introduisit Adrien dans le gouvernement?* Adrien régularisa l'administration, supprima les formes républicaines, et rendit le gouvernement plus monarchique. Il forma des meilleurs jurisconsultes un **conseil secret de l'empire** à qui finit par être dévolue la puissance législative, au préjudice du sénat. Il divisa tous les offices en **charges de l'État, du palais et de l'armée.** Il rendit les **esclaves** justiciables des tribunaux et non de leurs maîtres et ferma les **ergastules,** c'est-à-dire ces prisons où les esclaves travaillaient avec les fers aux pieds. Il améliora la législation civile par la promulgation de l'**édit perpétuel,** composé de ce qu'il y avait de plus sage dans les anciens édits prétoriens, et destiné à servir de règle permanente aux préteurs.

530. *Quel fut le goût d'Adrien pour les arts ?* Adrien aima passionnément les arts, il présida à tous les grands travaux d'embellissement ou d'utilité qu'il fit exécuter. Il sculpta lui-même des statues et donna des plans d'édifices pour Rome et pour Athènes. Dans sa **villa de Tivoli,** il reproduisit les sites

et les monuments qui l'avaient le plus frappé dans ses voyages. Il fit construire son **mausolée** (aujourd'hui le château Saint-Ange) et le pont qui le réunit à Rome. Il est triste à dire que dans sa jalousie d'artiste il alla jusqu'à faire mourir l'architecte **Apollodore** qui avait blâmé un de ses dessins de temple.

531. *Quelle fut la fin d'Adrien, quel jugement peut-on porter sur lui, quels successeurs désigna-t-il, comment traita-t-il les chrétiens?* Adrien mourut d'un excès de table, à **Baies**, l'an **138**, regretté des provinces et haï du sénat. Adrien ternit ses grandes qualités par la dépravation de ses mœurs, et souilla, par des actes de cruauté, un règne qui fut salutaire à tout l'Etat. Il adopta **Titus-Antonin** à la condition que celui-ci adopterait à son tour **Marc Aurèle**, et, par là, il se trouva avoir préparé à l'empire romain 42 ans de bonheur. Il avait épargné les chrétiens à la prière de **saint Quadrat**, évêque d'Athènes, et de **saint Aristide**, philosophe athénien, qui lui avaient présenté chacun une apologie du christianisme.

§ IX. — Antonin, Marc Aurèle, Commode.

En cent trente-huit règne Antonin le Pieux,
Et sous lui vingt-trois ans les Romains sont heureux.
Il eut pour successeur ce sage Marc Aurèle,
Que la philosophie a choisi pour modèle.
Dans le sang des Romains Commode s'est baigné.

532. *Quel noble caractère Antonin, surnommé le Pieux, montra-t-il sur le trône?* Quoique prince,

Antonin vécut comme un simple particulier, administrant les affaires de l'Etat comme les siennes propres. Il maintint un ordre rigoureux dans les finances, et n'entreprit aucune guerre, ayant pour maxime qu'il **vaut mieux sauver un citoyen que de tuer mille ennemis.** Il signala sa clémence en arrêtant toutes recherches au sujet d'une conspiration : « Quel malheur pour moi, dit-il, si l'on trouvait que je suis haï d'un grand nombre de mes concitoyens ! » Il n'accordait de pensions sur le trésor qu'à ceux qui les méritaient : « Car, disait-il, c'est une chose honteuse et cruelle que la république soit rongée par ceux qui ne lui rendent aucun service. » Son règne, qui dura 23 ans, fut sans contredit **la plus heureuse période de l'empire romain.** Cet empereur était né à **Lanuvium,** de parents gaulois de Nîmes.

533. *Comment Antonin traita-t-il les chrétiens ?* Les chrétiens étant tous les jours immolés à la fureur des païens au nom d'un si bon prince, **saint Justin** lui fit parvenir son **Apologie du christianisme ;** Antonin en fut touché, publia un édit en faveur des chrétiens, et fit cesser la persécution ; dans son édit, il va jusqu'à prendre la défense des chrétiens, il loue la fidélité qu'ils gardent à leur Dieu et le courage qui leur fait mépriser la mort. Il déclare que le nom de chrétien n'est point un crime, et que quiconque est traduit en justice pour ce seul sujet doit être renvoyé absous et son accusateur puni.

534. *Quel magnifique temple fut élevé sous Antonin le Pieux ?* C'est sous Antonin le Pieux que fut

construit en Syrie, à Héliopolis (ville du Soleil, aujourd'hui Baalbek), dans la vallée entre le Liban et l'Anti-Liban, un **temple** immense **du Soleil,** dont il reste encore debout un grand nombre de colonnes.

535. *Qui succéda à Antonin?* Le successeur d'Antonin fut le sage **Marc Aurèle**, son gendre. Il s'associa, l'an **171, Lucius Vérus** à qui il donna bientôt en mariage sa fille Lucille, et Rome vit pour la première fois régner ensemble **deux empereurs** avec le titre d'Auguste, mais sans qu'il y eût ni partage territorial de l'empire, ni deux capitales, ni deux administrations séparées.

536. *Quelles guerres firent Vérus et Marc Aurèle?* Les **Parthes** ayant repris les armes, Vérus marcha contre eux et les vainquit, l'an **165,** par l'habileté de ses lieutenants. De l'an **167** jusqu'à la fin de son règne, Marc Aurèle eut à soutenir une guerre redoutable sur les bords du Danube, contre les **Marcomans** et d'autres peuples du Nord. Il y déploya un courage supérieur. Il réussit, à la vérité, à assurer les frontières de ce côté, mais il fut aussi le premier qui permit aux Barbares de s'établir dans l'intérieur, et qui les prit à la solde de l'empire romain.

537. *Comment les deux empereurs Marc Aurèle et Lucius Vérus montrèrent-ils un caractère opposé?* Marc Aurèle soutint toujours dans sa conduite la réputation de sage et de philosophe; Lucius Vérus, au contraire, prince indolent et vicieux, n'eut d'autre qualité qu'une entière déférence envers son

collègue, qu'il laissa par sa mort seul maître de l'empire, l'an **169.**.

538. *Quelles calamités signalèrent le règne de Marc Aurèle?* Pendant le règne de Marc Aurèle, le débordement du Tibre causa une **famine**; des **incendies** détruisirent plusieurs villes; une **peste** exerça de grands ravages dans l'empire. Marc Aurèle, par la sagesse de son administration, remédia à tant de maux.

539. *Que peut-on dire à la louange de Marc Aurèle?* Marc Aurèle **fit asseoir** en quelque sorte **la philosophie sur le trône**, et justifia ce mot de Platon : « Heureux les peuples où des philosophes sont rois, et où les rois sont philosophes. » Comme on lui reprochait de ne vouloir rien entreprendre sans le conseil du sénat: « N'est-il pas plus raisonnable, dit-il, de suivre l'avis d'un si grand nombre d'amis judicieux, que de les obliger à se soumettre à ma seule volonté? » Marc Aurèle a laissé douze livres de réflexions morales (en grec) sous ce titre : **A moi-même**. C'est un admirable résumé des plus nobles doctrines du stoïcisme.

540. *Quels reproches toutefois peut-on faire à Marc Aurèle?* On peut reprocher à Marc Aurèle d'avoir laissé prendre à sa famille et à ses affranchis trop d'influence, **d'avoir souffert les déréglements** de sa femme Faustine, de sa fille Lucille et de son fils Commode, et enfin **d'avoir**, cédant aux sophistes, **ordonné**, en **163**, contre les chrétiens une **persécution**, qui fut la quatrième.

541. *Dans quelle circonstance, onze ans après, dut-il son salut à des chrétiens?* Marc Aurèle faisait, en **174**, la guerre aux **Quades** et aux **Marcomans**, qui voulaient franchir le Danube et s'établir sur la rive droite de ce fleuve. Ils étaient parvenus à envelopper l'armée romaine que commandait l'empereur en personne, et à lui ôter tout moyen de se procurer de l'eau dans un temps d'extrême chaleur. La **légion Mélitène**, composée de soldats chrétiens, et surnommée la **Foudroyante**, implora avec ferveur le Dieu vivant; bientôt le ciel se couvrit de nuages, une **pluie abondante** tomba sur le camp des Romains qui la recueillirent dans leurs casques, et s'en désaltérèrent, tandis qu'une **grêle** d'une grosseur extraordinaire, accompagnée de tonnerre, tombait sur leurs ennemis et les dispersait épouvantés (1). Marc Aurèle, à la suite de cet événement, publia un édit qui suspendit la persécution contre les chrétiens.

542. *En quoi est remarquable cette période de l'histoire romaine qui commence avec Nerva et finit avec Marc Aurèle?* Cette période de 84 ans, qui commence avec Nerva et finit avec Marc Aurèle, a été appelée le **siècle des Antonins** et l'**âge d'or de l'empire**. L'hérédité absolue n'avait pu s'établir; l'**adoption**, sorte d'hérédité mitigée, donna à Rome cette

---

1) Tertullien, dans son *Apologétique* (c. 7), cite une lettre de l'empereur dans laquelle celui-ci, rendant compte au sénat de ce prodige, reconnaissait en être redevable aux prières des soldats chrétiens.

suite de grands princes : Trajan, Adrien, Antonin, Marc Aurèle. Durant cette période, qu'ont célébrée les historiens, des **lois** plus équitables devinrent communes à tout l'empire ; les **voies romaines** ont multiplié les relations ; les **arts**, les **lettres**, les **sciences** ont brillé d'un dernier éclat, non-seulement à Rome, mais dans les provinces ; le **commerce** faisait affluer à Rome les richesses du monde alors connu. Mais l'excès du luxe et du bien-être avaient amolli les âmes ; les **mœurs** étaient en même temps **corrompues et cruelles ;** les grandes fêtes pour le peuple étaient celles où l'amphithéâtre ruisselait du sang des gladiateurs et des bêtes fauves.

543. *Quel fut le caractère de Commode?* Indigne fils du vertueux Marc Aurèle, et son successeur l'an **180**, **Commode** fut un monstre de cruauté, de scélératesse, d'insolence et de débauche. Dès le commencement de son règne, il acheta la paix des **Marcomans.** Sa passion insensée pour les divertissements de l'amphithéâtre, pour les combats de bêtes féroces et de gladiateurs, où il se présentait lui-même, se donnant pour un autre **Hercule**, fut une des principales causes de ses profusions et de sa cruauté.

544. *Comment finit Commode?* La veille des Saturnales, en **192**, Commode voulut, malgré les représentations qu'on lui fit, passer la nuit dans une école de gladiateurs. Là il inscrivit sur des **tablettes** le nom de ceux qu'il se proposait de faire périr la nuit suivante. Il s'endormit. Un enfant prit les ta-

blettes et les montra. Marcia, sa concubine, et
Lætus, préfet du prétoire, y virent leurs noms. Ils
se hâtèrent de prévenir Commode en l'assassinant.

DEUXIÈME PARTIE.

DESPOTISME MILITAIRE.

(De l'an 192 à l'an 284 après J.-C. Espace de 92 ans.)

§ I. — Pertinax, Didius Julianus, Septime Sévère.

Pertinax, Didius, peu de temps ont régné.
Le pouvoir est conquis par Septime Sévère,
Prince dur et cruel, mais vaillant militaire.

545. *Qui succéda à Commode et pour combien de temps?* Les meurtriers de Commode placèrent sur le trône **Helvius Pertinax**, respectable vieillard, qui fut d'abord reconnu par les prétoriens et ensuite par le sénat. Il voulut remettre l'ordre dans l'État et dans les finances, et fut, après un règne de **trois mois**, massacré par les **prétoriens**, qui, à partir de cette époque jusqu'à la fin du IIIe siècle, disposèrent à leur gré de l'empire.

546. *De quelle manière inouïe fut-il procédé au remplacement de Pertinax?* Après le massacre de Pertinax, l'empire fut mis **à l'enchère**. Deux acheteurs se présentèrent : **Sulpitien**, beau-père de

Pertinax, et **Didius Julien**, vieux jurisconsulte, préfet de Rome; ce dernier ayant porté l'enchère à 30,000 sesterces (environ 6,000 francs) pour chaque prétorien, l'emporta sur son compétiteur, qui ne put la pousser qu'à 25,000 sesterces (environ 5,000 francs). Le marché ainsi conclu, Didius fut conduit, en ordre de bataille, au palais et accepté par le sénat.

547. *Quels prétendants à l'empire y eut-il alors et comment finit Didius?* Il arriva après la mort de Commode ce qui était arrivé après celle de Néron (*Voy.* n° 502). Les légions ne voulurent pas reconnaître l'empereur qu'avaient fait les prétoriens. Celles de Bretagne saluèrent empereur **Albinus**; celles de Syrie, **Pescennius Niger**; celles d'Illyrie, l'Africain **Septime Sévère**. Ce dernier était le plus près de Rome, il se hâta de s'y rendre. Didius ne fit point ce que Othon avait fait, en semblable occurrence, pour éviter une guerre civile (*Voy.* n° 500), il ne se donna pas la mort. Mais le sénat, enhardi par l'approche de Septime Sévère, déclara Didius ennemi public, le fit tuer, et décerna à Septime Sévère le titre d'empereur. Celui-ci cassa et dispersa hors de l'Italie le corps des **prétoriens**, mais il en forma un nouveau de ses soldats les plus dévoués dans les légions d'Illyrie.

548. *Comment Septime se débarrassa-t-il de ses deux compétiteurs?* Septime Sévère poursuivit d'abord en Asie **Niger**, qui fut vaincu dans la plaine d'**Issus**, en **194**, et perdit la vie; il assiégea et ruina presque entièrement **Byzance**, qui avait embrassé

le parti de Niger. Sévère tourna ensuite ses armes contre **Albinus** qu'il avait d'abord perfidement ménagé. Après une sanglante bataille livrée **entre Lyon et Trévoux**, le 19 février **197**, Albinus vaincu se tua lui-même. **Terrible après la victoire,** Septime Sévère fit égorger la femme et les enfants d'Albinus, la femme et les enfants de Niger, proscrivit les partisans de ses deux rivaux, et en immola un grand nombre à sa vengeance. Ce fut ainsi que Septime Sévère resta seul maître de l'empire.

Au second siècle, on voit Épictète, Arrien,
Suétone et Florus, Plutarque et Galien.
Cette foi que le Christ vint apporter au monde
S'accroît sous les bourreaux, et le sang la féconde.

549. *Quels sont les hommes célèbres, dans les lettres et les sciences, qui appartiennent au second siècle?* Dans le IIe siècle florissaient parmi les Latins, *Pline* le Jeune, dont nous avons déjà parlé; *Suétone*, biographe des douze premiers Césars; *Florus*, excellent abréviateur; *Gaïus*, grand jurisconsulte, qui écrivait sous Antonin ses *Institutes* (traité élémentaire de droit); parmi les Grecs, *Plutarque*, historien et philosophe; *Épictète*, philosophe stoïcien; *Arrien*, son disciple, historien d'Alexandre; *Pausanias*, auteur d'un voyage historique en Grèce; *Lucien*, polygraphe; le célèbre médecin *Galien;* et *Ptolémée*, né à Péluse, en Égypte, géographe et astronome, auteur d'un système du monde dans lequel la terre est au centre de l'univers.

550. *Quels progrès fit la religion chrétienne pendant le IIe siècle?* Pendant le IIe siècle, la religion chrétienne se répandit avec une prodigieuse rapidité.

Encore à sa naissance et sans cesse persécutée, l'Église comptait de nombreux disciples dans toutes les parties de l'empire et même dans des pays où les armes romaines n'avaient jamais pénétré. « **Le sang des martyrs était comme une semence de chrétiens.** »

SYNCHRONISMES. II⁰ SIÈCLE APRÈS J.-C.— 106. *Troisième persécution sous Trajan.* — 150. *Saint Justin présente à l'empereur Antonin la première de ses deux apologies.* — 162. *Quatrième persécution sous Marc Aurèle.*— 166. *Martyre de saint Polycarpe, évêque de Smyrne.* — 177. *La persécution, un moment suspendue, recommence avec fureur dans la Gaule, et surtout à Lyon. Martyre de saint Pothin, évêque de Lyon.* — 179. *Martyre de saint Symphorien à Autun.* — 193. *Saint Victor, quatorzième pape, fixe la fête de Pâques au dimanche qui suit le quatorzième jour de la lune de mars.*

Troisième siècle après J.-C. — 201 à 300.

551. *Que fit Septime Sévère après avoir si cruellement abusé de sa victoire sur Albinus ?* L'année 197 n'était pas terminée que Septime Sévère repassa en Asie pour punir les **Parthes** qui avaient fait alliance avec Niger; il les battit et pilla leurs principales villes. Ce fut alors qu'ayant pacifié l'Orient, il ordonna en **202** la **cinquième persécution** contre les chrétiens, malgré les éloquentes apologies de Tertullien et de Minutius Félix; puis il revint par l'Egypte, où il visita le **tombeau d'Alexandre,** qu'il fit fermer afin que personne n'y descendît après lui. Son retour à Rome donna lieu à l'érection de l'**arc de triomphe** qui subsiste encore et porte son nom.

552. *Quelle fut la dernière expédition de Septime Sévère et de qui était il accompagné?* Après quelques années de repos, Sévère entreprit, en **208**, une **expédition dans la Bretagne**. Il pénétra fort avant dans les montagnes des Calédoniens, et il construisit, au delà du mur d'Adrien, sur la ligne tracée par Agricola, une **nouvelle muraille** à l'endroit où l'île est le plus resserrée. Mais aussitôt après lui le mur d'Adrien redevint la limite de l'empire. Pendant son expédition, Sévère avait été constamment malade. Il était accompagné de ses deux fils, **Bassien** et **Géta**, qu'il désirait endurcir aux fatigues et aux privations de la guerre. Bassien était surnommé **Caracalla**, du nom d'une espèce de vêtement gaulois qu'il aimait à porter. Il tenta d'assassiner son père, et son père ne put l'ignorer.

553. *Quelle fut la fin de Septime Sévère, comment peut-il être jugé, quelle série d'empereurs ouvre-t-il?* Le chagrin aggrava la maladie de Sévère. Il mourut à **Eboracum** (York) l'an **211**. Son dernier mot d'ordre avait été : **Travaillons**. Sévère était sobre, simple dans ses goûts, d'une activité prodigieuse, habile guerrier, mais dur et cruel : il laissa pour maxime à ses enfants de **contenter les soldats et de ne pas s'inquiéter du reste**. Septime Sévère est considéré comme le **premier des empereurs Syriens**, parce qu'il avait épousé **Julia Domna**, fille d'un prêtre du Soleil à Emèse, en Syrie.

§ II. — Caracalla, Macrin, Héliogabale.

Au trône impérial parvint Caracalla ;
Son frère le gênait, bientôt il l'immola.
Après lui vient Macrin, puis Héliogabale,
Et Rome dégradée eut son Sardanapale.

554. *Quel fut le successeur de Septime Sévère ?* Leur père étant mort, Caracalla et Géta se hâtèrent de retourner à Rome. Tous deux voulaient régner, mais Caracalla, pour n'avoir point à partager l'empire avec son frère **Géta**, eut la scélératesse de le poignarder dans les bras de **Julia Domna,** leur mère.

555. *Quelles autres cruautés commit Caracalla ?* Il immola tous ceux qu'il soupçonnait d'avoir été les amis de Géta, et avec eux **Papinien**, célèbre jurisconsulte, qui avait refusé de lui composer une apologie du meurtre d'un frère : « **On ne justifie pas un parricide aussi aisément qu'on le commet,** » lui dit cet homme vertueux, « et c'est se souiller d'un second meurtre que de diffamer un innocent après lui avoir ôté la vie. » Enfin, pour se venger des railleries que les Alexandrins s'étaient permises contre lui, il ordonna un **massacre** épouvantable **dans Alexandrie.**

556. *Quel célèbre édit a rendu l'empereur Caracalla ?* Caracalla, par un édit publié en **212**, a donné à tous les hommes **libres** de l'empire le titre et les priviléges de **citoyens romains** : c'était un grand progrès vers l'unité de droit pour tous, et peut-être cette mesure fut-elle due à l'influence des grands jurisconsultes qui existaient alors ; mais Caracalla n'y vit qu'un moyen de se procurer de l'argent pour enrichir ses soldats et acheter la paix des peuples voisins des frontières. L'**impôt du vingtième** sur les héritages ne pesait que sur les citoyens ; il se trouva étendu à tous les habitants des provinces, et bientôt même, cela ne suffisant pas à Caracalla, il exigea jusqu'au **dixième** des successions.

557. *Dans quelle expédition périt Caracalla, quelle était sa folie, quel monument reste-t-il de son règne ?* Afin de pouvoir se décorer du titre de **Parthique**, Caracalla fit quelques ravages dans la Mésopotamie. Le préfet du prétoire, **Macrin**, l'assassina, en **217**, sur la **route d'Édesse à Charres**. Caracalla, ce monstre aussi fou que cruel, avait la manie de vouloir imiter **Achille** et **Alexandre**, et il immola son favori **Festus** pour avoir à pleurer aussi un Patrocle, un Ephestion. Comme d'autres mauvais empereurs, Caracalla se plut à embellir Rome ; il y fit construire des bains magnifiques connus sous le nom de **thermes de Caracalla**, et dont les immenses débris subsistent encore.

558. *Quel fut le court règne du successeur de Caracalla ?* **Macrin** fut accepté pour empereur par l'armée d'Orient. Après une sanglante bataille livrée aux **Parthes**, dans la Mésopotamie, il acheta d'eux la paix. Quand il fut de retour à **Antioche**, les soldats, irrités des mesures sévères qu'il prenait pour le rétablissement de la discipline, se mutinèrent et saluè-

rent empereur le jeune et beau **Bassien**, qui n'avait que 14 ans. Dans ce danger, Macrin ne montra ni présence d'esprit ni courage, et il fut tué dans sa fuite, après avoir régné 14 mois.

559. *Quel était cet enfant dont on faisait un empereur ?* **Bassien**, élevé d'abord secrètement dans le temple d'**Emèse**, y était devenu ensuite **grand prêtre du Soleil**, que dans ce temple on adorait sous le nom d'**Elagabal** et sous la forme d'une pierre noire conique tombée, dit-on, du ciel. Le nom du dieu passa au jeune grand prêtre. **Elagabal** ou **Héliogabale** fut présenté aux soldats par sa mère et sa grand'mère comme un fils de Caracalla. L'impératrice **Julia Domna**, femme de Septime Sévère, avait une sœur, **Julia Mœsa**, qui eut deux filles, **Sœmias** et **Mammée**. De Sœmias était né Héliogabale.

560. *Comment se conduisit ce jeune empereur ?* Après avoir écrit de Syrie au sénat qu'il prendrait pour modèle le sage Antonin, ce jeune empereur mérita par ses débauches monstrueuses et son luxe extravagant le surnom de **Sardanapale romain**. Il introduisit à Rome les superstitions de la Syrie ; il y fit apporter en grande pompe et adorer sur le Palatin la **pierre noire d'Emèse** et lui immola un grand nombre d'enfants ; le premier il porta un habit tout entier de soie et tout parsemé de pierreries ; il remplissait ses viviers d'eau de rose pour s'y baigner ; il fit donner dans le Colysée des **naumachies sur un lac de vin** ; il donna les premières charges de l'Etat à des **danseurs** et à des **barbiers** ; il établit sur le

Quirinal un **sénat de femmes**, sous la présidence de sa mère Soœmias, et pendant le peu de temps qu'il souilla le trône, il changea trois fois d'épouse.

561. *Quel fut l'objet de la jalousie d'Héliogabale?* Héliogabale avait nommé césar son cousin **Alexandre Sévère,** fils de Mammée, plus jeune que lui de quatre ans; puis il en devint très-jaloux quand il vit le peuple et les prétoriens reporter leur affection sur le jeune césar, dans lequel ils espéraient trouver un libérateur; il essaya vainement plusieurs fois de le faire périr par le poison ou le fer des assassins, mais **Mammée** veillait en mère sur son fils et le sauva.

562. *Comment Rome fut-elle délivrée de ce fou qui portait la pourpre?* Une sédition éclata en **222** parmi les prétoriens; ils se mirent à poursuivre l'indigne empereur: ils le découvrirent caché dans un lieu où l'on jetait les **immondices** et le massacrèrent ainsi que sa mère **Soœmias**. Son corps fut traîné dans les rues de Rome, puis jeté dans le Tibre.

§ III. — **Alexandre Sévère, les deux Gordiens, Philippe, Décius.**

Alexandre Sévère, ainsi que Maximin ;
Gordien et ses fils ; Pupiénus, Balbin,
Philippe, ont subi tous une mort violente.
Les Goths passent l'Ister en l'an deux cent cinquante.

563. *Quel empereur tout différent succéda à Héliogabale?* Après le meurtre d'Héliogabale, les soldats

prétoriens élurent empereur **Alexandre Sévère**, qui n'avait encore que quatorze ans. La vertu parut succéder sur le trône au vice le plus méprisable et le plus odieux. Dirigé par sa mère **Mammée**, par son aïeule **Mœsa**, Alexandre Sévère gouverna avec sagesse. Il s'entoura des conseillers les plus habiles et nomma le grand jurisconsulte **Ulpien** préfet du prétoire. Il entreprit une **réforme** dans les mœurs, l'administration, les finances, la discipline militaire, et il aurait relevé l'empire s'il eût vécu plus longtemps. Il renvoya à Emèse le dieu Elagabal ; tout païen qu'il était, il plaça dans son oratoire l'image de **Jésus-Christ,** comme celle d'un bienfaiteur de l'humanité ; il protégea les chrétiens et leur emprunta cette belle maxime qu'il fit graver sur le frontispice de son palais : « **Fais à autrui ce que tu voudrais qu'on te fît à toi-même.** »

564. *Quel singulier acte d'excessive rigueur raconte-t-on d'Alexandre Sévère?* Alexandre voulut effrayer par un grand exemple ces hommes cupides qui, trafiquant de leur prétendu crédit, se faisaient acheter leur vaine protection auprès du prince, gens qu'on appelait des **vendeurs de fumée.** Il en fit mourir un à la fumée épaisse d'un tas de bois humide, tandis que le crieur public répétait : « Celui qui a vendu de la fumée est puni par la fumée. »

565. *Quelle révolution arriva chez les Parthes pendant le règne d'Alexandre Sévère?* **Artaxercès,** fils d'un Persan nommé **Sassan** et l'un des généraux d'Artaban IV, roi des Parthes, ayant été banni après

de longs services, excita une révolte contre son ancien maître, le battit dans trois combats, et ce prince périt dans le dernier; en lui finit, l'an **226**, la dynastie des **Arsacides**, qui avait donné aux Parthes trente et un rois. Artaxercès fonda le nouveau royaume de Perse ou royaume des **Sassanides**. Cette révolution devint pour Rome une source continuelle de guerres, parce que Artaxercès Ier et ses successeurs, comme descendants des anciens rois de Perse, élevèrent des prétentions sur toutes les provinces de l'Asie.

566. *Comment périt Ulpien?* **Ulpien**, préfet du prétoire et préfet de l'**annone**, c'est-à-dire chargé de pourvoir à l'approvisionnement, à la vente, à la distribution gratuite du blé, était **haï** des prétoriens à cause de son esprit de justice et parce qu'il leur avait retiré plusieurs priviléges dont ils jouissaient sous Héliogabale. Une fois il fut soustrait à leur fureur par Alexandre, qui le couvrit de son manteau impérial; il fut **massacré** par eux, en **226**, presque dans les bras de l'empereur. On ne pouvait reprocher à cet illustre jurisconsulte que sa haine aveugle contre le christianisme.

567. *Quelle fut la fin d'Alexandre Sévère et celle de sa mère?* Comme **Alexandre Sévère** se portait en hâte sur le Rhin pour couvrir les frontières menacées par les Germains, des soldats irrités de la sévérité de la discipline et excités par **Maximin**, l'égorgèrent dans sa propre tente l'an **234**, ainsi que sa mère **Mammée**, pour laquelle il avait une grande vénération. Elle avait été initiée, dit-on, au christianisme

par Origène, avait des mœurs pures, une grande fermeté de caractère, et avait inspiré à son fils l'amour de la vertu.

568. *Qui était ce Maximin ?* Ce Maximin que l'armée proclama empereur à la place d'Alexandre Sévère, était né en Thrace, mais il était Goth d'origine ; il avait été **pâtre**. Enrôlé dans les troupes de Septime Sévère, il monta vite en grade. Il était **d'une taille colossale** (les bracelets de sa femme lui servaient d'anneaux) ; sa voracité était proportionnée à sa stature ; sa force était extraordinaire, il pouvait terrasser seize hommes de suite à la lutte.

569. *Quel usage ce barbare fit-il de la suprême puissance ?* Maximin, qui n'osa pas venir une seule fois à Rome, traita l'empire en pays conquis, et voulut affermir son autorité par la terreur. Il **pilla** les temples, les villes ; il fit couler des **flots de sang**. Sous lui les chrétiens subirent la **sixième persécution**. Après quelques succès sur les Germains, il passa en Pannonie pour attaquer les Sarmates.

570. *Que se passait-il en même temps en Afrique ?* Le proconsul d'Afrique, **Gordien I**^{er}, riche sénateur, descendant des Gracques et de Trajan, âgé de 80 ans, et son fils **Gordien II**, furent, en **237,** contre leur gré proclamés empereurs dans cette province. Tous deux résidèrent à Carthage. Le sénat les reconnut et déclara Maximin ennemi public. **Capellien,** gouverneur de Numidie pour Maximin, attaqua et défit le jeune Gordien qui périt dans le combat. Le père, en apprenant la déroute et la mort de son fils, se tua de désespoir, l'an **238**.

571. *Comment finit Maximin?* Comme Maximin, ayant quitté **Sirmium** en Pannonie, se portait sur Rome pour s'y venger du sénat et y mettre tout à feu et à sang, les provinces se prononcèrent contre lui. **Aquilée** lui ferma ses portes, il en fit le siége; mais ses propres soldats se révoltèrent et le mirent à mort, dans cette même année **238**.

572. *Que devinrent les deux nouveaux empereurs qu'avait faits le sénat et à qui l'empire resta-t-il?* Après la mort des deux Gordiens, le sénat, sachant bien qu'il n'avait aucune grâce à espérer de Maximin, avait choisi **deux empereurs** dans son sein, un ancien soldat, **Maxime Pupien**, préfet de la ville, et le jurisconsulte **Claudius Balbin**; à la demande du peuple le fils du jeune Gordien, **Gordien III**, fut de plus déclaré **César** ou héritier présomptif. Les prétoriens ne voulurent pas accepter les deux empereurs que le sénat avait faits; ils se révoltèrent, égorgèrent Pupien et Balbin dans leur palais, et reconnurent pour seul chef de l'empire le jeune Gordien: c'était un enfant de treize ans.

573. *Quel fut le court règne, quelle fut la fin prématurée du jeune Gordien?* Conduit par les conseils du savant et vertueux **Misithée**, préfet du prétoire, qui avait été son précepteur et dont il épousa la fille **Sabina**, le jeune Gordien régna cinq ans avec sagesse; il combattit, en **241**, avec succès Sapor, roi des Perses, qui avait envahi la Syrie, et dans le

même temps **Aurélien**, tribun légionnaire, battait près de Mayence les **Francs**, peuple germain, qui faisaient leur première apparition sur les terres de l'empire. Misithée, qu'on appelait le **gardien de la république**, étant mort, l'Arabe **Philippe** (1) devint préfet du prétoire; il tua le jeune empereur, en **244**, et prit sa place.

574. *Quelle fête marqua le règne de Philippe?* Sous le règne de Philippe, en **247**, **le millième anniversaire de la fondation de Rome** fut célébré avec une grande magnificence. Deux mille couples de gladiateurs combattirent dans le Colysée; on tua 32 éléphants, 10 tigres, 1 hippopotame, 40 lions, 30 léopards, 10 hyènes, 10 girafes, 1 rhinocéros, etc.

575. *Quelle fut la fin de l'empereur Philippe?* Philippe périt, l'an **249**, près de **Vérone**, en combattant **Décius**, qui, envoyé par lui dans la Pannonie pour la pacifier, avait été forcé par les soldats d'accepter l'empire. Le fils de Philippe fut massacré à Rome par les prétoriens.

576. *Quels redoutables ennemis Décius eut-il à combattre?* Décius eut à combattre les **Goths**, peuple d'origine germanique, qui s'établirent sur les bords du Danube et de la mer Noire, et y fondèrent une puissante monarchie qui s'étendait **depuis la Theis jusqu'au Don**. Ils franchirent le **Danube** (anciennement appelé l'Ister), et firent pour la première fois

---

(1) Il était né à Bostra, capitale de l'Idumée, ville qui devint sous Trajan la capitale de la province romaine d'Arabie.

une irruption dans l'empire romain, sous le règne de Décius qui périt, ainsi que son fils, en les combattant, l'an **251**.

577. *Quels maux Décius fit-il souffrir aux chrétiens ?* Décius fut l'auteur de la **septième persécution** contre les chrétiens. Elle fut une des plus cruelles à cause des tortures qu'on faisait subir aux confesseurs de la foi : on ne les mettait pas tout de suite à mort, mais on se plaisait à prolonger leur agonie dans des supplices variés avec l'art le plus cruel.

§ IV. — Gallus, Valérien, Gallien.

A Dèce ont succédé Gallus, Valérien,
Que suit son fils, l'ingrat et lâche Gallien.

578. *Aux mains de qui passa le pouvoir pendant les deux années qui suivirent la mort de Décius ?* **Gallus** fut proclamé empereur, en **251**, par l'armée ; il acheta la paix des Goths, et, après un règne de deux ans, il fut massacré avec son fils par les soldats, qui lui donnèrent pour successeur **Emilien**. Celui-ci fut à son tour massacré par ceux qui, trois mois auparavant, l'avaient placé sur le trône. Il eut pour successeur, en **253**, **Valérien** dans lequel on crut voir le restaurateur de l'empire, et qui fut l'auteur de la **huitième persécution** contre les chrétiens. Valérien nomma césar son fils **Gallien**.

579. *Quelle expédition fut fatale à Valérien ?* Valérien ayant marché contre **Sapor**, roi des Perses, fut battu et pris à **Édesse,** en **259 ;** il suivit enchaîné le vainqueur, qui se servait, dit-on, de lui comme d'un **marchepied** pour monter à cheval. Il mourut prisonnier quelques années après, et sa **peau,** tannée et teinte en rouge, fut, dit-on encore, suspendue dans un temple de Perse comme un monument de honte pour les Romains.

580. *Comment Gallien montra-t-il son ingratitude et sa lâcheté?* **Gallien,** devenu par le fait de la captivité de Valérien **seul empereur,** au lieu d'aller délivrer son père et venger l'empire, resta à Rome, plongé dans la mollesse et la volupté.

581. *Quels désastres l'empire romain éprouva-t-il sous le règne de l'empereur Gallien?* Sous le règne de Gallien, l'empire romain fut sur le point de se dissoudre en une multitude d'états séparés, et même de devenir la proie des barbares. Les **Germains** poussèrent leurs excursions jusqu'à Ravenne ; les **Francs,** ligue de peuples germains qui habitaient le long du Rhin, ravagèrent les Gaules ; les **Goths** inquiétèrent les provinces de Grèce et d'Asie ; les **Marcomans** envahirent la Pannonie ; les **Perses,** la Syrie. Au milieu de ce bouleversement, des chefs militaires, dans la plupart des provinces, se firent élire empereurs par leurs soldats ; c'est l'époque anarchique dite des **trente tyrans,** elle dura huit ans.

582. *Quel nouvel état vit-on s'élever en Asie du temps de Gallien?* Du temps de Gallien on vit s'élever en Asie **le royaume de Palmyre,** fondé par le chef d'une tribu d'Arabes, nommé **Odenat,** qui, secondé

par les conseils et le courage de sa femme **Zénobie**, se créa une puissante armée, prit la dignité royale, embrassa le parti des Romains, et remporta de grands avantages sur Sapor. Il fut nommé auguste par Gallien, mais au milieu de ses succès il périt victime d'une conspiration tramée contre lui par son neveu. Sa veuve Zénobie prit les rênes de l'État.

583. *Comment finit Gallien et qui désigna-t-il pour son successeur?* Gallien fut assassiné, en **268**, par ses propres officiers devant **Milan**, où il tenait assiégé l'usurpateur **Auréolus**. En expirant il choisit pour son successeur le Dalmate **Claude**, qui était alors le général le plus renommé de l'empire.

§ V. — Claude II, Aurélien

Claude deux un moment a relevé l'empire.
Le brave Aurélien a renversé Palmyre.

584. *Comment gouverna Claude II?* Claude II, prince habile, qui a commencé la série des empereurs sortis des régions illyriennes, raffermit l'empire ébranlé. Il fit prisonnier Auréolus, que les troupes mirent à mort, repoussa les Allemands, et remporta, près de **Nissa**, une grande victoire sur les **Goths** qui avaient fait une irruption dans la Mœsie. Il mourut de la peste à **Sirmium**, l'an **270**, au milieu de son armée.

585. *Quel fut le successeur de Claude II?* Le successeur de Claude II fut **Aurélien**, homme dur, cruel

même, mais brave, énergique, infatigable. Fils d'un paysan illyrien, il avait passé par tous les grades de la milice. Ce que Claude II avait commencé à faire, il le continua, il releva l'empire de l'abaissement où il était tombé. C'est lui qui entoura Rome de ces **murs** qui, réparés de siècle en siècle par les papes, forment encore l'enceinte actuelle de Rome.

586. *Quels furent, en Europe, les succès d'Aurélien ?* Aurélien repoussa une invasion des **Allemands** qui s'étaient avancés jusque dans l'Ombrie. La terreur était dans Rome. Le sénat consulta les livres sibyllins, et des victimes humaines que livra Aurélien furent immolées. Une bataille livrée sur les bords du **Métaure** délivra l'Italie. Aurélien fit ensuite repasser aux **Goths** le Danube qu'ils avaient franchi. La Gaule, la Bretagne et l'Espagne avaient, depuis Gallien, des maîtres indépendants et se trouvaient alors sous la domination de **Tétricus.** Mais Tétricus trouvait le fardeau au-dessus de ses forces. Il était usurpateur malgré lui. A la bataille de **Chalons-sur-Marne**, en **274**, il trahit son armée et passa du côté d'Aurélien. La **Gaule**, la **Bretagne** et l'**Espagne** rentrèrent sous la dépendance de l'empire.

587. *Quelle guerre Aurélien fit-il en Orient?* Aurélien fit la guerre à **Zénobie, reine de Palmyre,** parce que cette reine, dont l'ambition égalait l'habileté et le courage, voulait rester indépendante des Romains, et s'était emparée de la Syrie, de l'Égypte et d'une partie de l'Asie Mineure. Vaincue près d'**Antioche** et près d'**Émèse**, Zénobie fut atteinte

par les Romains lorsqu'elle fuyait vers l'Euphrate, et pour obtenir la vie elle livra lâchement son ministre, le célèbre rhéteur **Longin**, qui lui avait conseillé de résister aux Romains. Longin fut mis à mort et Zénobie fut conduite à Rome. Les Palmyriens, ayant massacré la garnison laissée dans leurs murs, furent tous passés au fil de l'épée, et leur ville fut détruite. Les **magnifiques débris** qui en restent excitent encore aujourd'hui l'admiration.

588. *Quel grand spectacle fut donné à Rome après la défaite de Zénobie et la soumission de Tétricus, et comment l'un et l'autre furent-ils traités?* **Aurélien** reçut à Rome, en **274**, les honneurs d'un **triomphe**, qui fut le plus magnifique qu'on eût vu depuis longtemps. **Tétricus** et **Zénobie** y parurent avec leurs enfants, et un grand nombre de prisonniers appartenant aux nations les plus éloignées. Le triomphateur était monté sur un char traîné par des **cerfs**, attelage pris à un roi goth. Aurélien traita honorablement Tétricus et son fils; il donna à Zénobie à **Tibur** (Tivoli) une belle villa où elle vécut en dame romaine avec ses enfants.

589. *Qu'y a-t-il à remarquer sur le gouvernement intérieur d'Aurélien?* Aurélien entreprit de faire des **réformes** et usa parfois d'une **extrême rigueur;** en même temps il poussa à l'excès la munificence dans les **largesses** qu'il fit **au peuple de Rome.** Après avoir augmenté les distributions d'huile et de pain et y avoir joint celle d'une certaine quantité de viande de **porc,** il y aurait ajouté du vin, si le préfet du pré-

toire ne lui eût fait observer que le peuple s'attendait à recevoir des oies et des poulets. On reproche à Aurélien d'avoir ordonné la **neuvième persécution** contre les chrétiens.

590. *Comment finit Aurélien?* Aurélien marchait contre les Perses, lorsque Mnesthée, son secrétaire, accusé de concussion, pour échapper au châtiment dont son maître l'avait menacé, le fit assassiner près de Byzance, l'an **275**. L'armée, furieuse contre ce traître, le livra aux bêtes féroces.

§ VI. — **Tacite, Florien, Probus, Carus, Carin Numérien.**

Rome sans empereur restait depuis six mois,
Lorsqu'enfin le sénat de Tacite a fait choix.
Probus par ses vertus de son nom était digne ;
C'est lui qui dans la Gaule a transplanté la vigne.
Par Carus et ses fils, entr'eux si différents,
L'empire est gouverné pendant très-peu de temps.

591. *Combien de temps dura l'interrègne après Aurélien, et quel fut le nouvel empereur?* Aurélien mort, il y eut un interrègne d'une **demi-année** après lequel le sénat, cédant aux prières réitérées de l'armée, prit sur lui de disposer du trône. Il y appela un de ses membres, **Tacite**, vieillard de 75 ans, qui possédait pour 75 millions de biens-fonds. Il abandonna à l'État ses revenus, repoussa les Goths, tenta de réorganiser l'armée et périt assassiné. Il n'avait régné que six mois. Il se glorifiait de descendre du célèbre historien dont il portait le nom. Les sénateurs

lui ayant refusé le consulat pour son fils, loin de s'en plaindre, il dit d'un air de satisfaction : « Ils connaissent l'empereur qu'ils ont choisi. »

592. *Qui succéda à Tacite ?* Après la mort de Tacite, **Florien**, son frère, fut reconnu pour son successeur en **276**, à Rome ; mais en même temps l'armée de Syrie saluait empereur **Probus**, qui, né à Sirmium d'une famille obscure, avait servi avec distinction sous Aurélien et à qui Tacite avait donné le gouvernement de l'Orient. Il dit aux soldats qui le proclamaient : « Pensez-y bien, vous serez mécontents de votre choix, car je ne sais pas vous flatter. » Au bout de deux mois, Florien ayant été massacré par ses propres soldats, Probus, reconnu par le sénat, fut sans opposition maître de l'empire.

593. *Quels furent les exploits de l'empereur Probus ?* Probus marcha sur les traces d'Aurélien, et comme lui, se montra formidable aux barbares. Il refoula dans la Germanie les **Alémans** et les **Francs**, qui cherchaient à s'établir dans la Gaule ; il fonda des **colonies militaires** et disposa des **camps** le long de la rive droite du Rhin ; renonçant à réduire en province la Germanie, il en ferma la frontière par une **muraille** qui s'étendait depuis le Danube, près de Ratisbonne, jusqu'au Rhin ; il fit **concourir les barbares à la défense de l'empire** en les introduisant en grand nombre dans les armées romaines ; il défit les usurpateurs **Bonosus** et **Proculus** dans les Gaules, et **Saturninus** en Orient ; il battit dans l'Illyrie les **Sarmates**, dans la Thrace les **Gètes**, en Egypte les

Blemmyes, peuplade de l'ancienne Ethiopie. Le roi de Perse, **Narsès**, effrayé de ses succès, lui envoya demander la paix.

594. *Comment l'ambassade du roi de Perse fut-elle reçue, et comment fut célébré le retour de Probus à Rome ?* Les ambassadeurs du roi de Perse, porteurs de magnifiques présents, furent introduits devant Probus, au moment où, assis par terre dans sa tente, et couvert d'une simple casaque de laine, il mangeait des pois cuits depuis longtemps et du porc salé. L'empereur, sans se détourner, leur dit que si leur maître refusait de donner une entière satisfaction aux Romains, il rendrait les campagnes de Perse aussi nues que l'était sa tête. A ces mots il ôta son bonnet et découvrit une tête chauve. Le roi de Perse se soumit, et Probus, de retour à Rome, y fut honoré d'un triomphe dont la célébration dura sept jours.

595. *Que fit Probus pour empêcher l'oisiveté séditieuse des camps ?* L'empire étant pacifié, il occupa les soldats pendant la paix à des travaux publics; il leur fit creuser des **canaux**, réparer des **routes**, planter des **vignes** en Pannonie, en Espagne et dans les Gaules, et dessécher les **marais** de Sirmium.

596. *Combien de temps régna et comment finit l'empereur Probus ?* Probus ne régna que six ans. Les soldats, mécontents de la discipline sévère et des rudes travaux auxquels il les avait soumis, se révoltèrent et le massacrèrent à Sirmium, en **282**. A peine l'armée eut-elle immolé son chef, qu'elle le regretta. Elle lui éleva un monument avec cette **épitaphe : Ci-**

gît l'empereur Probus, vraiment digne de son nom par sa probité; il vainquit les usurpateurs et les barbares.

597. *Qui succéda à Probus ?* Les légions proclamèrent auguste le préfet du prétoire **Carus**, bon général, mais père trop faible. Il nomma césars ses deux fils, **Carin**, jeune homme brave, mais livré à tous les excès, et **Numérien**, qui avait des mœurs douces et un esprit très-cultivé.

598. *Comment périrent Carus et son fils Numérien ?* **Carus**, après avoir battu les Goths, marcha contre les Perses et périt au milieu de ses succès, frappé, dit-on, par un coup de foudre. Il n'avait régné que sept mois. **Numérien**, qui avait suivi son père en Orient, pleura sa mort jusqu'à en perdre presque la vue, et fut assassiné par son beau-père **Arrius Aper**.

TROISIÈME PARTIE.

EMPIRE MONARCHIQUE.

(De 284 à 395 après J.-C. Espace de 111 ans.)

§ I. — Dioclétien, Maximien, Constance Chlore, Galère.

De Dioclétien l'inquiète prudence
Associe au pouvoir Maximien, Constance,
Galère, qui, vainqueur du roi persan Narsès,
Veut en vain de l'Église arrêter les progrès.

599. *Comment Dioclétien parvint-il à l'empire ?* **Dioclétien**, né à **Salone**, avait servi avec éclat sous

Aurélien et sous Probus ; il avait accompagné Carus en Perse. Après la mort de Carus, il revint avec l'armée à **Chalcédoine**, où il vengea la mort de Numérien en tuant le perfide Aper, et fut en **284** proclamé auguste par les soldats. Ainsi s'accomplit la prédiction d'une **druidesse de Tongres**, qui lui avait annoncé qu'il serait empereur quand il aurait tué un sanglier. Aper signifie **sanglier**. **Carin**, qui, maître de Rome, s'y était rendu odieux par ses débauches et ses cruautés, marcha contre Dioclétien, le vainquit en Mœsie, mais il fut assassiné par ses soldats. Dioclétien resta sans opposition maître de l'empire.

600. *En quoi l'avénement de Dioclétien est-il remarquable ?* Avec cet empereur une nouvelle période commença dans l'histoire romaine. A la période du despotisme militaire, succéda celle des partages de l'empire. Le pouvoir prit une nouvelle forme : jusque-là les empereurs se mêlaient avec le peuple, et ne se distinguaient des sénateurs que par un manteau de pourpre. Dioclétien ceignit le diadème, introduisit dans sa cour la pompe de l'Orient, et mit un intervalle immense entre lui et ses concitoyens, dont il fit des sujets. Le sénat perdit toute son influence, et les vieilles institutions qui rappelaient la république furent anéanties.

601. *Quel collègue se donna Dioclétien ?* **Dioclétien** partagea, en **286**, le titre d'**auguste** avec son compagnon d'armes, **Maximien**, guerrier sorti d'une famille obscure de la Pannonie, mais qui s'était distingué par son activ courage. Les deux

empereurs n'attendirent pas l'apothéose décernée après la mort ; ils se déifièrent de leur vivant : Dioclétien prit le surnom de **Jovius** (Jupiter); Maximien, celui d'**Hercule**.

602. *Quelle révolte Maximien Hercule comprima-t-il dans la Gaule ?* Maximien fut chargé par Dioclétien d'aller soumettre dans les Gaules les **Bagaudes**: c'était le nom qu'on donnait à des paysans gaulois qui, irrités de la fiscalité impériale, s'étaient insurgés ; ils tenaient tête depuis quelques années aux armées romaines ; ils furent écrasés dans le camp retranché qu'ils s'étaient fait au confluent de la Seine et de la Marne, dans le lieu appelé aujourd'hui **Saint-Maur-les-Fossés**.

603. *Qui Dioclétien associa-t-il encore à l'empire ?* Dioclétien crut bientôt que lui et son collègue ne suffiraient pas à la tâche de surveiller les provinces et de résister aux barbares qui s'avançaient de tous côtés. Il se donna, en 292, un auxiliaire, il en donna un à Maximien, il les proclama **césars**; les césars devaient être de droit les successeurs des augustes; il choisit pour son césar **Galère**, pour celui de Maximien, **Constance Chlore** (c'est-à-dire le pâle), tous deux d'origine illyrienne.

604. *Comment s'organisa, sous Dioclétien, ce qu'on a appelé la tétrarchie ?* **Dioclétien** garda l'Orient ; **Galère** eut la Thrace et les provinces du Danube ; **Maximien**, l'Italie et l'Afrique ; **Constance**, la Gaule, la Bretagne et l'Espagne. Chacun des quatre princes eut une cour et une capitale. Dioclétien résida à

Nicomédie, devenue la capitale de l'Asie Mineure ; Galère, à **Sirmium**, ville principale de la Pannonie et de l'Illyrie ; Maximien, à **Milan ;** Constance, à **Trèves** ou dans **Arles.** Rome fut délaissée. Le partage ne détruisit pas l'unité de l'empire. Les ordonnances d'un prince avaient force de loi dans les provinces de ses collègues, et d'ailleurs Dioclétien demeurait le chef suprême de l'État ; il était comme l'âme du gouvernement. Tel fut ce système d'administration qu'on a appelé **tétrarchie** (1). Au-dessous des augustes et des césars, il y eut des **préfets du prétoire,** chargés de l'autorité civile, et des **ducs** et des **comtes,** commandant les armées des frontières ; puis des **fonctionnaires** subordonnés les uns aux autres et représentant l'autorité centrale jusque dans les moindres divisions des provinces. On abusa de cette organisation : le despotisme pénétra partout, les **impôts** s'accrurent, les provinces furent ruinées, et la **population** y alla toujours en décroissant.

605. *Quels nouveaux mariages contractèrent les deux césars ?* Dioclétien avait forcé Galère et Constance de se séparer de leurs femmes et d'épouser les filles des empereurs, afin de fortifier par des alliances de famille l'union politique des quatre princes ; il donna à Galère sa fille **Valéria ;** Constance ayant répudié la pieuse **Hélène,** mère du grand Constantin, épousa **Théodora,** fille adoptive de Maximien.

606. *Quel était le caractère de Galère, quel était*

---

(1) Du grec *tettara*, quatre, et *arché*, commandement.

celui de Constance, comment traitèrent-ils les chrétiens ? **Galère,** qui dans son enfance avait gardé les troupeaux, était un homme **dur et grossier,** mais plein de courage. Il avait contre les chrétiens une **haine implacable** que lui avait inspirée sa mère, paysanne superstitieuse ; **Constance** était **sage et bon,** avait des mœurs douces et l'esprit cultivé. Il fut **tolérant** pour les chrétiens, et fit bénir son administration toute paternelle par les peuples qu'il gouvernait. Il ne se servait que de **vaisselle de terre** lorsqu'il mangeait en famille, et il lui fallait emprunter l'argenterie de ses amis lorsqu'il donnait un grand repas. Bien loin de fouler les peuples par des exactions, il laissait **vide son trésor ;** Dioclétien lui en ayant fait faire des reproches, il fit entendre à ses sujets qu'il avait besoin d'argent, et aussitôt des sommes considérables lui furent apportées. Il les montra aux envoyés de Dioclétien en leur disant : « Vous voyez qu'un prince ne manque jamais de rien quand il a le cœur de ses sujets. »

607. *Quelles provinces recouvrèrent Constance Chlore et Dioclétien en même temps ?* **Constance Chlore,** après avoir repoussé les Francs de la Batavie où ils s'établissaient, descendit en **296** dans la **Bretagne** et la reprit. Dix ans auparavant, **Carausius,** qui en était gouverneur, s'était révolté et avait pris la pourpre ; en **293** il avait péri assassiné par **Allectus,** un de ses lieutenants, qui voulut hériter de son pouvoir ; Allectus fut vaincu et tué. Dans la même année **296, Dioclétien** recouvra l'**Égypte,** où depuis

cinq ans le gouverneur, nommé **Achillée**, s'était aussi révolté et s'était fait empereur. Achillée fut vaincu et tué à Alexandrie.

608. *Quel agrandissement l'empire prit-il en Orient?* Les **Perses** avaient renversé du trône d'Arménie un roi partisan des Romains et menaçaient la Syrie; **Galère** marcha contre eux en **296** et fut vaincu dans les plaines où l'avait été Crassus. Le mépris que lui témoigna Dioclétien lui inspira le désir de réparer glorieusement sa défaite. Il revint l'année suivante fondre sur les Perses, les vainquit, et leur roi **Narsès** fut forcé de subir le **traité de Nisibe,** qui enlevait aux Perses la Mésopotamie et cinq provinces au delà du Tigre.

609. *Comment tous ces succès furent-ils célébrés?* Tous ces succès furent célébrés par un pompeux **triomphe,** le dernier que vit Rome; Dioclétien et Maximien, comme augustes, en eurent seuls les honneurs.

610. *Quels progrès la religion chrétienne avait-elle déjà faits à la fin du IIIe siècle?* La religion chrétienne, toujours fécondée par le sang de ses innombrables martyrs, avait pénétré dans toutes les **provinces,** dans toutes les **conditions** et parmi les **barbares** mêmes qui envahissaient les terres de l'empire. Elle avait eu pour apologistes des hommes de génie, un **Origène,** un **Tertullien.** « Nous ne sommes que d'hier, s'écriait celui-ci, et nous remplissons vos cités, vos colonies, l'armée, le palais, le sénat, le forum; nous ne vous laissons que vos temples. » Vainement la persécution s'était-elle, durant le cours

du III ͤ siècle, renouvelée cinq fois, l'ancienne religion était battue en brèche, les faux dieux s'en allaient, et la religion nouvelle comptait du Gange à l'Atlantique des millions de fidèles, formant dans l'ancienne société romaine une société à part, et donnant, au milieu de la corruption, l'exemple de l'énergie morale et des plus austères vertus. Les **papes** se succédaient sans interruption dans la chaire fondée par saint Pierre ; chaque communauté chrétienne était gouvernée par son **évêque**, et l'évêque avait pour coopérateurs des **prêtres**, des **diacres**, des **sous-diacres** ; les **conciles** se multipliaient, soit pour régler la discipline et les mœurs, soit pour combattre l'hérésie.

611. *Où les chrétiens cherchèrent-ils un asile pendant les persécutions ?* Les chrétiens pendant les persécutions se firent des asiles des carrières de pierre ou de pouzzolane qui se trouvent aux environs de Rome ; ils y célébraient secrètement les saints mystères, ils y ensevelissaient les martyrs. Ces cimetières souterrains sont appelés **Catacombes**. Les galeries y sont étroites ; dans leurs parois et dans le sens longitudinal de la galerie ont été pratiqués des trous au-dessus les uns des autres, où étaient placés les corps ; le trou était fermé par une grande brique ou une dalle de pierre ou de marbre scellée avec du ciment. Çà et là se trouvent des espaces appelés **chambres**, ménagés pour des chapelles et souvent ornés de peintures à fresque (1).

(1) Fermée pendant des siècles, la *Rome souterraine* a été savamment et pieusement explorée par l'antiquaire Bosio, mort

612. *Quel fut l'état des lettres pendant le IIIᵉ siècle?* Parmi ceux qui cultivèrent, au IIIᵉ siècle, les lettres grecques, on cite *Dion Cassius*, auteur d'une histoire romaine; *Diogène Laerce*, biographe des anciens philosophes; *Elien*, polygraphe; et *Longin*, rhéteur célèbre, né à Athènes, auteur d'un traité du Sublime, qui nous est parvenu.

Une nouvelle littérature, *la littérature sacrée*, commençait; elle compte surtout, en ce siècle, *Tertullien*, prêtre de Carthage; *Clément d'Alexandrie*, philosophe platonicien, et *Origène*, son disciple. Le premier a écrit en latin, les deux autres ont écrit en grec.

La littérature profane latine fut dans une complète décadence, mais pendant le premier tiers de ce siècle ont paru les grands jurisconsultes, *Papinien, Ulpien, Paul, Modestin*, qui ont eu de commun une prévention aveugle contre le christianisme, mais qui, par leurs travaux, ont bien mérité de la postérité. Le *droit romain* a survécu à la domination romaine et sert de base à la plupart des législations modernes.

Dans le IIIᵉ siècle florissait aussi *Ossian*, barde écossais; on est parvenu à recueillir des fragments de ses chants, qui sont dans la langue erse ou gallique.

SYNCHRONISMES. IIIᵉ SIÈCLE APRÈS J.-C. — 202. *Martyr de saint Irénée.* — 249. *Saint Cyprien, évêque de Carthage.* — 251. *Saint Paul, premier ermite.* — 257. *Martyre de saint Denys, premier évêque de Paris.* — 258. *Martyre de saint Laurent.* — 274. *Mort de Manès, fondateur de la secte des Manichéens.* — 286. *Martyre de saint Maurice, chef de la légion thébaine.*

en 1629, et de nos jours par le P. Marchi, qui évalue le parcours total des catacombes à 1,200 kilomètres et le nombre des cavités épulcrales à six millions.

Quatrième siècle après J.-C. De 301 à la mort de Théodose, en 395.

613. *Quelle fut la terrible persécution que subiren les chrétiens au commencement du* IVe *siècle après J.-C.?* Les **prêtres païens** tentèrent des efforts désespérés pour conserver une influence qui leur échappait, et **Galère** leur vint en aide. Il était très-hostile aux chrétiens et il finit par arracher à **Dioclétien**, naturellement modéré, un **édit** qui les excluait des charges publiques, fermait leurs églises et leur défendait tout signe extérieur de leur foi. L'édit affiché dans Nicomédie fut déchiré par un chrétien. Vers le même temps, un **incendie** éclata à deux reprises dans le palais impérial de Nicomédie ; c'est Galère, dit-on, qui avait mis le feu ; il en accusa les chrétiens. Dioclétien, furieux, proscrivit non-seulement le culte, mais encore les personnes, et alors, en **303**, commença contre les chrétiens la **dixième persécution**, la plus longue et la plus cruelle qu'ils eussent encore éprouvée. On l'appela l'**ère des martyrs**. Les livres des chrétiens furent partout recherchés et brûlés; dans tout l'empire, excepté dans les provinces où régnait Constance Chlore, les chrétiens furent poursuivis, torturés, suppliciés, avec une rage infernale (1).

---

(1) Pendant cette persécution, des chrétiens furent obligés de travailler à élever ces magnifiques *thermes*, qui portent le nom de Dioclétien, et dont les débris encore subsistants peuvent faire reconnaître l'étendue. Une des salles de ces thermes est aujourd'hui l'*Église de Sainte-Marie-des-Anges*.

614. *Dioclétien et Maximien ne rentrèrent-ils pas dans la vie privée ?* Dans la seconde année de la persécution, **Dioclétien** tomba malade, se dégoûta du pouvoir, et, le 1er mai **305**, il abdiqua la dignité impériale à **Nicomédie**. Le même jour, **Maximien** en fit autant à **Milan**, mais malgré lui. Dioclétien se retira dans le magnifique palais qu'il avait bâti à **Salone**, sa patrie. Maximien Hercule habita **la Lucanie**. Un jour qu'il exhortait Dioclétien à reprendre le pouvoir : « Si tu voyais, lui répondit Dioclétien, les laitues que je cultive de mes mains à Salone, tu ne me parlerais jamais de remonter sur le trône. »

615. *Par qui furent remplacés les empereurs Dioclétien et Maximien, et quels furent les nouveaux césars ?* Après l'abdication de Dioclétien et de Maximien, **Galère** et **Constance** prirent le titre d'**augustes**. Le premier se contenta de la Bretagne et des Gaules, le second obtint le reste de l'empire. Autant Constance se fit aimer des peuples par sa douceur et son désintéressement, autant Galère se fit détester par sa cruauté et ses exactions. Galère créa deux césars : l'un fut **Sévère**, né en Illyrie d'une famille obscure, il lui donna le gouvernement de l'Italie et de l'Afrique ; l'autre fut **Maximin Daia**, fils d'un berger de Thrace, il lui donna le gouvernement des provinces d'Asie.

616. *Où mourut Constance Chlore, qui fut son successeur ?* Constance Chlore, au retour d'une expédition contre les Pictes, mourut en **306** à **Eboracum** (York), dans les bras de son fils **Constantin**,

alors âgé de 32 ans. Constantin, **laissé en otage à Dioclétien,** quand son père avait été chargé du gouvernement de la Gaule, s'était fait remarquer par ses brillantes qualités, son courage et le dédain des plaisirs. Après l'abdication de Dioclétien, il avait été **retenu presque captif par Galère,** qui en était jaloux. Après l'avoir laissé se rendre auprès de son père malade, Galère avait donné des ordres secrets pour l'arrêter en chemin. Constantin était sorti à la hâte de Nicomédie et avait gagné ses ennemis de vitesse. Constance laissa en mourant ses domaines à son fils, qui fut proclamé **auguste** par les légions de Bretagne, de Gaule et d'Espagne, mais que Galère ne voulut reconnaître que comme **césar.**

617. *Comment Maximien Hercule revint-il au pouvoir, combien l'empire eut-il de maîtres à la fois ?* En voyant l'élévation de Constantin, **Maxence,** fils de Maximien, pensa que lui aussi il pourrait parvenir au rang suprême. Il profita de l'exaspération que causaient dans Rome certaines mesures fiscales de Galère, gagna les prétoriens et se fit proclamer empereur. Pour couvrir son audace, il appela son père **Maximien** à partager avec lui la dignité impériale. Celui-ci sortit avec joie d'une retraite où il n'était entré que malgré lui, et pour s'assurer l'appui de Constantin, il alla le trouver dans la Gaule et lui donna en mariage sa fille **Fausta.** L'empire eut à la fois six maîtres : les augustes **Galère** et **Constantin,** les césars **Sévère** et **Maximin Daia,** et les usurpateurs **Maxence** et **Maximien,** son père.

618. *Quelle fut la fin de Sévère, et par qui fut il remplacé?* Sévère ayant voulu faire la guerre à Maxence, fut abandonné de ses soldats et se rendit à Maximien qui le fit mettre à mort. Galère nomma **Licinius auguste** à sa place, et en même temps **Maximin** se fit donner le même titre par son armée n Asie. Licinius, né en Dacie, d'une famille de paysans, s'était élevé des derniers rangs de la milice romaine aux postes les plus importants et s'était signalé dans la guerre contre les Perses.

619. *Comment finit Maximien?* **Maximien** et Maxence ne purent longtemps s'entendre. Maximien ayant voulu faire déchoir son fils du rang suprême, fut abandonné de ses soldats, dépouillé de la pourpre et chassé de Rome. Il se réfugia dans la Gaule, auprès de son gendre Constantin, et, profitant d'un moment où ce dernier faisait une expédition dans la Germanie, il se rendit **à Arles**, et, pour la troisième fois, prit la pourpre. **Constantin** revint en toute hâte la lui ôter, et ce fut toute sa vengeance. Maximien eut alors recours à l'assassinat. Il conjure **Fausta** de laisser une nuit la chambre de son mari ouverte ; elle le promet et avertit Constantin, qui, sacrifiant une vie innocente, met un **esclave** à sa place. Maximien vient, tue l'esclave et s'écrie : « L'empereur n'est plus. » Constantin paraît aussitôt, et laisse au meurtrier le choix du genre de sa mort. Maximien s'étrangla **à Marseille** en **309**.

620. *Comment finit Galère et combien de souverains eut alors l'empire?* **Galère** mourut en **311**,

des suites de ses débauches, après une année d'une **affreuse maladie** : les vers le rongèrent vivant ; la main de Dieu s'était appesantie sur lui pour le punir de ses crimes. Il le reconnut et révoqua les édits sanguinaires qu'il avait publiés contre les chrétiens. La mort de Galère laissa l'empire en partage à quatre souverains : **Licinius** et **Maximin** en Orient, **Constantin** et **Maxence** en Occident. Tous les quatre prenaient le nom d'auguste, se prétendaient égaux, et étaient au fond rivaux et ennemis.

---

§ II. — Constantin le Grand.

L'an trois cent douze meurt l'usurpateur Maxence.
Constantin garde seul la suprême puissance,
Se fait le défenseur de la religion ;
Il rebâtit Byzance et lui donna son nom.

621. *Quel contraste offraient Constantin et Maxime, et quel fut le commencement de la lutte qui s'engagea entre eux ?* **Constantin** avait de bonnes mœurs, il gouvernait sagement la Gaule ; son père avait favorisé les chrétiens ; sa mère, la pieuse Hélène, était chrétienne ; il inclinait vers le christianisme. **Maxence**, païen endurci, débauché et persécuteur, se rendait odieux en Italie par ses exactions et ses cruautés. Appelé par les vœux de toute l'Italie, Constantin marcha contre Maxence, franchit les Alpes, fut vainqueur à **Suse**, à **Vérone**, et se dirigea sur Rome.

622. *Quel présage divin Constantin eut-il de la*

victoire, et qu'est-ce que c'est que le labarum? Pendant son expédition contre Maxence, Constantin aperçut dans le ciel une croix lumineuse avec cette inscription : « **In hoc signo vinces**; C'est par ce signe que tu vaincras. » Dès lors il se mit sous la protection du dieu des chrétiens. Il se fit faire aussitôt, sur le modèle de la croix, un étendard qu'on porta devant lui dans les combats et qu'on appela **labarum**. C'était une pique dorée, traversée dans sa partie supérieure par une barre formant la croix et surmontée d'une couronne d'or au milieu de laquelle étaient les deux premières lettres grecques du nom du Christ croisées (☧). Il en confia la garde aux plus braves de l'armée.

623. *Quelle fut l'issue de sa lutte contre Maxence? Comment finit Maximin Daia et combien alors y eut-il d'empereurs?* Constantin continua sa marche contre Maxence au milieu de l'enthousiasme des chrétiens; il défit Maxence dans un combat décisif qui se livra, le 28 octobre **312**, en avant du **pont Milvius**, près de Rome. Maxence se noya dans le Tibre. Constantin fut reçu à Rome comme un libérateur ; il se déclara hautement chrétien. Sa victoire sur Maxence fut le triomphe de l'Église sur le paganisme (1). L'année suivante, **Maximin**, battu par Licinius près d'**Andrinople**, se tua lui-même, et il n'y eut plus dès lors que deux empereurs : **Constantin** et **Licinius**.

(1) Un arc de triomphe, encore subsistant, fut élevé à Constantin, en commémoration de cette victoire. L'inscription : *Au fondateur du repos*, annonce la fin des persécutions de l'Eglise.

624. *Comment Constantin montra-t-il son zèle pour la religion chrétienne ?* Constantin, dès l'an **313,** publia à **Milan**, de concert avec Licinius, le célèbre **édit** qui accorda la **liberté à l'Église** et fit rentrer les chrétiens dans la possession des biens qu'on leur avait enlevés durant les persécutions. Il s'appliqua dans la suite à ruiner le paganisme, mais sans employer la violence. En **321,** il accorda à l'Église la faculté de recevoir des **donations** et des **legs;** il transporta au clergé toutes les **immunités** dont jouissaient auparavant les pontifes païens ; il prescrivit le **repos du dimanche.** Les évêques, pour soustraire les fidèles à la nécessité de porter devant des tribunaux païens leurs différends, s'étaient chargés de les concilier. Constantin reconnut en droit ce qui existait en fait ; il autorisa les **tribunaux ecclésiastiques.** Il accorda aux évêques le pouvoir d'affranchir des esclaves, et toute liberté pour tenir des conciles.

625. *Quelle influence heureuse les doctrines chrétiennes exercèrent-elles bientôt sous Constantin dans le gouvernement et la législation ?* Le même Constantin, qui, en **306,** avait fait jeter aux bêtes dans l'amphithéâtre de Trèves deux chefs francs prisonniers, promit à ses soldats une somme d'argent **pour chaque ennemi** qu'ils lui amèneraient **vivant,** proscrivit les **combats de gladiateurs,** et défendit d'user du **fouet** et des **tortures** envers les débiteurs insolvables de l'Etat. Si l'esclavage ne fut immédiatement aboli (ce qui aurait bouleversé la société civile), le sort de **l'esclave** fut adouci, les **affranchissements**

furent encouragés. Des **asiles** s'ouvrirent pour les pauvres, les enfants abandonnés, les vieillards. Des lois plus sévères rendirent au **mariage** sa dignité.

626. *Comment Constantin devint-il seul maître de l'empire ?* Dès l'an **314**, **Constantin** et **Licinius** avaient armé l'un contre l'autre, mais Constantin se contenta d'affaiblir son rival et le laissa régner en Orient. Il y eut paix entre eux pendant 9 ans. La rupture se fit en **323**. Licinius, vaincu près d'**Andrinople** et de **Byzance**, fut forcé d'abdiquer, et Constantin resta seul maître de l'empire. L'année suivante Licinius, accusé de rébellion, périt étranglé à **Nicomédie**.

627. *Quel concile célèbre se réunit sous Constantin ?* Sous la protection de Constantin et sous la présidence des représentants du pape **saint Sylvestre**, s'assembla, en **325**, à **Nicée**, en Bithynie, le premier **concile œcuménique** ou général. Là, 318 évêques condamnèrent l'hérésie du prêtre **Arius**, qui niait la divinité de J.-C., rédigèrent le **symbole** dit de **Nicée**, qui fait partie de l'office de la messe, réglèrent la discipline ecclésiastique dans vingt **canons** ou règles générales, et fixèrent la célébration de la **Pâque** au premier dimanche qui suit la pleine lune venant après le 21 mars.

628. *Comment le repos domestique de Constantin fut-il troublé ?* **Fausta**, femme de Constantin, dans l'espoir d'assurer la grandeur de ses enfants, médita la perte de **Crispus**, fils de Constantin et de **Mi-**

nervine, sa première femme. Cette marâtre accusa son beau-fils d'avoir conçu pour elle une passion coupable. Constantin ordonna le supplice de son fils, dont il reconnut ensuite l'innocence et dont il vengea la mort en faisant étouffer Fausta dans un bain chaud. Crispus avait eu pour précepteur **Lactance**, célèbre apologiste chrétien ; il avait été césar en **317** et s'était distingué dans la guerre de son père contre Licinius.

629. *Quelle nouvelle capitale Constantin fonda-t-il ?* L'insolence des habitants de Rome, leurs anciens souvenirs, leur idolâtrie obstinée, étaient un obstacle à la révolution que Constantin voulait accomplir dans les mœurs et le gouvernement; il sentait aussi la nécessité de protéger contre les Goths et les Perses les frontières de l'Orient, qui étaient les plus faibles. L'an **329**, il transporta le siége de l'empire à **Byzance**, ville située sur le Bosphore de Thrace, entre l'Europe et l'Asie. Elle avait été presque ruinée par l'empereur Septime Sévère ; il la rebâtit, l'agrandit, la décora de superbes monuments, en fit la rivale de Rome et lui donna son nom, qu'elle conserve encore aujourd'hui. La nouvelle capitale devint, au détriment de l'ancienne, le centre du commerce et attira vers l'Orient la principale force militaire de l'empire : la décadence de Rome commença.

630. *Comment Constantin réorganisa-t-il l'empire ?* Constantin partagea l'empire en 4 **préfectures**, comprenant 13 **diocèses** et 449 **provinces**. Chaque pré-

fecture était gouvernée par un **préfet du prétoire,** qui n'était plus qu'un gouverneur civil. Rome et Constantinople, qui n'étaient sous aucun des quatre préfets, avaient chacune un **préfet de la ville.** Chaque diocèse était administré par un **vice-préfet** ou vicaire, chaque province par un **consulaire, correcteur** ou **président.** L'empereur s'entoura de toute la pompe de l'Orient; il abolit les prétoriens; il substitua au despotisme militaire le despotisme de la cour.

631. *Quels ministres, quels titres honorifiques établit-il?* Il institua un **grand chambellan,** un **maître des offices** (sorte de ministre d'État), un **comte des largesses sacrées** (ministre des finances), un **questeur** (sorte de chancelier ou de ministre de la justice), un **comte du domaine privé** (ministre du trésor de la couronne), etc. Les fonctions, hiérarchiquement subordonnées, conféraient des titres non transmissibles. Il y avait des **nobilissimes,** des **illustres,** des **honorables,** des **clarissimes,** etc.

632. *Quelle fut l'organisation de l'armée?* L'armée eut pour chef un **maître de l'une et de l'autre milice,** qui avait sous ses ordres le **maître de la cavalerie** et le **maître de l'infanterie,** lesquels commandaient aux **comtes** et aux **ducs.** Elle comprit : 1° les **palatins,** c'était la garde de l'empereur; 2° les **légions,** rappelées dans les villes de l'intérieur; 3° les **gardes-frontières,** formés généralement de barbares, surtout de Germains et chargés de repousser les autres barbares.

633. *Quels furent sous Constantin les principaux impôts ?* Parmi les nouvelles taxes qui furent établies ou les anciennes qui furent régularisées, pour accroître les revenus de l'État, on compte surtout : 1° **l'impôt foncier**, payé annuellement ; 2° **l'or lustral**, impôt sur l'industrie, payé tous les quatre ans ; 3° **l'or coronaire**, ou couronne d'or, anciennement don gratuit qu'en de certaines circonstances les cités faisaient aux consuls et aux empereurs, et qui devint obligatoire. Tous les anciens impôts furent d'ailleurs maintenus. Constantin déclara libres d'impôts le **clergé**, les **militaires**, les **médecins**. Dans chaque cité, des notables, appelés **curiales** ou **décurions**, formaient une corporation héréditaire. Ils répondaient de la contribution due par la cité et fournissaient, à leurs dépens, ce qui manquait. Les charges étaient écrasantes. Une guerre permanente s'établit entre le fisc et les contribuables, et tout patriotisme s'éteignit.

634. *Quand mourut Constantin, et quel jugement peut-on porter sur lui ?* Constantin, qui, par ses talents politiques et militaires, a mérité le surnom de **Grand**, mourut à **Nicomédie**, l'an **337**, après avoir reçu le baptême. Il maintint l'ordre dans l'empire, inspira une grande terreur aux barbares, et rendit un immense service à l'humanité en favorisant l'établissement du christianisme ; mais il ternit sa gloire par des actes de perfidie et de cruauté.

§ III. — Successeurs de Constantin jusqu'à Théodose.

Ses trois fils portent mal le fardeau de l'empire.
Contre la foi du Christ c'est en vain que conspire
Julien l'Apostat, sectateur des faux dieux.
En Perse Jovien signe un traité honteux.
A Valentinien, vertueux mais colère,
L'Occident obéit, lorsque Valens, son frère,
Fanatique arien, gouverne l'Orient.
Les Huns passent le Don.

635. *Quel massacre et quel partage suivirent la mort de Constantin ?* Constantin avait commis, avant d'expirer, la faute de **partager** l'empire entre les trois fils qu'il avait eus de Fausta, **Constantin II**, **Constant** et **Constance**, et quelques-uns de ses neveux. Les fils de Constantin se ressemblaient autant par leurs vices que par leurs noms. Les soldats, excités sous main, **massacrèrent** deux frères de Constantin et tous ses neveux, à l'exception de Gallus et de Julien. Constantin II eut la Grande-Bretagne, la Gaule et l'Espagne; Constant, l'Italie, l'Afrique et l'Illyrie; Constance régna en Orient.

636. *Comment, après seize ans de troubles, l'empire se trouva-t-il encore sous un seul maître?* Constantin II, mécontent de son partage, voulut enlever l'Italie à son frère Constant et périt, en **340**, près d'**Aquilée**, dans une bataille. Constant se trouvant ainsi maître de tout l'Occident, passa dans la Gaule et essaya vainement de rejeter au delà du Rhin les **Francs**, qui s'étaient établis dans le nord de la Gaule. Les propres gardes de Constant se révoltèrent et proclamèrent empereur à Autun, en **350**, **Magnence**, un Franc d'origine. Constant prit la fuite, fut atteint et tué dans les **Pyrénées** par un émissaire de Magnence. Constance tira alors de la retraite son cousin **Gallus**, le nomma **césar**, et lui confia le soin de continuer la guerre que jusque-là il faisait sans succès à **Sapor**, roi des Perses; puis il marcha contre Magnence et le vainquit à **Mursa** (Eszek), en Pannonie. Magnence recula jusque dans la Gaule, et, en **351**, abandonné des siens, il se tua à **Lyon**. La Gaule, l'Espagne, la Bretagne, se soumirent, et l'empire se retrouva encore une fois sous un seul maître, le soupçonneux **Constance**.

637. *Comment périt Gallus?* **Gallus** avait défait les Perses en plusieurs rencontres, mais il avait exercé, à **Antioche**, une odieuse et cruelle tyrannie. Aussi ambitieux que méchant, il ne se contentait pas du titre de césar, il voulut celui d'auguste. Constance le rappela d'Asie en lui faisant de flatteuses promesses. Il le fit ensuite conduire à **Pola** en Istrie, et l'y fit, en **354**, juger et décapiter.

638. *Qui Constance associa-t-il à son gouvernement?* L'année suivante une nouvelle révolte avait éclaté dans les Gaules, les Perses redevenaient menaçants, Constance se sentit incapable de gouverner seul l'empire; il songea à s'y faire aider par son cousin **Julien**, âgé de 24 ans, le frère de Gallus, qui était alors à **Athènes** tout absorbé dans l'étude de la philosophie païenne, et était encore chrétien de nom.

Constance l'appela à **Milan**, le nomma césar, lui fit épouser sa sœur **Hélène**, le chargea d'aller gouverner la **Gaule** et de la défendre contre l'invasion des Germains.

639. *Comment Julien se conduisit-il dans la Gaule?* Quoique Julien eût passé tout à coup de l'étude paisible des lettres dans la carrière des armes, il se montra habile général; il vainquit les **Alémans** à **Strasbourg**, les poursuivit au delà du Rhin, contint et intimida les **Francs**, mais les autorisa à rester dans la **Toxandrie** (partie du Brabant). Par sa prudence, sa douceur, son habile administration, il se fit aimer des Gallo-Romains. Il passa cinq hivers consécutifs dans une ville, bien petite alors, qu'il nommait sa chère **Lutèce**, et qui est aujourd'hui Paris. Il y habitait un palais construit, à ce qu'on croit, par son aïeul Constance Chlore et dont les ruines sont encore debout. C'est ce qui a été appelé improprement le **palais des Thermes de Julien** (1).

640. *Comment Julien devint-il empereur?* Constance, pressé par les Perses qui s'efforçaient toujours de reprendre les provinces qu'ils avaient cédées par le traité de Nisibe, et jaloux, d'ailleurs, des succès de Julien, voulut lui enlever une partie de ses troupes pour les faire passer en Orient. **Julien** semblait dis-

---

(1) Ce qui en reste, ce sont deux grandes salles qui paraissent avoir été employées pour les thermes ou bains, et de vastes souterrains. Ce palais a servi de résidence à nos rois de la 1re et de la 2me race. L'enclos qui en formait les dépendances s'étendait de la Seine à l'église Sainte-Geneviève.

posé à céder, mais ses soldats, excités ou non par lui, se mutinèrent et le proclamèrent **auguste à Lutèce.** Comme il s'avançait contre Constance en suivant les bords du Danube, il reçut la nouvelle que ce prince était mort en Asie. Il se rendit à **Constantinople** et y fut reconnu empereur sans opposition, ainsi que dans tout le reste de l'empire, l'an **361.**

641. *En quoi le règne de Constance fut-il funeste Église?* Constance, sans avoir eu une foi bien certaine, s'immisça sans cesse dans les affaires de l'Église, y porta le trouble et s'efforça de faire prévaloir l'**arianisme.** L'hérésiarque Arius était mort en **336**, mais sa doctrine lui avait survécu; elle fut vigoureusement combattue, sous Constance, par **saint Athanase**, patriarche d'Alexandrie, que persécuta Constance, et par **saint Hilaire**, évêque de Poitiers, deux des plus grands hommes qu'ait eus l'Église.

642. *Comment Julien a-t-il mérité son surnom d'Apostat et montré sa haine contre le christianisme?* **Julien,** qui n'avait pas six ans lors du massacre de tous les siens, avait été soustrait au fer des assassins par un évêque; il fut élevé dans la religion chrétienne, et à Césarée, étant encore fort jeune, il entra même dans les ordres mineurs et fut **lecteur** dans une église. Puis il perdit la foi, s'enthousiasma pour la mythologie et la philosophie grecques, s'entoura à **Athènes** de rhéteurs païens, et dès lors **saint Basile,** qui était son condisciple, prévit que la religion chrétienne aurait en lui un dangereux ennemi. En effet, Julien, dès qu'il fut empereur, abjura ouverte-

ment le christianisme, ce qui l'a fait surnommer l'**Apostat;** il entreprit de **restaurer,** dans Constantinople chrétienne, l'**ancien paganisme** en le rajeunissant, et de mettre en honneur, trois siècles et demi après J.-C., les dieux d'Homère. **Superstitieux,** il s'entourait d'astrologues et d'augures, croyait aux présages, consultait les entrailles des victimes. Il publia bien un **édit de tolérance universelle,** mais tout en faveur du paganisme. Tout en ayant l'air de laisser la liberté de conscience aux chrétiens, qu'il appelait **galiléens,** il leur faisait éprouver toutes sortes de vexations; il les exclut des emplois; **il les priva,** par un édit, **de la faculté d'étudier et d'enseigner les belles-lettres.** Ajoutant la raillerie à l'iniquité, il repoussait ceux qui imploraient sa protection en leur disant : « Tout chrétien est appelé à la souffrance. »

643. *Qu'y a-t-il à dire sur le caractère de Julien et comment se vengea-t-il des habitants d'Antioche?* Julien eut des **talents,** des **vertus** humaines (1), des **mœurs pures ;** mais en lui tout était **affecté,** étudié ; il jouait un rôle. S'il marchait à pied dans Constantinople, vêtu du manteau grec des philosophes, les ongles longs et les mains tachées d'encre, c'est qu'il voulait qu'on le reconnût bien pour un sage et un savant. Lorsqu'il vint à **Antioche,** les habitants, zélés chrétiens, tournèrent en ridicule son extérieur

---

(1) Ce serait, dit un sage historien, trop priser les vertus humaines que de penser que Dieu les refuse à ses ennemis.

austère et sa longue barbe; ils allèrent jusqu'à l'insulte. Il pouvait les punir en empereur, il se vengea d'eux en philosophe, il se moqua de leurs mœurs efféminées dans un ouvrage plaisant qui nous est parvenu et qu'il intitula : **le Misopogon**, c'est-à-dire l'ennemi de la barbe.

644. *Quelle vaine entreprise forma Julien ?* Julien, pour confondre une prophétie sur laquelle les chrétiens s'appuyaient, voulut faire rebâtir **le temple de Jérusalem;** mais des globes de feu, s'élevant de la terre, brûlèrent les ouvriers et rendirent à plusieurs reprises le lieu inaccessible (1).

645. *Quelle fut la fin de Julien ?* Ayant voulu terminer avec éclat la guerre contre les Perses, **Julien,** vainqueur dans un premier combat, pénétra jusqu'à **Ctésiphon** et franchit le **Tigre;** trompé par un transfuge, il **brûla sa flotte,** et se mit témérairement à la poursuite du roi de Perse, **Sapor II;** il fut forcé par le manque de vivres de revenir sur ses pas, et dans un second combat fut blessé mortellement; il l'avait senti et s'était écrié, suivant les uns : « **O Galiléen** (2), **tu as vaincu !** » suivant les autres : « **Soleil, tu m'as trompé!** » Il ne songea plus qu'à finir en philosophe, et il expira la nuit suivante, en **363,** au milieu des gémissements de son armée. Il avait régné 7 ans comme césar, moins de 2 ans comme auguste.

(1) Ce fait est attesté par saint Grégore de Nazianze, par Rufin, par l'historien Ammien Marcellin, qui n'était pas chrétien, et par les rabbins juifs dans leurs annales. — (2) Il désignait ainsi N.-S.

Avec cet empereur s'éteignit la famille de Constantin.

646. *Quel fut le successeur de Julien?* Un des chefs chrétiens de l'armée de Julien contre les Perses, nommé **Jovien,** fut salué empereur par les soldats. Il continua la retraite, conclut avec les Perses une paix nécessaire, mais peu honorable, cassa les édits de Julien favorables au paganisme, et mourut après 8 mois de règne et avant d'arriver à Constantinople.

647. *En quoi fut remarquable le règne de Sapor II, roi de Perse?* **Sapor II** vécut et régna **70 ans.** Pendant sa minorité les Arabes infestèrent ses Etats; à seize ans il les rejeta au delà de l'Euphrate. Il livra 9 batailles aux troupes de l'empereur **Constance II;** nous venons de voir que **Julien** ne put l'atteindre; il se fit céder par **Jovien** les provinces romaines au delà du Tigre et mourut en **380.** La guerre incessante qu'il fit aux Romains fut une des causes de la décadence de l'empire.

648. *Comment l'empire se partagea-t-il après Jovien et quelle magistrature élective établirent les deux empereurs?* L'armée qui se trouvait à **Nicée,** donna, en **364,** le titre d'auguste à **Valentinien,** originaire de la Pannonie. Il prit pour collègue son frère **Valens,** lui céda l'Occident, prit pour lui l'Orient, et pour la première fois l'empire romain fu partagé en deux empires, celui d'**Orient** et celui d'**Occident.** Valentinien résida à **Trèves** et Valens à **Constantinople.** Les deux empereurs instituèrent dans les cités un magistrat électif, qu'on appelait le

défenseur de la cité et qui avait la mission de protéger tous les intérêts publics et privés.

649. *Que fit Valentinien, quelle fut sa fin, que dit-on de sa sévérité ?* En Occident, Valentinien tint tête aux **Alémans**. Chrétien zélé, il réprima les ariens, mais ne fut point persécuteur. Il mourut en **375**, après une expédition heureuse en Illyrie, contre les **Quades**, dans un accès de colère contre leurs députés. Il était d'une sévérité cruelle et il avait, dit-on, dans des cages, près de sa chambre à coucher, deux ourses, appelées l'une **Innocence**, l'autre **Miette d'or**, auxquelles il faisait jeter les condamnés à mort. Le même homme avait établi à Rome un **médecin par quartier** pour soigner les pauvres.

650. *Comment Valens se montra-t-il ardent arien, quels ennemis eut-il à combattre ?* En Orient, **Valens, qui s'était fait baptiser par le chef des ariens**, les protégea avec ardeur, **persécuta** avec acharnement **les catholiques**, chassa de leurs sièges les évêques orthodoxes, eut à apaiser une grande révolte excitée par un certain **Procope**, parent de Julien l'Apostat, et à combattre les **Perses** et les **Goths**.

651. *Quel peuple barbare vint de l'Asie fondre sur l'Europe pendant le règne de Valens, et quelles furent les premières conséquences de cette irruption ?* Les **Huns**, peuple nomade et pillard de l'Asie, de race mongolique, à la figure hideuse, aux yeux petits et ronds, au nez écrasé, vivant presque toujours à cheval, se plaisant à détruire pour détruire, entrèrent

en Europe vers l'an **376**, et s'étant avancés dans les plaines de la Sarmatie, se trouvèrent en face du **grand royaume des Goths**, qui s'étendait de la Baltique à la mer Noire, et de la Théiss au Don. Les Goths, divisés en **Ostrogoths**, ou Goths de l'est, par rapport au Borysthène (Dniéper), et **Visigoths**, ou Goths de l'ouest, avaient alors pour roi **Hermanaric**, qui, malgré ses 110 ans, fit, à l'approche des Huns, de grands préparatifs pour leur résister ; mais des chefs de tribus lui refusèrent obéissance. Les Ostrogoths furent vaincus, se soumirent aux Huns et suivirent leur fortune. Hermanaric, de désespoir, se jeta sur son épée. Les Visigoths supplièrent l'empereur Valens de leur permettre de s'établir sur la **rive droite du Danube**.

652. *Quel fut le négociateur entre Valens et les Visigoths, et comment les Goths furent-ils ariens ?* C'est un évêque qui vint demander à Valens pour les Goths une province de l'empire. Il se nommait **Ulphilas**. Il venait de convertir les Goths et avait composé dans leur langue une **traduction de la Bible**, qui est le premier monument écrit de leur idiome (1). Il réussit dans sa mission : la **Mœsie** et la **Thrace** furent ouvertes aux Visigoths, qui promirent de servir fidèlement dans les armées romaines. Ils furent, avec les **Vandales**, qui, dès le temps de Constantin, s'étaient établis dans la Pannonie, les premiers

---

(1) Il en existe un manuscrit à la bibliothèque de l'Université d'Upsal, en Suède.

peuples barbares qui se fixèrent sur les terres de l'empire. Valens, fougueux sectaire, n'oublia pas en cette circonstance les intérêts de l'**arianisme.** Les chefs des ariens étaient tout-puissants à sa cour ; Ulphilas se laissa gagner par eux, et à sa persuasion l'hérésie d'Arius se répandit dans la nation des Goths.

653. *Dans quel désastre périt l'empereur Valens?* La rapacité des agents romains, qui ne voulaient vendre des vivres aux Visigoths qu'au prix le plus exorbitant, les poussa à la révolte. **Valens** marcha contre eux et leur livra, en **378**, près d'**Andrinople**, une sanglante bataille. Son armée fut taillée en pièces. Lui-même fut blessé. On le transporta dans une **chaumière** à laquelle les vainqueurs mirent le feu. La victoire des Goths inaugura pour ainsi dire la grande invasion des barbares qui amena peu à peu la chute de l'empire romain en Occident.

654. *Jusqu'où l'empereur Valens avait-il poussé la cruauté et la superstition?* Valens avait fait mourir tous ceux dont le nom commençait par **Théod,** parce qu'un magicien lui avait prédit que son sceptre tomberait entre les mains d'un homme dont le nom commencerait ainsi. Le comte **Théodose,** habile général, avait été une de ses victimes; il l'avait fait décapiter à Carthage.

655. *Qui avait succédé en Occident à Valentinien?* Valentinien avait eu pour successeur en Occident son jeune fils **Gratien,** élève du poëte Ausone. Il venait de battre les **Alémans** à **Colmar** quand la

mort de son oncle Valens le rendit maître de tout l'empire.

§ IV. — Théodose le Grand.

Théodose le Grand
De deux usurpateurs sait abaisser l'audace,
Soumet au joug les Goths établis dans la Thrace,
Et, seize ans de l'empire arrêtant le déclin,
Fait d'un dernier éclat briller le nom romain.

656. *Quel choix heureux pour l'empire fit alors Gratien ?* Le jeune empereur Gratien (il n'avait encore que 21 ans), voyant l'Orient menacé de devenir la proie des Goths, mit la main sur l'homme qui devait réparer le désastre d'Andrinople : la prédiction qu'avait tant redoutée Valens se trouva vérifiée. **Le fils de Théodose**, portant le même nom, était un homme brave, vertueux et éclairé ; il avait 33 ans ; il s'était, après la mort de son père, retiré en Espagne, sa patrie. Gratien l'en rappela et le chargea, en **379**, d'aller soumettre les **Goths ;** Théodose les vainquit en mille petits combats et les refoula vers le Danube. Alors Gratien lui donna **le titre d'auguste et l'empire d'Orient.**

657. *Quelle fut, quatre ans après, la fin prématurée de Gratien ?* **Gratien** mécontenta les soldats par sa passion excesssive pour la **chasse**, et le peuple de Rome en faisant abattre l'**autel de la Victoire**, qui touchait à la salle du sénat : la foi païenne attachait le sort de l'empire à la conservation de ce monument. Les légions de la Bretagne se révoltèrent et proclamèrent empereur **Maxime**, leur chef, un des habiles compagnons du comte Théodose. Maxime vint dans la Gaule avec ses légions et **dès lors la Bretagne n'eut plus de troupes romaines** pour la défendre contre les incursions des Pictes et des Scots, et plus tard contre l'invasion des Saxons. Gratien marcha contre Maxime, il fut abandonné de ses soldats sur le champ de bataille; obligé de fuir devant son ennemi, il fut atteint près de **Lyon** et assassiné, l'an **382**. Il avait des vertus et a mérité d'être loué par saint Ambroise.

658. *Que devint l'Occident après la mort de Gratien?* **Valentinien II**, jeune frère de Gratien, fut salué empereur par l'armée en Pannonie et eut la préfecture d'Italie. **Maxime** resta en possession de celle des Gaules; et, en promettant de ne point inquiéter Valentinien, il fit consentir Théodose à le reconnaître pour auguste; mais ayant manqué à son engagement et pénétré en Italie, il fut battu par Théodose, dans la Pannonie, fut livré par ses propres soldats et mis à mort dans **Aquilée**. Par là, **Valentinien**, jeune prince dont on concevait de grandes espérances, se trouva, en **388**, maître de tout l'Occident. Théodose lui donna pour ministre le franc **Arbogast**.

659. *Quel hérésiarque avait été mis à mort sous le règne de Maxime?* Un évêque espagnol nommé **Priscillien** s'était fait le chef d'une secte qui alliait

les erreurs des Gnostiques à celles des Manichéens (1). Sa doctrine avait été anathématisée par les conciles de Sarragosse et de Bordeaux. Il fut, quand Maxime eut pris la pourpre, conduit à **Trèves** et condamné à mort. **Saint Martin**, évêque de Tours, conjura vainement Maxime de l'épargner. Son sang fut le premier versé par l'autorité impériale au nom de l'orthodoxie.

660. *Quelle fut la terrible répression d'une émeute qui avait lieu à Thessalonique ?* **Théodose**, en **390**, étant à **Milan**, y apprit qu'une émeute avait éclaté à **Thessalonique**, et que le gouverneur de la province et quelques officiers avaient été tués. Trois ans auparavant, les habitants d'**Antioche** s'étant révoltés, il avait usé de clémence envers eux, à la sollicitation de leur évêque **Flavien**. L'archevêque de Milan, **saint Ambroise**, intercéda aussi en faveur des habitants de Thessalonique ; mais le ministre **Rufin** excita la colère, déjà très-vive, de l'empereur et lui fit sentir la nécessité d'un grand exemple. Théodose ne l'écouta que trop. Près de **sept mille personnes**, sans distinction d'innocents ou de coupables, furent passées au fil de l'épée.

661. *Quelle leçon sévère fut alors donnée à Théodose par un grand évêque ?* Quelque temps après ce

---

(1) Les Gnostiques (c'est-à-dire illuminés, éclairés) prétendaient avoir, mieux que le commun des fidèles, mieux que les apôtres mêmes, la vraie science des choses divines ; les Manichéens ou disciples de Manès admettaient deux principes : celui du bien et celui du mal.

massacre, Théodose se présenta aux portes de la cathédrale ; saint Ambroise eut le courage de l'arrêter, lui reprocha son crime en présence de tout le peuple et lui imposa, au nom de Dieu et de l'humanité outragée, une **pénitence publique.** Théodose repentant s'y soumit avec résignation, et pendant huit mois il resta éloigné de la participation aux saints mystères. Le saint archevêque inspira à l'empereur la pensée d'une loi imposant un intervalle de 30 jours entre un arrêt de mort et l'exécution.

662. *Comment Théodose resta-t-il seul maître de l'empire ?* **Valentinien II,** fatigué bientôt de la tutelle d'**Arbogast,** voulut lui retirer tous ses emplois. Arbogast le fit étrangler à **Vienne** (sur le Rhône), en **392.** Le jeune empereur n'avait que 20 ans et n'avait pas encore reçu le baptême. Arbogast, n'osant se faire empereur lui-même, donna la pourpre à un de ses secrétaires, le rhéteur **Eugène,** sous le nom duquel il espérait régner, et pour lui faire un appui de ce qui restait encore de païens, il lui fit promettre de tolérer l'idolâtrie. Mais par là Eugène souleva les chrétiens : Théodose les avait pour lui. Eugène, vaincu en **394** près d'**Aquilée,** fut fait prisonnier et mis à mort ; Arbogast se tua lui-même pour n'être pas pris vivant : **Théodose** resta ainsi **seul maître de l'empire.** Les deux frères Gratien et Valentinien étaient vengés.

663. *Quelle était la mère de Valentinien II et comment devint-elle la belle-mère de Théodose ?* Valentinien II avait pour mère l'impératrice **Justine,**

qui avait eu pour mari d'abord l'usurpateur Magnence, puis l'empereur Valentinien Ier. Sous le règne de son fils Valentinien II, elle **s'efforça de propager l'arianisme** en Occident, mais elle en fut empêchée par saint Ambroise. Elle avait une fille nommée **Galla**, que Théodose épousa en secondes noces, qu'il ramena à l'orthodoxie, et dont il eut une fille nommée **Placidie.**

664. *Comment Théodose signala-t-il son règne ?* Théodose, surnommé le **Grand**, retarda, par la vigueur de son administration, la dissolution de l'empire, qui jusqu'à sa mort ne perdit pas une seule province ; il battit, intimida ou gagna les barbares, fit trembler les Perses, et non moins occupé des intérêts de la religion que de ceux de l'État, il travailla avec ardeur à détruire l'arianisme et l'idolâtrie, et rendit la domination à la foi catholique.

665. *Quel beau décret rendit Théodose le Grand ?* Théodose le Grand publia ce décret, bien digne de sa grande âme : « Si quelqu'un s'emporte jusqu'à diffamer notre nom, notre gouvernement, notre conduite, nous ne voulons pas qu'il soit sujet à la peine portée par les lois ; car, si c'est par légèreté qu'il a mal parlé de nous, il faut le mépriser ; si c'est par une aveugle folie, il est digne de compassion ; si c'est par malice, nous voulons bien lui pardonner. »

666. *Comment s'est fait connaître Symmaque ?* Le sénateur **Symmaque** fut le plus illustre des derniers défenseurs du paganisme. Il réclama vainement auprès de Gratien, de Valentinien II, de Théodose, **le**

rétablissement de l'autel et de la statue de la Victoire. Il fut préfet de Rome en **384**, dans l'année même où mourut le pape **saint Damase**, un des esprits les plus polis et les plus cultivés de son temps, qui s'était opposé à cette restauration d'un monument païen. Symmaque fut banni de l'Italie par Théodose, puis rappelé et même nommé **consul** en **391**. Ce n'était plus qu'une charge purement honorifique.

667. *Comment l'empire fut-il définitivement partagé ?* **Théodose** fut le dernier prince qui ait possédé en entier l'empire romain. Avant d'expirer à **Milan**, en **395**, Théodose le partagea entre ses deux fils, **Arcadius** et **Honorius**, âgés l'un de 18 ans, l'autre de 15. Ce partage fut définitif. **L'empire d'Orient**, dont le siége fut à **Constantinople**, comprenait en Asie tout ce qui obéissait aux Romains ; en Afrique, l'Egypte ; en Europe, la Thrace, la Dacie, la Macédoine et la Grèce. **L'empire d'Occident**, dont le siége fut à **Rome**, comprit le reste de l'Europe soumis aux Romains, et en Afrique la côte, de la grande Syrte au détroit de Gadès. **Le moyen âge commence.** L'empire d'Occident va durer 80 ans, mais en s'amoindrissant toujours, et « il finira comme le Rhin, qui n'est plus qu'un ruisseau quand il se perd dans l'Océan. » Grâce à sa situation, Constantinople résistera dix siècles à l'invasion.

668. *Quel fut l'état des lettres pendant le* IVe *siècle ?* La littérature sacrée prit dans ce siècle un grand développement et brilla d'un vif éclat. Parmi les écrivains qui ont écrit en latin, on distingue *Lactance*, surnommé

le Cicéron chrétien ; *saint Hilaire*, évêque de Poitiers ; *saint Ambroise*, évêque de Milan ; *saint Jérôme*, le traducteur de la Bible ; le poëte *Prudence*. Quant au plus illustre des Pères de l'Eglise, *saint Augustin*, il appartient plutôt au ve siècle. Parmi les écrivains sacrés qui ont écrit en grec, on remarque *Eusèbe*, regardé comme le père de l'histoire ecclésiastique, mais suspect d'arianisme ; *saint Basile, saint Grégoire de Nazianze* et *saint Jean Chrysostome*, qui ne furent pas seulement de pieux évêques, mais encore de grands orateurs.

Les lettres profanes ne se relevèrent pas de la décadence où elles étaient tombées. Parmi le petit nombre d'hommes qui les cultivèrent avec quelque succès, on remarque l'historien *Ammien Marcellin*, le poëte *Ausone*, l'érudit *Macrobe*.

SYNCHRONISMES. IVe SIÈCLE APRÈS J.-C. — 312. *Constantin, converti, donne au pape le palais impérial de Latran. La religion chrétienne est publiquement professée à Rome.* — 316. *Commencement de l'hérésie d'Arius.* — 325. *Concile œcuménique de Nicée contre les Ariens. Constantin abolit les gladiateurs.* — 327. *L'impératrice Hélène, mère de Constantin, retrouve la vraie croix.* — 344. *Persécution de Sapor.* — 356. *Mort de saint Antoine, instituteur de la vie monastique.* — 363. *Jovien fait fermer les temples des païens.* — 373. *Mort de saint Athanase, patriarche d'Alexandrie, père de l'Eglise grecque.* — 375. *Mort de saint Basile, surnommé le Grand, évêque de Césarée, père de l'Eglise grecque.* — 381. *Second concile général à Constantinople où fut condamné Macédonius qui niait la divinité du Saint-Esprit.* — 383. *Saint Jérôme, père de l'Eglise latine, fait la traduction de la Bible appelée la Vulgate.* — 386. *Saint Jean Chrysostome, c'est-à-dire Bouche d'or, le plus éloquent des pères de l'Eglise grecque, est, à l'âge de quarante-trois ans, ordonné prêtre par saint Flavien, évêque d'Antioche.* — 389. *Mort de saint Grégoire de Nazianze, père de l'Eglise grecque.*

FIN.

TABLE DES EMPEREURS ROMAINS.

Premier siècle avant J.-C.

45 César, *dictateur perpétuel, assassiné l'année suivante.*
31 Auguste, *après la bataille d'Actium.*

Premier siècle ap. J.-C.

14 Tibère.
37 Caligula.
41 Claude.
54 Néron.
68 Galba, 7 mois.
69 Othon, 3 mois.
— Vitellius, 8 mois.
— Vespasien.
79 Titus.
81 Domitien.
96 Nerva.
98 Trajan.

} Douze Césars.

Deuxième siècle.

117 Adrien.
138 Antonin.
161 Marc Aurèle.
— Lucius Vérus.
180 Commode.
193 Helvius Pertinax, 3 mois.
— Didius Julianus, 2 mois.
— Septime Sévère.

Troisième siècle.

211 Caracalla.
217 Macrin et son fils.
218 Héliogabale.
222 Alexandre Sévère.
235 Maximin.
236 Gordien I. } 2 mois.
— Gordien II.
238 Pupien et Balbin.
— Gordien III.
244 Philippe et son fils.
249 Décius et son fils.
251 Gallus et son fils.
253 Emilien, 3 mois.
— Valérien.
259 Gallien.
Trente tyrans.
268 Claude II.
270 Aurélien.
275 Tacite, 7 m. et Florien 3 m.
276 Probus.
282 Carus.
— Carin.
— Numérien.
284 Dioclétien.
— Maximien Hercule.
Grand nombre de tyrans.

Quatrième siècle.

305 Constance Chlore.
— Galère.
306 Constantin le Grand.
337 { Constance. Constantin II. Constant.
361 Julien l'Apostat.
363 Jovien, 7 mois 20 jours.
364 Valentinien et Valens.
367 Gratien.
375 Valentinien II.
379 Théodose le Grand.

TABLE ALPHABÉTIQUE

De tous les personnages mentionnés dans ce volume.

Nota. Les chiffres renvoient non aux pages, mais aux questions.

A.

Achillée, 607.
Acilius, 281, 293.
Acron, 27.
Adherbal, fils de Micipsa, 333, 334.
Adrien, 525 à 531.
Æmilius Lépidus, 285.
Æmilius Papus, 236.
Afranius, 424.
Agathocle, 209, 210.
Agricola, 508, 514, 519.
Agrippa (gendre d'Auguste), 447, 454, 472.
Agrippa Posthumus, petit-fils d'Auguste, 466, 472, 473.
Agrippine, 472, 475, 477, 478.
Agrippine, fille de la précédente 472, 491, 494, 496.
Albinus, 547, 548.
Alexandre le Grand, 23.
Alexandre, fils de Persée, 298.
Alexandre, fils d'Aristobule, 417.
Allectus, 607.
Ambiorix, 413.
Ambroise (Saint), 657, 661, 668.
Amilcar Barca, 229, 238, 240.

Ammien Marcellin, 668.
Amulius, 13, 14, 15, 16.
Ancus Marcius, 78 à 86.
Andriscus, 300.
Annibal, 239 à 271, 277, 283, 292.
Antiochus III le Grand, 279 à 283.
Antiochus IV Epiphane, 297.
Antiochus XIII, 397.
Antoine (Marc), triumvir, 417 à 450.
Antonia, 472.
Antonius, collègue de Cicéron, 398.
Antonius (Lucius), frère du triumvir, 447.
Antonius Primus, 502, 503.
Antonin, 531 à 533.
Aper, 598, 599.
Apollodore, 522, 530.
Appius Claudius, décemvir, 178, 179.
Appius Claudius l'Aveugle, 207.
Appius Claudius Caudex, fils de l'Aveugle, 216.
Appius Claudius, beau-père de Tibérius Gracchus, 324.
Aquilius, 317.
Arbogast, 658, 662.
Arcadius, 667.

Archélaüs, 356, 361, 376.
Archimède, 256.
Ariobarzane I, 354, 385.
Ariobarzane II, 396.
Arioviste, 409.
Aristide, 187.
Aristide (Saint), 531.
Aristobule, 394, 417.
Aristonic, 317.
Arius, 627.
Arminius, 464, 474.
Arrien, 549.
Artaban, IV, 565.
Artaxercès, fils de Sassan, 565.
Aruns, 97, 117.
Aruns, fils de Tarquin le Superbe, 138.
Ascagne, 12.
1. Asdrubal le Beau, gendre d'Amilcar Barca, 238.
2. Asdrubal Barca, frère d'Annibal, 242, 258, 260.
3. Asdrubal, père de Sophonisbe, 263, 264.
4. Asdrubal, 306, 307.
Atéius, 416.
Athanase (Saint), 638, 641.
Athénion, 344.
Attale III, 317.
Attilius Collatinus, 220.
Auguste, *voy.* Octave.
Augustin (Saint), 668.
Aulus Posthumius, 159, 160, 167.
Aurélien, 573, 585 à 590.
Aurélius Cotta, 224.
Auréolus, 583, 584.
Ausone, 655, 668.

B.

Bagaudes, 602.
Balbin, 572.
Barcochab, 528.
Basile (Saint), 642, 668.
Bassien, *voy.* Héliogabale.
Bellovèse, 94.
Bérénice, 417.

Bibulus, 402.
Bituitus, 332.
Bocchus, 336, 339.
Bonosus, 593.
Brennus, 188, 190.
Britannicus, 494, 496.
Brutus (Lucius Junius), 121, 126, 134, 136, 138, 139.
Brutus (frères), 232.
Brutus, 436, 437, 444, 445.
Burrhus, 494, 495, 496.

C.

Cæcilius Métellus, 332.
Caïus, petit-fils d'Auguste, 466, 468, 472.
Caligula, 472, 478, 484 à 487.
Callidius, 349.
Calpurnius Bestia, 334.
Calpurnius Flamma, 220.
Camille, sœur d'Horace, 73.
Camille, 185 à 191.
Capellien, 570.
Caracalla, 552 à 557.
Caranus, 298.
Carausius, 607.
Carbon, 341, 360, 363, 364, 367.
Carin, 597, 599.
Carus, 597, 598.
Cassius Longinus, 341.
Cassius, 418 à 445.
Catilina, 397, 398.
Caton l'Ancien, 278, 281, 287, 288, 291, 293, 294.
Caton d'Utique, 403, 426, 429, 430.
Catulle, 459.
Catulus, 343, 372.
Celse, 520.
Cépion, 341.
Céréalis, 506.
César (Jules), 366, 399 à 436, 458.
Chéréas, 487.
Chosroës, 521.
Cicéron, 377, 383, 397 à 443, 458, 471.

TABLE DES PERSONNAGES.

Cincinnatus, 175.
Cinéas, 207, 208.
Cinna, 359 à 364.
Cinna, petit-fils de Pompée, 467.
Civilis, 506.
Claude I, 472, 488 à 494.
Claude II, 583, 584.
Claudius Marcellus, 278.
Claudius Néron, 258.
Claudius Pulcher, 227, 228.
Clélie, 145.
Clélius, 153.
Clément d'Alexandrie, 612.
Cléopâtre, 427, 446, 449, 450.
Clodius, 403, 404, 420.
Collatin, 137.
Commode, 540 à 544.
Constance, 635.
Constance Chlore, 603 à 616.
Constantin, 616 à 634.
Constantin II, 635, 636.
Constant, 635, 636.
Corbulon, 496.
Coriolan, 160, 166 à 170.
Cornélie, 321, 322.
Cornélius Céthégus, 278.
Cornélius Népos, 458.
Cotta, 382, 387.
Crassus, 380, 381, 399, 411, 417, 418.
Crémutius Cordus, 476.
Crispus, 628.
Curiaces, 71, 72.
Cyrus, 23.

D.

Damase (Saint), 666.
Décius Mus, 197, 199.
Décius Mus, petit-fils du précédent, 209.
Décius, empereur, 575, 576, 577.
Démétrius de Pharos, 234, 237.
Dentatus, 211.
Denys d'Halicarnasse, 460.
Dercebal, 514, 521.
Diæus, 308.
Didius Julien, 546, 547.

Dioclétien, 599 à 614.
Diodore de Sicile, 460.
Diogène Laërce, 612.
Dion Cassius, 612.
Domitien, 512 à 515.
Domitilla, 513.
Drusus, frère de Tibère, 461, 463, 472.
Drusus, fils de Tibère, 477.
Duillius, 217, 218, 219.

E.

Elien, 612.
Emilien, 578.
Enée, 12.
Ennius, 345.
Epaphrodite, 498.
Epictète, 549.
Eponine, 507.
Eugène, 662.
Eumène, 280, 295, 297.
Eunus, 316.
Eusèbe, 658.
Evandre, 11.

F.

Fabius Cunctator, 173, 245 à 253.
Fabius Maximus, 312.
Fabius Rullianus, 201.
Fabricius, 206.
Fausta, 617, 619, 628.
Faustine, 540.
Faustulus, 14.
Fimbria, 362.
Flamininus, 274, 275, 276, 277.
Flaminius (Nepos), 243.
Flaminius (Caïus), 285.
Flavien, 660.
Flavius Clémens, 513.
Florien, 592.
Florus, 549.
Fulvie, 447.
Fulvius Nobilior, 284, 287.

G.

Cabinius, 377, 416, 417.
Gaïus, 549.
Galba, 498, 499.
Galgacus, 508.
Galère, 603 à 620.
Galien, 549.
Galla, 663.
Gallien, 578 à 583.
Gallus, 578.
Gallus, frère de Julien, 635, 637.
Germanicus, 464, 465, 472, 475, 476.
Géta, 552, 554.
Glaucia, 346, 348.
Gordien I, 570.
Gordien II, 570.
Gordien III, 572, 573.
Gracchus (Sempronius), 286, 321.
Gracchus (Tiberius), 313, 321 à 325.
Gracchus (Caïus), 321, 324, 327 à 331.
Gratien, 655 à 657.
Grégoire de Nazianze (Saint), 668.
Gulussa, 333.

H.

Hannon, 253.
Hélène, mère de Constantin, 605, 621.
Hélène, femme de Julien, 638.
Héliogabale, 559 à 562.
Helvidius Priscus, 504.
Hermanaric, 651.
Hérode, 446.
Hersilie, 32.
Hiempsal, fils de Micipsa, 333.
Hiéron, 215, 216, 230, 255.
Hiéronyme, 256.
Hilaire (Saint), 641, 668.
Hirtius, 440.
Honorius, 667.

Horace, 71 à 75.
Horace, poëte, 459, 464.
Horatius Coclès, 143.
Hortensius, 383.
Hyrcan II, 394, 396.

I.

Imilcon, 226.

J.

Jean Chrysostome (Saint), 668.
Jérôme (Saint), 668.
Josèphe, 520.
Jovien, 646.
Juba, 426, 429.
Jugurtha, 315, 333 à 339.
Julia Domna, 553, 554, 559.
Julia Mœsa, 559, 563.
Julie, fille de César, 399, 419.
Julie, fille d'Auguste, 461, 466, 472, 473, 477.
Julie, fille de la précédente, 466.
Julien, usurpateur, 604.
Julien, empereur, 635 à 645.
Justin, 458.
Justin (Saint), 533.
Justine, 663.
Juvénal, 518.

L.

Lactance, 628, 668.
Lælius, 265, 345.
Lætus, 544.
Lartius (Titus), 153, 158.
Latinus, 12.
Lavinie, 12.
Léonidas, 221.
Lépidus (consul), 372.
Lépide (triumvir), 440 à 449.
Lévinus (Marcus Valérius), 254, 256.
Lévinus (Publius Valérius), 205.
Licinius, auguste, 618 à 626.
Licinius (C.) Crassus, 297.
Licinius (P.) Crassus, 317.
Ligarius, 432.

TABLE DES PERSONNAGES.

Livie, 461, 469, 472, 480.
Livius Andronicus, 232.
Livius Drusus, 330.
Livius Drusus, fils du précédent, 351.
Livius Salinator, 258.
Longin, 587, 612.
Lucain, 496, 518.
Lucien, 549.
Lucille, 535, 540.
Lucius Tarquin, 97, 117, 118.
Lucius, petit-fils d'Auguste, 466, 468, 472.
Lucrèce, femme de Collatin, 125.
Lucrèce, poëte, 459.
Lucrétius, 125.
Lucullus, 362, 387 à 393.
Lucumon, *Voy.* Tarquin l'Ancien.
Lutatius, 229.
Lycurgue, 20.

M.

Macrin, 557, 558.
Macrobe, 668.
Macron, 481, 482.
Magnence, 636.
Mallius, 341.
Mammée, 559, 563, 567.
Manastabal, 333.
Mancinus, 313, 314.
Manilius, 393.
Manius Aquilus, 344.
Manlius Capitolinus, 189, 192.
Manlius Torquatus, 197, 198.
Manlius Vulso, 222, 223.
Manlius, successeur de L. Scipion, 284.
Marc-Aurèle, 531 à 542.
1. Marcellus, 236, 253, 256.
2. Marcellus, 426, 432.
3. Marcellus, neveu d'Auguste, 466, 472.
Marcia, 544.
Marcius Censorinus, 305.
Marius, 315, 336 à 360.
Marius, fils adoptif, 364.
Martial, 518.
Martin (Saint), 659.
Massinissa, 263, 265, 266, 272, 301, 333.
Massiva, 335.
Maxence, 617, 620 à 623.
Maxime (Clément), 657, 658.
Maximien Hercule, 601 à 619.
Maximin, successeur d'Alexandre-Sévère, 567 à 571.
Maximin Daia, 615 à 623.
Mécène, 454, 459.
Memmius, 335.
Memmius, 348.
Ménénius Agrippa, 162.
Messaline, 490.
1. Métellus, proconsul, 224.
2. Métellus le Macédonique, 300, 309.
3. Métellus le Numidique, 336, 337, 346, 347, 349.
4. Métellus, fils du Numidique, 374, 375.
5. Métellus Créticus, 384.
Mettius-Fuffetius, 71, 76.
Micipsa, 333.
Milon, 404, 420.
Minervine, 628.
Minutius, 248, 249.
Minutius Félix, 551.
Misithée, 573.
Mithridate VI, 353 à 395.
Mnesthée, 590.
Modestin, 612.
Mucien, 502, 503, 506.
Mummius, 309.
Muréna, 370.

N.

Nabis, 276.
Narbo, 332.
Narsès, 593, 608.
Nemrod, 20.
Néron, 472, 494 à 498.
Nerva, 515.
Nicomède II, 354, 385.

Niger, 547, 548.
Nonnius, 347.
Norbanus, 364.
Numa Pompilius, 53 à 69.
Numérien, 597, 598.
Numitor, 13, 14, 15, 16.

O.

Octave, 434, 439 à 472.
Octavie, sœur d'Octave, 447, 449, 472.
Octavie, fille de Claude, 494, 496.
1. Octavius, 324, 325.
2. Octavius, 360.
3. Octavius, 384.
Odenat, 582.
Œnotrus, 11.
Opimius, 331.
Origène, 567, 610, 612.
Ossian, 612.
Othon, 499, 500.
Ovide, 459.

P.

Pansa, 440.
Papinien, 555, 612.
Papirus Cursor, 201.
Paul (Saint), 497.
Paul Emile, 237, 250.
Paul, jurisconsulte, 612.
Pausanias, 549.
1. Perpenna, 317.
2. Perpenna, 374, 375, 376.
Perse, 518.
Persée, 296 à 298.
Pertinax, 545, 546.
Pétilius (Les deux), 288, 291.
1. Pétréius, 398.
2. Pétréius, 424, 429.
Pharnace, 395, 396, 426, 428.
Phèdre, 518.
Philippe III, de Macédoine, 237, 254, 259, 274, 275, 280.
Philippe, empereur et son fils, 574, 575.

Philopœmen, 292.
Photin, 425.
Pierre (Saint), 497.
1. Pison, 316.
2. Pison, 475.
3. Pison, 496.
4. Pison, 499.
Placidie, 663.
Plancine, 475.
Plaute, 345.
Pline le Naturaliste, 511, 520.
Pline le Jeune, 524, 549.
Plotine, 525.
Plutarque, 524, 549.
Polybe, 345.
Pompée le Grand, 364 à 425.
Pompée (Cnéius), 426, 434.
Pompée (Sextus), 426, 434 à 448.
Pompédius Silo, 351.
Pontius Hérennius, 200.
Pontius Télésinus, 364.
Popilius, 443.
Poppée, 496.
Porcius Léca, 277.
Porsenna, 142.
Posthumius Albinus, 287.
Priscillien, 659.
Probus, 592 à 596.
Proca, 13.
Procope, 650.
Proculus, 51.
Proculus, 593.
Properce, 459.
Prusias, 283, 292.
Prudence, 6.
Prudence, 668.
Ptolémée, roi de Chypre, 403.
Ptolémée Apion, 350.
Ptolémée Aulète, 416.
Ptolémée Denys, 425, 427.
Ptolémée Philométor, 296.
Ptolémée Philopator, 279.
Ptolémée Physcon, 350.
Ptolémée, géographe, 549.
Publilius Philo, 202.
Pupien, 572.
Pyrrhus, 204 à 211.

Q.

Quadrat (Saint), 531.
Quinte Curce, 520.
Quintilien, 520.
Quintius Marcius, 297.

R.

Régulus, 222 à 225.
Rémus, 14, 15, 16, 17, 19.
Rhéa-Sylvia, 13.
Romulus, 14, 15, 16, 17, 18, 19, 25 à 53.
Rufin, 660.
Rupilius, 316.

S.

Sabina, 573.
Sabinus, 502.
Sabinus, 506, 507.
Salluste, 458.
Salvius, 344.
Sapor, 573, 579, 582.
Sapor II, 636, 645, 647.
Sardanapale, 20
Sassan, 565.
Saturninus, 346, 347, 348, 349.
Saturninus, 593.
Scaurus, 334, 341,
Scévola (Mucius), 144.
Scipion (Cornélius), 243, 260, 261.
Scipion (Publius), 244 à 273, 277, 282, 289, 290.
Scipion (Cnéus), 260, 261.
Scipion Emilien, 306, 315, 321, 326, 333, 345.
Scipion (Lucius), 282, 291.
Scipion (Métellus), 426, 429.
1. Scipion Nasica, 285.
2. Scipion Nasica, 303.
3. Scipion Nasica, 325.
Scipion, descendant de Scipion l'Asiatique, 364.
Scribonia, 401, 472.
Séjan, 477, 481.
Sempronius, consul, 243.
Sempronius, préteur, 278.
Sénèque, 495, 496, 520.
Sertorius, 360, 373, 374.
Servilius, 377.
Servius Tullius, 97 à 118.
Sévère (Alexandre), 561 à 567.
Sévère (Septime), 547 à 552.
Sévère, neveu de Galère, 615, 617, 618.
Sextilius, 358.
Sextius (Calvinus), 332.
Sextius (Lucius), 193.
Sextus Tarquin, 123, 124.
Sicinius, 161.
Silanus, 341.
Silius (Caïus), 476.
Silius Italicus, 518.
Soœmias, 559, 562.
Solon, 110, 176.
Sophonisbe, 266.
Spartacus, 378, 379, 380.
Spurius Cassius, 171, 172.
Stace, 518.
Stolon (Licinius), 193.
Strabon, 520.
Suétone, 549.
Sulpicius, 357.
Sulpitien, 546.
Suréna, 418.
Sylla, 339, 363 à 371.
Symmaque, 666.
Syphax, 263, 264, 265, 266, 273.
Sylvestre (Saint), 627.

T.

Tacite, historien, 512, 519.
Tacite, empereur, 591.
Tanaquil, 99.
Tarpéia, 30, 31.
Tarpéius, 30.
Tarquin l'Ancien, 87 à 97.
Tarquin le Superbe, 119 à 131.
Tatius, 29, 31, 32.
Térence, 345.
Térentillus, 176.

Térentius Varron, 250, 252.
Térentius Varron, écrivain, 458.
Tertullien, 551, 610, 612.
Tétricus, 586, 588.
Teuta, 233, 234.
Théodora, 605.
Théodose, 654.
Théodose-le-Grand, 656 à 667.
Thraséas, 496.
Tibère, 461, 463, 465, 468, 473 à 483.
Tibérius Néron, 461, 468, 472.
Tibulle, 459.
Tiburtus, 11.
Tigrane, 354, 385 à 396.
Tite-Live, 458.
Titus, 503, 505, 510, 511.
Tolus, 120.
Trajan, 515 à 525.
Trogue Pompée, 458.
Tullie, 117, 118.
Tullus Hostilius, 70 à 77.
Turnus, 12.

U.

Ulphilas, 652.
Ulpien, 563, 566, 612.

V.

Valens, 648 à 654.
Valentinien, 648, 649.

Valentinien II, 658, 662.
Valère Maxime, 520.
Valéria, 605.
Valérien, 578, 579.
Valérius Flaccus, proconsul, 362.
Valérius Flaccus, poëte, 518.
Valérius Publicola, 125, 137, 139, 140, 141.
Varus, 464.
Velléda, 506.
Velléius Paterculus, 520.
Ventidius, 446.
Vercingétorix, 414, 415.
Verrès, 383.
Verus, 535, 536, 537.
Vespasien, 502 à 509
Véturie, 170.
Virgile, 345, 459.
Virginie, 179.
Virginius, 179.
Viriathe, 312.
Vitellius, 500, 501, 502.
Vitruve, 458.
Volusien, 578.

X.

Xanthippe, 223.

Z.

Zénobie, 582, 587, 588.

TABLE GÉOGRAPHIQUE

Des pays, peuples, villes, fleuves, et monts cités dans les leçons d'histoire romaine.

NOTA. Les numéros renvoient aux questions et non aux pages. Le nom moderne est entre parenthèse et en caractère romain.

ABRÉVIATIONS. N. nord. — S. sud. — E. est. — O. ouest. — N.-E. nord-est. — N.-O. nord-ouest. — S.-E. sud-est. — S.-O. sud-ouest. — cap. capitale. — cont. contrée. — fl. fleuve. — pp. peuple ou peuples. — prov. province. — v. ville.

Achaïe, partie septentrionale du Péloponèse, nom sous lequel la Grèce fut réduite en province romaine, 309.

Achéens, pp. de la Grèce formant la ligue achéenne, 308.

Actium, v. et promontoire de la Grèce dans l'Acarnanie, 449.

Adige, fl. de l'Italie, se jetant dans l'Adriatique.

Adriatique (*mer*), entre l'Italie, la Dalmatie et la Grèce.

Aduatiques, pp. belge (territoire de Namur), 410.

Afrique, une des trois parties de l'ancien continent, dont les anciens ne connaissaient guère que l'Égypte et les côtes septentrionales.

Afrique propre ou *Zeugitane*, entre la Cyrénaïque à l'E. et la Numidie à l'O. (État de Tunis et partie de celui de Tripoli).

Agrigente (Girgenti), v. de Sicile, 216, 224, 256.
Aix, voyez *Aquæ-Sextiæ*.
Albanie, cont. d'Asie, entre l'Ibérie, la mer Caspienne et l'Araxe, 394.
Albe-la-Longue, v. du Latium; les *Albains*, ses hab.; 12, 71, 76.
Alémans, confédération de peuples germaniques, qui ont donné leur nom à l'Allemagne, et qui habitaient entre le Nicer (Necker), le Danube et le Rhin, 586, 593, 639, 655.
Alésia, v. de la Gaule, près de Semur et de la source de la Seine, 414, 415.
Alexandrie, v. et port de l'Egypte, 425, 427, 503.
Allemands, voyez *Alémans*.
Allia (Aia), petite rivière qui se jette dans le Tibre, 188.
Allobroges, pp. de la Gaule (Savoyards).
Alpes, montagnes entre la Gaule et l'Italie.
Ambracie, v. d'Épire, au N. du golfe de son nom, 285.
Amiens, en latin *Ambiani*, ville de la Gaule, sur la Somme, 410.
Ancône, v. de l'Italie dans le Picénum, 364, 516.
Andrinople, v. de Thrace, 623, 626, 653.
Antioche, cap. de la Syrie, sur l'Oronte, 475, 525, 558, 587, 643.
Aoüs, fl. de l'Illyrie, se jetant dans l'Adriatique, 254.
Apennins, chaîne de montagnes qui traverse toute l'Italie.
Apollonie, v. de l'Illyrie, 254.
Apulie (la Pouille), prov. de l'Italie méridionale sur la mer Adriatique.
Aquæ-Sextiæ (Aix), v. de la Gaule dans la prov. romaine (Provence), 332, 343.
Aquilée, v. de l'Italie dans la Vénétie, 574, 636, 658.
Aquitains, hab. de la Gaule, au S.-O.
Arabes, pp. de l'Asie occidentale.

Arcadiens, hab. de l'Arcadie, contrée au centre du Péloponèse.
Ardée, v. des Rutules dans le Latium, 122, 187.
Argiens, hab. de l'Argolide, contrée du Péloponèse, au N.-E. — *Argos,* cap. de l'Argolide.
Ariminium (Rimini), v. de l'Italie chez les Sénones, 285.
Arles, v. de la Gaule mérid., sur le Rhône, 604, 619.
Arménie, cont. de l'Asie entre l'Euphrate supérieur et le Cyrus (le Kour), 521.
Armorique, côte N.-O. de la Gaule, de l'embouchure de la Seine à celle de la Loire.
Arno, fl. de l'Étrurie.
Arpinum, v. du Latium, sur la frontière du Samnium, 337.
Arrétie (Arrezzo), v. d'Étrurie, 285.
Arsanias, fl. d'Asie qui se jette dans l'Euphrate.
Artaxate, v. d'Asie dans l'Arménie, 394.
Arvernes (Auvergnats), pp. de la Gaule.
Asculum, v. de l'Apulie, 209.
Asie-Mineure (Anatolie), presqu'île bornée au N. par le Pont-Euxin, à l'O. par l'Archipel, au S. par la mer Intérieure.
Assyrie, cont. d'Asie sur la rive droite du Tigre.
Astures, pp. du N. de l'Espagne.
Athènes, v. de l'Attique en Grèce, 361, 642.
Autun, en latin *Augustodunum,* l'ancienne *Bibracte,* v. de la Gaule, cap. des Éduens, 636.
Aventin (Mont), montagne de Rome, 17, 83.
Avignon, en latin *Avenio,* v. de la Gaule, sur le Rhône, 332.
Baies, v. d'Italie dans la Campanie, 531.
Baléares, îles de la Méditerranée, à l'E. de l'Espagne, 332.
Bataves (Hollandais), 506.
Beauvais, en latin *Bellovaci,* v. de la Gaule, 410.

Bédriac, v. de la Gaule Cisalpine, entre Crémone et Mantoue, 500.
Belges, hab. de la Gaule au N.
Bénévent, v. d'Italie sur la frontière du pays des Samnites et des Hirpins, 211.
Bithynie, cont. de l'Asie-Mineure au N.-O., 385.
Blemmyes, pp. de l'Ethiopie, au S. de l'Égypte, 593.
Boïens, peuple de la Gaule Cispadane, 277, 285.
Bologne, en latin *Bononia,* v. de la Gaule Cispadane, chez les Boïens, 285, 441.
Bosphore de Thrace (détroit de Constantinople), 629.
Bosphore, royaume dont les limites ont beaucoup varié, séparé en deux par le Bosphore Cimmérien (détroit de Caffa ou de Kertch), et s'étendant dans la Sarmatie d'Europe et d'Asie, 394.
Bostra, cap. de l'Idumée, 573.
Bourguignons, en latin *Burgundiones,* pp. qui habitait la Germanie septentrionale, sur les deux rives de la Warthe.
Bretagne (Grande-Bretagne, Angl. et Ecosse), grande île au N.-O. de la Gaule, 412, 492, 508, 552, 607.
Brindes, v. de l'Italie, dans la Messapie, 447.
Brutium, prov. de l'Italie, au S.
Byzance, v. de la Thrace, 548, 626.
Calédoniens (Écossais), 508, 527.
Campanie (Terre de Labour), cont. de l'Italie, au S du Latium.
Cannes, village de l'Apulie, 250.
Cantabres, pp. du N. de l'Espagne.
Cappadoce, cont. de l'Asie-Mineure, au centre
Capitolin, montagne de Rome, 115.
Capoue, v. de la Campanie, 196, 254, 257.
Caprée, île de la mer Intérieure, au S. de Naples, 479.
Carie, cont. de l'Asie-Mineure, au S.
Carnutes, pp. gaulois entre la Seine et la Loire (pays Chartrain).

Carthage, v. d'Afrique, sur la côte septentrionale, à l'O. et près de la Sicile, 306, 330, 345, 570.
Carthagène, v. d'Espagne, au S.-E., 238, 262.
Cattes, pp. de la Germanie, au S. des Chérusques, vers les sources du Wéser, 463, 514.
Caucase, chaîne de montagnes entre le Pont-Euxin (Mer Noire) et la mer Caspienne.
Celtes, grand pp. de la Gaule.
Celtibériens, nation puissante de l'intérieur de l'Espagne.
Cénomans, pp. de la Gaule Cisalpine, à l'E. de l'Adda.
Cérasonte, v. de l'Asie-Mineure (Pont), 393.
Césarée, v. de l'Asie-Mineure, dans la Cappadoce, 642.
Chalcédoine, v. grecque, en Bithynie, 387, 599.
Chalcis, v. d'Eubée, 275.
Châlons-sur-Marne (en latin *Catalauni*), v. de la Gaule 586.
Charres, v. de l'Asie, dans la Mésopotamie, 418.
Chéronée, v. de la Grèce, en Béotie, 361, 524.
Chersonèse Taurique (Crimée), presqu'île au N. du Pont-Euxin, 395.
Chersonèse de Thrace, presqu'île située entre le golfe Mélas et l'Hellespont.
Chérusques, pp. germain à l'E. du Wéser, 463.
Cilicie, cont. de l'Asie-Mineure, au S., 377.
Cimbres, pp. du N. de la Germanie, dans la Chersonèse Cimbrique (Jutland), 340 à 343.
Circeyes, v. maritime du Latium, 449.
Cirta (Constantine), v. d'Afrique, cap. de la Numidie, 266, 334.
Civita-Vecchia, en latin *Centum Cellæ* et *Trajani Portus,* port sur la Méditerranée, 516.
Clusium, v. maritime d'Etrurie, 142, 244.
Clypéa, v. marit. d'Afrique, à l'E. de Carthage, 222.
Cœlius (*Mont*), montagne de Rome, 115.

Collatie, v. du Latium, 124, 126.
Cologne, en latin *Ubiorum colonia* et *Colonia Agrippina,* v. sur la rive-gauche du Rhin, 500.
Comagène, cont. de la Syrie, 396.
Come, v. de la Gaule Cisalpine, à l'extrémité S.-O. du lac *Larius* (lac de Come), 278.
Constantinople, anciennement *Byzance,* cap., depuis l'an 328, de l'empire romain, 629, 637, 667.
Corcyre, île de la mer Ionienne, avec une ville du même nom (Corfou).
Corfinium, v. de l'Italie, au N. du Samnium, 354.
Corinthe, v. de la Grèce, dans l'isthme de ce nom, 275, 309.
Corioles, v. du Latium, au S.-E. de Rome, 166.
Corse, île de la Méditerranée, 212, 272.
Cossyra (Pantellaria), île de la Méditerranée, au S.-O. de la Sicile, 367.
Crète (Candie), île de la Méditerranée, 384.
Crotone, ville d'Italie, dans le Brutium, 211.
Ctésiphon, v. d'Asie, sur le Tigre, au N.-E. de Babylone, 645.
Cumes, v. d'Italie dans la Campanie, 131, 159, 371.
Cures, v. du pays des Sabins, 32, 54.
Cynoscéphales, c'est-à-dire *têtes de chien,* lieu de Thessalie, ainsi nommé des hauteurs qu'on y remarque, et qui offrent cette forme, 274.
Cypre (Chypre), île de la Méditerranée, 403.
Cyrénaïque, prov. maritime d'Afrique, au S. de l'île de Crète ; — *Cyrène,* cap., 350.
Cyzique, v. grecque de l'Asie-Mineure, en Mysie, 387.
Dacie, cont. de l'Europe (Valachie, Transylvanie, Moldavie); les *Daces,* ses habitants, 514, 521.
Danube ou *Ister,* grand fl., se jetant dans le Pont-Euxin, limite au N. en Europe de l'empire romain.
Dardanum, v. de l'Asie, dans la Troade, 363.
Démétriade, v. de la Thessalie, 275.

Don, l'ancien *Tanaïs*, fl. de la Sarmatie.
Drépane, v. de la Sicile, 226, 227.
Dyrrachium (Durazzo), v. de l'Epire, 425.
Eboracum (York), v. de la Bretagne, au N., 553, 616.
Ebre, fl. du N. de l'Espagne, se jetant dans la Méditerranée.
Eburons, pp. gaulois (pays de Troyes).
Ecnome, rocher de Sicile, 221.
Edesse, v. de la Mésopotamie septentrionale, 557, 579.
Eduens, pp. de la Gaule (entre la Loire, la Saône et le Rhône).
Egates, îles à l'O. de la Sicile, 229.
Egypte, cont. de l'Afrique baignée par le Nil, 450.
Eleusis, v. de Grèce dans l'Attique, 235.
Emèse, v. de Syrie, sur l'Oronte, 553, 559, 587.
Empories, v. d'Espagne, dans la Tarraconaise, 278.
Enna, v. de Sicile, 316.
Epire, cont. de l'Europe, au N.-O. de la Grèce; — *Épirotes*, ses habitants, 285.
Eques, pp. du Latium, 10.
Espagne, cont. de l'Europe, au S.-O.
Esquilin (*Mont*), montagne de Rome, 115.
Ethiopie, vaste cont. d'Afrique au sud de l'Egypte.
Etoliens, pp. de la Grèce centrale.
Etrurie (Toscane), cont. d'Italie, au N. du Latium, entre l'Apennin, le Tibre et la mer Intérieure, 6. — Les *Etrusques*, ses hab.
Eubée (Négrepont), île de la mer Egée.
Euphrate, fl. d'Asie qui se jette dans le golfe Persique.
Faléries, v. d'Étrurie; — les *Falisques*, ses hab., 186.
Fidénates, pp. de Fidènes, v. sabine, 76.
Formies, v. du Latium, au S., 443.
Fourches Caudines, défilé dans le Samnium, au S.-O. de Bénévent, 200.
Francs, ligue de pp. germains, entre le Weser et le Rhin, 573, 581, 593, 639.

Fréjus, en latin *Forum Julii,* v., 508.
Gabies, v. du Latium, près et au N.-E. de Rome, 122
Gadès (Cadix), *détroit de Gadès* (détroit de Gibraltar)
Galates, pp. gaulois, établis dans l'Asie-Mineure, 285
Gard, affluent du Rhône, 527.
Gaule Cisalpine (en deçà des Alpes), cont. d'Europe, partie septentrionale de l'Italie, bornée au S. par la Macra, l'Apennin et le Rubicon, partagée en *Transpadane* et *Cispadane* (au delà et en deçà du Pô) par rapport à Rome.
La *Gaule* propre, que les Romains appelaient *Gaule Transalpine,* cont. d'Europe (France, étendue jusqu'au Rhin).
Gaulois, hab. des Gaules.
Germanie (Allemagne).
Gètes, pp. de la Dacie, 514, 593.
Golgotha ou *Calvaire,* montagne de Jérusalem, 483.
Goths, pp. d'origine germanique, qui conquirent la Scandinavie (Suède) et la péninsule cimbrique (Jutland), 576, 581, 584, 651, 653.
Grampians, chaîne de montagnes de l'Ecosse, 508.
Granique, petite rivière au N.-O. de l'Asie-Mineure dans la Mysie, 387.
Grèce, cont. d'Europe, au S.-E.
Grèce (Grande-), partie méridionale de l'Italie.
Héliopolis, v. de la Célésyrie, au N., 534.
Helvétie (Suisse), cont. d'Europe, au centre.
Héraclée, v. de l'Italie dans la Lucanie, 205.
Herculanum, v. de l'Italie dans la Campanie, 511.
Herniques, pp. du Latium, 10.
Huns, pp. d'origine asiatique et de race mongole, 651.
Ibériens, pp. d'Asie au S. du Caucase, 394.
Illyrie, cont. de l'Europe, bornée à l'O. par la mer Adriatique.
Indes, vaste région méridionale de l'Asie.

Insubres, nation puissante de la Gaule Cisalpine, bornée à l'O. par l'Adda.
Isaura, v. de l'Asie-Mineure, dans l'Isaurie, au N.-O. de la Cilicie, 377.
Issus, v. de l'Asie-Mineure dans la Cilicie, 548.
Italie, cont. de l'Europe divisée en trois régions : *la Gaule Cisalpine* au N., *l'Italie proprement dite* au milieu, *la Grande-Grèce* au S.
Janicule (*Mont*), montagne voisine de Rome, 69, 83, 115.
Jérusalem, v. d'Asie, dans la Palestine, 394, 418, 505, 528, 644.
Judée, cont. de l'Asie, baignée par la Méditerranée, au S.-O. de la Syrie, 492.
Lacédémone, voyez *Sparte*.
Lanuvium, v. du Latium, tout près de Lavinium, 532.
Latium, cont. de l'Italie centrale, sur la Méditerranée, entre le Tibre et le Liris. — Les *Latins*, ses hab., 7, 10, 152, 197, 199.
Lavinium, v. du Latium, au S. de Rome, 12.
Leptis-la-Petite, ville maritime de l'Afrique propre, au N. de Thapsus, 269.
Liban et *Anti-Liban*, chaînes de montagnes de la Syrie, 534.
Libye, cont. d'Afrique, à l'O. de l'Egypte.
Ligures, montagnards de race ibérienne, qui ont occupé les deux versants de l'Apennin, du Var à la Macra, et ont donné leur nom à la *Ligurie* (État de Gênes et partie du Piémont), 3, 277, 285.
Lilybée, v. de Sicile, 226.
Lingones, pp. de la Gaule (dans le pays de Langres, sur les deux versants de la Côte-d'Or), 506.
Liris (Garigliano), petit fl. au S. du Latium.
Literne, v. d'Italie dans la Campanie, 290.
Lucanie, prov. de l'Italie méridionale, au S. de l'Apulie.

Lucérie, v. de l'Italie, dans l'Apulie (la Pouille), 201.
Lucques, v. de l'Étrurie septentrionale, 411.
Lusitanie (Portugal diminué de ce qui est au N. du Douro et augmenté d'une partie de l'Estramadure espagnole).
Lutèce (Paris), v. de la Gaule, 639, 640.
Lycie, cont. de l'Asie-Mineure, au S., 492.
Lydie, cont. de l'Asie-Mineure, à l'O., 91, 299.
Lyon, en latin *Lugdunum*, v. de la Gaule, fondée l'an 41 avant J.-C. par le consul Lucius Munatius Plancus, au confluent de la Saône et du Rhône, 548, 636, 651.
Macédoine, cont. de l'Europe, au N. de la Grèce, 300.
Magnésie, v. grecque, en Carie, 282.
Mamertium, v. d'Italie, dans le Brutium, 210.
Marcomans, pp. de la Germanie, vers les sources de l'Elbe, 536, 541, 543, 581.
Marseille, v. grecque, dans la Gaule, sur la Méditerranée, 332.
Marses, pp. habitant l'Apennin, près du lac Fucin (Celano), 8.
Mauritanie, cont. d'Afrique à l'O. de la Numidie, 492. — *Maures*, ses hab., 604.
Mégalopolis, v. de l'Arcadie, dans le Péloponèse, 345.
Mésopotamie, cont. de l'Asie, entre le Tigre et l'Euphrate, 521.
Métaure, rivière de l'Ombrie, affluent de l'Adriatique, 258, 586.
Messine, v. de la Sicile, 215, 216.
Milan, en latin *Mediolanum*, v. de la Gaule Cisalpine, cap. des Insubres, 583, 604, 614, 624.
Minturnes, v. du Latium, près de l'embouchure du Liris, 358.
Mitylène, île de la mer Égée, 426.
Misène, promontoire et v. de la Campanie, entre Cumes et Pouzzoles, 482.

Modène, en latin *Mutina*, v. de l'Italie dans la Gaule Cisalpine, 440.
Mœsie (Bulgarie et Servie), cont. de l'Europe au S. du Danube, 584.
Morins, pp. gaulois (départ. du Pas-de-Calais).
Munda, v. d'Espagne, dans la Bétique, 434.
Mursa (Eszek), v. de Pannonie, 636.
Myles, v. de Sicile, 217.
Narbonne, v. de la Gaule, 332.
Nazianze, petite v. de Cappadoce, 668.
Nicée, v. de Bithynie, 627.
Nicomédie, v. de Bithynie, 362, 604, 614, 626, 634.
Nîmes, *Nemausus*, v. de la Gaule, 527, 532.
Nisibis ou *Nisibe*, v. de l'Asie, dans la Mésopotamie, 392, 608.
Nissa, v. de la Mœsie, 584.
Nole, v. de l'Italie, dans la Campanie, 253, 470.
Norique, cont. d'Europe, au S. du Danube et à l'E. de l'Inn.
Numance, v. d'Espagne, dans la Tarraconaise, 313, 314, 315, 345.
Numidie, cont. septentr. de l'Afrique (Algérie), 339.
Ombrie, cont. de l'Italie, entre le Picénum et le pays des Sabins, le Tibre et le Rubicon. — Les *Ombriens*, hab. de l'Ombrie, 4, 586.
Orange, *Arausio*, v. de la Gaule, près d'Avignon, 341.
Orchomène, v. de la Grèce, en Béotie, 361.
Osques, hab. primitifs du centre de l'Italie, 7.
Ostie, port à l'embouchure du Tibre, sur la Méditerranée, 84.
Palatin (*Mont*), montagne de Rome, 11, 14, 17.
Palmyre, ville de Syrie, 582, 587.
Pandatarie, petite île de la Méditerranée, sur la côte d'Italie, à l'O. de Naples, 473, 478.
Pannonie, cont. de l'Europe entre le Danube et la Save.

Panorme (Palerme), v. de Sicile, 224.
Paphlagonie, cont. de l'Asie-Mineure, au N.
Parthes, pp. de la Haute-Asie, qui domina de l'Indus à l'Euphrate, de la mer Caspienne à la mer des Indes, 418, 456, 521, 565.
Pélasges, hab. primitifs de la Grèce et de l'Italie, 1.
Péluse, v. d'Égypte, au N.-E., 549.
Pérouse, v. d'Italie, dans l'Etrurie, 447.
Pergame, petit royaume et v. de l'Asie-Mineure, à l'O., 317.
Perses, pp. d'Asie, entre l'Euphrate, le golfe Persique et l'Indus, 584, 608, 642.
Pharos, île d'Égypte jointe à la v. d'Alexandrie par un môle.
Pharos, île de la mer Adriatique sur la côte d'Illyrie, 234.
Pharsale, v. de la Grèce, en Thessalie, 425.
Philippes, v. de Macédoine, 445.
Phrygie, cont. de l'Asie-Mineure.
Picénum, prov. d'Italie sur le golfe Adriatique, à l'E. de l'Ombrie (Marche d'Ancône), 9, 236.
Pictes, ancien pp. de l'Écosse, 527.
Pistoria, v. d'Italie, dans l'Étrurie, 398.
Plaisance, v. de la Gaule Cisalpine, sur la rive droite du Pô, 285.
Pô, en latin *Padus*, fl. de la Gaule Cisalpine, qui se jette dans l'Adriatique.
Pola, v. et port au S. de l'Istrie, 637.
Pompéies, v. de la Campanie, 511.
Pont-Euxin (Mer Noire).
Pont, grand royaume de l'Asie-Mineure, au N.
Pouille, voyez *Apulie*.
Pouzzoles, en latin *Puteoli*, v. d'Italie, dans la Campanie, sur une baie, 486.
Préneste (Palestrina), v. du Latium, à l'E. de Rome, 364.

Province romaine (Provence et partie du Languedoc), 332.
Pydna, v. de la Macédoine, 298, 300.
Pyrénées, monts qui séparent l'Espagne de la Gaule.
Quades, pp. germain au S.-E. des Marcomans, sur la rive gauche du Danube, 649.
Quirinal (Mont), montagne de Rome.
Ratisbonne, en latin *Reginum*, sur le Danube, dans la Vindélicie, pays entre l'Inn et le Danube, 593.
Ravenne, v. de l'Italie, dans la Gaule Cispadane, près de l'Adriatique, 411, 581.
Reate (Rieti), cap. de la Sabine ou pays des Sabins, 502.
Régille (Lac), dans le Latium, 159.
Rèmes, pp. gaulois (les Rémois).
Rhegium (Reggio), v. au S. du Brutium, sur le détroit de Sicile, 216.
Rhètes, hab. de la Rhétie (pays des Grisons et Tyrol).
Rhin, fl. de l'Europe, entre la Gaule et la Germanie, se jetant dans la mer Germanique.
Rhodes, île avec une v. du même nom, dans la Méditerranée; — les *Rhodiens*, ses hab., 347, 280, 297.
Rhône, fl. de la Gaule qui se jette dans la Méditerranée.
Rome, sur le Tibre et près de la mer, 18, 145, 188, 191, 469, 574, 585, 629.
Rubicon (Fiumesino), petite rivière d'Italie qui borne au S.-E. la Gaule Cisalpine et se jette dans la mer Adriatique, 423.
Rutules, pp. du Latium.
Sabins, pp. au N.-E. et près de Rome.
Sacré (Mont), petite mont., près de Rome, vers le N.-E., 161.
Sacriport, lieu du Latium, près de Signia (Segni), au S.-E. de Rome.
Sagonte, v. d'Espagne, dans la Tarraconaise (Murviedro), 244.

Salone, v, de la Dalmatie, 599, 614.

Salluviens ou *Salyes*, pp. de la Gaule (dép. des Bouches-du-Rhône et du Var).

Samnium, prov. de l'Italie, à l'E. de la Campanie ; — les *Samnites*, ses hab., 195 à 201.

Sardaigne, grande île de la mer Intérieure, 212, 272.

Sarmates, pp. répandus dans la vaste région comprise entre la Vistule, le Dniester et le Don (*Sarmatie d'Europe*), entre le Don et la mer Caspienne (*Sarmatie d'Asie*), 569, 593.

Scythie, immense cont. septentrionale, s'étendant de la Germanie en Europe jusqu'aux bornes en Asie du monde connu des anciens.

Sélinonte, v. d'Asie, en Cilicie, 523.

Sénonais, pp. gaulois, au N. de l'Ombrie, 237.

Séquanes, pp. gaulois, des sources de la Seine (*Sequana*), d'où ils tiraient leur nom, au Jura (l'E. de la Bourgogne et la Franche-Comté).

Sicambres, pp. de la Germanie septentrionale, vers l'O., 463.

Sicile, grande île de la Méditerranée, 2, 256.

Sicules, très-anciens hab. de l'Italie.

Sinope, v. de l'Asie-Mineure (Paphlagonie), 395.

Sirmium, v. de Pannonie, 584, 592, 596, 604.

Soissons, en latin *Suessio*, v. de la Gaule, sur l'Aisne.

Sparte, v. de la Grèce dans la Laconie ; —*Spartiates*, ses hab.

Strasbourg, *Argentoratum*, v. de la Gaule, près de la rive g. du Rhin, dans la Germanie Ire, 639.

Suèves, grand pp. de la Germanie.

Suse, la v. la plus occidentale de la Gaule Transpadane, 621.

Syracuse, v. de Sicile, 256.

Syrie, cont. d'Asie, entre la mer Intérieure et l'Euphrate, 299.

TABLE GÉOGRAPHIQUE. 291

Syrte (Grande), golfe sur la côte septentrionale de l'Afrique (golfe de Sidre), 667.
Tarente, v. de l'Italie, dans la Grande-Grèce, 203.
Tarquinies, v. d'Étrurie ; — Tarquiniens, ses hab., 87, 140.
Tarraconaise, une des trois grandes divisions de l'Espagne ancienne ; les autres étaient la *Lusitanie* (voyez ce mot) et la *Bétique* (Andalousie et province de Grenade).
Tauroménium, v. de Sicile, 316.
Taurus, chaîne de montagnes de l'Asie-Mineure.
Télamon, v. et promontoire d'Étrurie, 236.
Tésin, rivière de la Gaule Cisalpine, affluent du Pô, 243.
Teutberg, forêt en Germanie, entre l'Ems et la Lippe, 464.
Teutons, pp. de la Germanie septentrionale, 340, 343.
Thapsus, v. maritime de l'Afrique propre, au S., 429.
Theiss, en latin *Tibiscus*, grand affluent du Danube.
Thermopyles, défilé entre la mer et les montagnes, qui donnait entrée de la Thessalie dans la Locride, 281.
Thessalie, prov. la plus septentrionale de la Grèce.
Thessalonique, v. de la Macédoine, 425, 660.
Thrace (Roumélie), cont. de l'Europe, à l'E. de la Macédoine.
Tibre, fl. d'Italie qui sépare l'Étrurie de l'Ombrie, de la Sabine et du Latium, et se jette dans la Méditerranée.
Tibur (Tivoli), v. du Latium, 14, 588.
Tigranocerte, v. de l'Arménie, 389.
Tigre, fl. d'Asie qui se jette dans le golfe Persique.
Tongres, v. de la Gaule Belgique, 599.
Trajanopolis, v. de Cilicie, *voy.* Sélinonte.
Trasimène, lac d'Étrurie (Pérouse), 243.
Trébie, riv. qui se jette dans le Pô, à sa droite, 243.

Trèves, cap. de la Belgique Ire sous Auguste et du diocèse des Gaules sous Constantin, 484, 604, 648.
Trévoux, v. de la Gaule, sur la Saône, au N. de Lyon, 548.
Troie, v. de l'Asie-Mineure, au N.-O. dans la Troade.
Tunis, v. de l'Afrique propre, au S.-O. et près de Carthage, 222, 265.
Utique, v. d'Afrique, au N.-O et près de Carthage, 265, 304, 429.
Vandales, pp. germain, qui habitait d'abord à l'O. de la Vistule, 652.
Vascons, pp. du N. de l'Espagne (Navarre et partie de la Biscaye).
Véies, v. de l'Étrurie, près et au N. de Rome; — *Véiens*, ses hab., 76, 140, 185, 190, 191.
Vénètes, pp. gaulois (territoire de Vannes en Bretagne).
Verceil, v. de l'Italie, dans la Gaule Transpadane, à l'O., 343.
Vérone, v. de l'Italie, dans la Gaule Transpadane, à l'E., sur l'Adige, 575, 621.
Vesontio (Besançon), v. de la Gaule, chez les Séquanes.
Vésuve, mont volcanique en Italie, 511.
Viminal (Mont), montagne de Rome.
Volsques, pp. du Latium, au S.
Zama, v. de l'Afrique propre, au S.-O. de Carthage, 269.

FIN DE LA TABLE GÉOGRAPHIQUE.

www.ingramcontent.com/pod-product-compliance
Lightning Source LLC
Chambersburg PA
CBHW072019150426
43194CB00008B/1167